马尔克斯传

何淑蘅◎著

华文出版社
SINO-CULTURE PRESS

图书在版编目（CIP）数据

马尔克斯传 / 何淑蘅著. -- 北京：华文出版社，2019.11

ISBN 978-7-5075-5172-3

Ⅰ.①马… Ⅱ.①何… Ⅲ.①加西亚·马尔克斯(Garcia Marquez, Gabriel 1928-2014)—传记 Ⅳ.①K837.755.6

中国版本图书馆CIP数据核字（2019）第191940号

马尔克斯传
MAERKESI ZHUAN

著　　者：	何淑蘅
出版策划：	夕　琳
责任编辑：	张　轶
出版发行：	华文出版社
社　　址：	北京市西城区广安门外大街305号8区2号楼
邮政编码：	100055
网　　址：	http://www.hwcbs.com.cn
电　　话：	总编室 010-58336239　　发行部 010-58336267　58336230
	责任编辑 010-58336195
经　　销：	新华书店
印　　刷：	固安县保利达印务有限公司
开　　本：	710×960　1/16
印　　张：	17
字　　数：	215千字
版　　次：	2019年11月第1版
印　　次：	2019年11月第1次
书　　号：	ISBN 978-7-5075-5172-3
定　　价：	49.80元

版权所有·侵权必究

前 言

他，是20世纪世界文学的标杆，魔幻现实主义文学的奠基人。

他，是揭露事实、仗义执言的记者，还是享誉世界的编剧、社会活动家。

他，就是哥伦比亚作家，诺贝尔文学奖获得者加夫列尔·加西亚·马尔克斯。

马尔克斯的名字在文学星空下熠熠生辉，散发着独特的魅力，就如同一个不朽的传奇。

马尔克斯的家乡，哥伦比亚北部的小镇阿拉卡塔卡，是他的作品《百年孤独》中那个经常出现的地方——马孔多的原型。

"现实往往比虚构更加精彩"，这句话马尔克斯常挂在嘴边。他的生活即是如此，他遇到过各种怪异的、神奇的事情，这些经历让他在创作的道路上越走越远。

马尔克斯曾经说："最伟大的作家是现实。而我们的任务就是尽可能地去贴近现实，无论是以怎样谦卑的态度或趋于完美的方式。"

所以，马尔克斯的作品总是围绕着他的那些琐碎而又激动人心的现实生活，他用神话与传说编织了一张精致而又梦幻的大网，让我们深陷其中，想要走出去必须进行层层深入的研究。

他的每一部作品，第一句话都充满了魔力，带着深深的宿命感，就像一部戏剧的开场白一样，预示着主角将要遇到的人生转折点，抑或是主角今后的命运。

马尔克斯带给我们一个又一个复杂而又迷幻的梦境，让人眼花缭乱。从那些梦境中，我们能够感受他精妙绝伦的言辞，也能感受到那隐藏于零碎小故事背后的发人深省的思想，而这一切，也成就了我们与马尔克斯之间的这一场超越时空的对话。

一位伟大的作家，往往也是一个贪婪的读者，一个见多识广的游历者。无论走到哪里，马尔克斯都不会放弃阅读，一切的文学经典都是他学习的对象，而不断的游历则让他重新审视整个拉丁美洲。

写作《百年孤独》之前，记者是马尔克斯从事的职业。其实，与他一样，很多作家都有过作为记者的工作经历。这份职业对马尔克斯最大的影响就是让他的写作技艺得到了锤炼。

他说过，小说和报道就像是一对亲兄弟。做记者时，他常常思考，假如新闻报道是一种文学体裁而不是一则重磅消息，怎样才能写出自己想要的效果？有时为了节省版面，他只留下那些不可或缺的文字，删掉不必保留的文字，这样的工作实践就是对叙事技巧的最好训练。

任何伟大都是从千锤百炼而来的，马尔克斯也不例外。虽然他是个天才，但也经历过失败，需要通过不断地训练、不断地学习来提高自己，需要来自亲人和朋友的理解与支持。

写作是马尔克斯一生的爱好。对他而言，写作就像是一种莫大的享受。他曾经在一次采访中说："在写作期间，我不会生病，也不会感到什么疼痛，哪怕是一丁点儿的疼痛都没有。"

马尔克斯习惯于在文章的开头表明一切。在他看来，全书最难的地方就是第一段，整部作品的语气、节奏和风格都要考虑在内。这一段一定得写扎实，尤其是作者还处于一种迷茫，找不到支撑点的状态时。

不仅如此，一个形象的出现，对于马尔克斯而言，就是对一部作品最好的奠基。他习惯在开始动笔之前，将所有的情节都铺设好。他能在写之前将小说的全部内容复述出来，因为主要的结构和脉络已经在他的脑海中成型了，最多在一些小细节上有所修改。

曾经有记者问他，是不是总是充满灵感。他笑了笑说："有的人可能会说：'您快到这里来，看这里的风景会带给您什么样的灵感呢？'但是，这样的说法在我看来并不公正，每一个风景都有奇妙之处。每当人们发现了景色美妙的地方，就会邀请我过去，说在那里可以写作。其实，我想对他们说，虽然那些景色的确美妙，但我过去是为了消遣和散心，不是为了写作。"

此外，为了能够在写作时保持良好的状态，马尔克斯制订了一套适合自己的锻炼计划。对于作家而言，睡眠不好或者是精神状态不佳，会对写作造成很大的影响，所以他很注意休息。在饮酒方面也很注意，从不会过量。参加聚会时，吃喝也都保持适量。喝酒的对象也是他所注意的，因为和不同的人喝酒，心情也会不一样。虽然并非完全能做到，但是他能够在每天醒来时都保持充沛的精力。

马尔克斯还是一位著名的编剧、社会活动家，他的经历就如同一座迷宫，里面遍布宝藏。他是一个如此魔幻的人物，如此令人着迷，让人们疯狂地崇拜着他。

本书参考了杰拉德·马丁的《马尔克斯的一生》、达索·萨尔迪瓦尔的《加西亚·马尔克斯传：回归本源》、西亚维亚·加尔维斯的《加西亚·马尔克斯家族》、玛莎·康菲尔德的《加夫列尔·加西亚·马尔克斯》、乔治·R.麦穆雷的《加夫列尔·加西亚·马尔克斯》、鲁文·佩拉约的《加夫列尔·加西亚·马尔克斯：文学批评指南》、史蒂芬·哈特的《马尔克斯评传》，以及马尔克斯的自传《活着为了讲述》。

通过本书，你能看到马尔克斯那充满魔力的世界和他那富有诗意的生活。你会发现，无论他经历过什么，他终究还是与普通人一样，脚踩大地，头顶蓝天。

　　读完本书,你从中了解到的将不仅仅是一个获得了诺贝尔文学奖的马尔克斯,更是一个立体而又鲜活的人物。瞧,身形消瘦的马尔克斯,正穿着一件深色大衣,双手插在裤兜里向你缓缓走来。

目　录

 **第 1 章　苦乐之境——来自哥伦比亚的"神话飓风"**

"小加博"的降生之谜——诡异的出生日期·002

霍乱时期的爱情:"枯枝败叶"与"俏姑娘"的不羁之恋·004

"百年孤独"的小镇,故乡的传奇与噩梦·010

神秘的老宅——最令人魂牵梦萦的地方·013

"死人之屋"和会讲"鬼故事"的外婆·018

外公的世界——陪伴是最长情的"告白"·022

第一次开启父母世界的大门·027

伟大离不开平凡的"根基"·031

 **第 2 章　三回九转——见证窘迫生活与文学萌芽的"同台会演"**

窘迫生活下的"顽强战斗"·038

"小老头"的乐观——一切磨难都只是小事·041

人生抉择:前往波哥大的梦幻之旅·046

贵人相助，点燃梦想的"烟火"·051

"文学病毒"爆发，紧张学习下的疯狂嗜好·056

"石头与天空"诗派带来的重大影响·060

"我"的诗里不能没有你·064

《无法摆脱的精神变态》——对小说创作的第一次尝试·069

第3章 登界游方——于困境和灾难中探寻现实的"文路"

大学生活——孤独和诗情画意的缠绵·076

再"遇"卡夫卡后的疯狂"爆发"·079

灾难突发，由理想主义向现实主义的转变·084

天才作家背后的那些人·089

弃稿与新作——走出文学道路上的"死胡同"·093

哲人的底蕴和大师的资格·096

生死与共的朋友——阿尔瓦罗·穆蒂斯·099

藏龙卧虎的"巴兰基亚小组"·103

第4章 返本归元——不忘初心才能砥砺前行

恶劣环境下的最佳创作之所·110

目录

回到最初的地方——与母亲的归乡之旅·113

越挫越勇——"吃纸为生"的追梦人·117

返本归元的"卖书郎"·120

声名大噪，明星记者养成记·123

第5章 历经千帆——前往欧洲从事"世界上最好的职业"

情迷罗马——来自生活的故事素材·130

电影梦碎——理想与现实的真实距离·133

浪漫巴黎的邂逅：与门多萨的友谊·136

生活在巴黎——贫困潦倒中的坚守·139

朋友与美酒——苦旅中的暖心慰藉·143

异国情怀：邀朋友来一场说走就走的旅行·147

让漂泊的友情找到归宿·149

第6章 笔耕不辍——穿梭于生活与工作中的激进革命者

爱情硕果——源自青葱年少时的情感寄托·154

为了革命：演绎出一曲不同寻常的"在路上"·156

当幸福来敲门——名利双收与初为人父·160

《格兰德大妈的葬礼》——由现实与魔幻编织的经典之作·162

《没有人给他写信的上校》：让平凡的生活多一点勇气和力量·165

一次短暂而又独特的美国之旅·170

第7章 百折不挠——文学巨匠与电影的不解之缘

"再见，我的朋友！"——永远的大师海明威·174

一个书生，还是一个务实的工匠·177

峰回路转——打破写作"瓶颈"后的再次"绽放"·181

从大编剧到"迷途知返"的小作家·186

第8章 不平则鸣——造就《百年孤独》的"大魔术师"

最壮丽的百年大陆史诞生的背后·192

《百年孤独》——一场用小说演绎的"魔术"·196

捕获了一头最完美的"狮子"·200

盛名带着绚烂的光辉从天而降·203

盛极必衰——烟花散尽终寂寥·206

目 录

第9章 珠联璧合——荣耀与孤独并存的文学生活

安静与荣耀无法共处一室·212

征服死亡：在"离开之前"先改变世界·214

荣耀的背后是王者的孤独·217

政治宣言——为一切不平事发声·221

《一桩事先张扬的凶杀案》——由偏见引发的血案·223

王者的荣耀——诺贝尔文学奖的强势加持·229

第10章 桑榆晚景——被病魔阻断的创作之路

请用一支玫瑰纪念我·234

《迷宫中的将军》：一个名为迷宫的悖论·238

笔下生辉——隐藏在荒诞中的真相·240

《爱情与其他魔鬼》——一首罪恶人性的丧曲·245

《绑架新闻》——一起连环绑架案引发的思考·248

创作缘尽——一代文豪的陨落和遗产·251

后 记·256

第1章
苦乐之境
——来自哥伦比亚的"神话飓风"

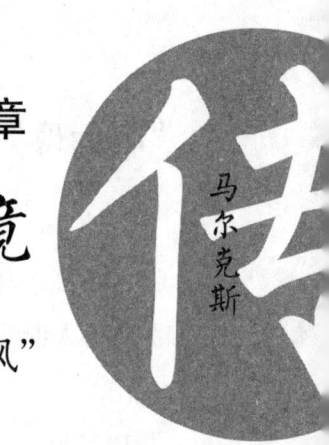

对加西亚·马尔克斯来说，故乡的一切都是他创作灵感的源泉。他快乐的童年始于故乡，他的文学启蒙源于故乡，他性格的养成依赖于故乡。可以说，故乡给了马尔克斯成为伟大小说家的天赋和资质，没有故乡的环境和风土民俗便造就不了后来的马尔克斯。

马尔克斯的故乡是一个名叫阿拉卡塔卡的小镇，它是《百年孤独》中马孔多镇的原型。这座"百年孤独"的小镇拥有着许多传奇故事，也有着不少噩梦"秘辛"。那里既是《霍乱时期的爱情》的发生地，也是"小加博"的出生地。马尔克斯的童年正是在这座神奇的小镇中度过的。那里有神秘的老宅、"死人之屋"、会讲"鬼故事"的外婆、上校外公、"电气化鸡笼"、藏着各种稀奇动物的马戏团、设有摩天轮的嘉年华会、播放多种影片的电影院……

"小加博"的降生之谜——诡异的出生日期

加西亚·马尔克斯是何时出生的?有人说马尔克斯出生于1928年3月6日,也有人说他于1927年3月6日诞生。当然,支持不同观点的双方都有各自的理由。

说马尔克斯出生于1928年3月6日的一方给出的证据是:在第一本护照上,马尔克斯曾亲笔写下自己的出生时间,即"1928年3月6日"。

但是,坚持马尔克斯出生于1927年3月6日的一方则认为,马尔克斯在护照上写错了自己的出生时间。因为前者是经不起推敲的,利用他弟弟路易斯·恩里的出生日期就能推翻这一观点。

可以明确的是,弟弟路易斯·恩里比马尔克斯小一岁,而路易斯从父母那里获知,自己的出生日期是1928年9月6日。如果有人说马尔克斯出生于1928年3月6日,路易斯一定会不知所措——这意味着在哥哥马尔克斯出生6个月后,他就出生了。

每当听到别人说马尔克斯是在1928年出生的时候,弟弟路易斯就会暴跳如雷地辩驳:"真是见鬼!难道我是一个6个月就出生的早产儿?可是我出生时有4千克!或者你认为我是加博(马尔克斯的小名)的孪生弟弟?"

显然,人们对马尔克斯出生日期的误会,给他的弟弟路易斯带来了很大的困扰。特别是在马尔克斯成名后,这种困惑便更大了。因为如果人们把哥哥的出生时间弄错,路易斯的履历就会变得问题重重。

当然,路易斯似乎可以这样做:承认哥哥是在1928年3月6日出生,然后把自己的出生时间向后推迟4个月,即改为1929年1月6日。但是,这样修改又会出现新的问题——自己的出生时间与妹妹玛格丽塔的出生时间不协调。玛格丽塔出生于1929年11月9日，这就意味着马尔克斯的母亲必须每10个月生育一胎，且要连续生育三胎。但显然这是不符合常理的。哪个女人的身体允许这样做？

后来，人们经过细致的考证，终于证实了马尔克斯是在1927年3月6日出生的。

那是一个非同寻常的星期天，哥伦比亚的阿拉卡塔卡小镇迎来了一场突如其来的暴风雨。上午9点钟左右，21岁的路易莎生下了一名男婴，并为他取名加西亚·马尔克斯。马尔克斯出生时体重约4.2千克，而且脐带绕颈，所以整个生产过程非常凶险。然而，他像是受到了命运的眷顾，最终母子平安，这堪称奇迹。

马尔克斯母亲的全名叫路易莎·桑蒂阿加·马尔克斯·伊瓜兰。路易莎在她的父母家待产。马尔克斯出生时，父亲加夫列尔·埃利希奥·加西亚并不在场，只有外祖父和外祖母陪在他们母子身边。外孙出生后，两位老人用朗姆酒擦拭了马尔克斯的全身，之后又用受洗水帮其清洗，他们希望通过这种方式为外孙消灾解祸，避免以后出现更多意外。

很快，马尔克斯有了昵称，家里人都叫他"小加博"。他外祖父的名字叫尼古拉斯·马尔克斯·梅西亚，外祖母的名字叫特兰吉利娜·伊瓜兰·科特斯。由于生活拮据，小加博的父母不得不外出谋生，他们大部分时间都在海边小镇里奥哈查工作，不能时刻陪在小加博的身边。

马尔克斯是家中最年长的孩子。他的童年是在外祖父家中度过的。母亲有了其他孩子后也没有将他接回去，因为她知道马尔克斯在那里过得很开心。在小加博三岁半时，母亲将自己的第三个孩子也送了过来，希望两个孩子可以相互做伴。这是一个女孩，名字叫玛格丽塔。在家中，她还有一个绰号,叫玛戈特。玛格丽塔的到来让小加博欣喜若狂,他知道自己以后将不再孤单,因为无论何时,总会有一个可爱的妹妹跟在他的身后。

小加博的诞生对埃利希奥和路易莎来说是艰难生活中最幸福的事情。尽管在儿子出生时,埃利希奥并不在场,但这并不能说明他不爱这个儿子。因为他当时在外地,要为一家人的生计而忙碌。另外,还有一些较为复杂的原因,比如他不想让岳父岳母看轻自己,他要挽回男人的尊严。

没有人会责怪这个辛苦劳作的男人,人们只会歌颂他、赞美他,因为他不仅承担一家人的开支,还为这个世界带来了一个伟大的作家。而这所有的一切都源自他与路易莎那段传奇的爱情。

霍乱时期的爱情:"枯枝败叶"与"俏姑娘"的不羁之恋

小加博父母的爱情故事既传奇又浪漫。

1924年7月的一天,烈日当头,热浪滚滚。埃利希奥走进了阿拉卡塔卡小镇。他身穿电报报务员的职业装,英俊帅气。电报报务员是他在这个小镇的新工作。此时,他从身侧的背包中拿出一封崭新的推荐信,再次确认了信封上的地址后,向尼古拉斯·马尔克斯·梅西亚的住宅走去。

埃利希奥背包里的推荐信是一位神父为他写的。神父把这封信交给他时说:"你是个有教养又有才华的年轻人,既会作诗,又会拉小提琴,非常讨人喜欢,所以你到上校家后一定会给他们留下不错的印象。"

埃利希奥原本是奥阿查县人,他虽家境贫寒,但聪明、能吃苦,所有亲友们都很喜欢他，并对他寄予很高的希望，还资助他读完了中学。中学毕业后，埃利希奥顺利考上了卡塔赫纳大学。在开学季，他独自一人踏上了去往卡塔赫纳的旅程。埃利希奥所选的是医学专业。为了拿到大学文凭，他学习非常努力。在他看来，大学文凭可以帮助他获得一份好工作，这样就能改变家境。然而天不遂人愿，随着大学开支的增加，他的家境更加贫寒。与此同时，亲友们也不再资助他读书。出于无奈，埃利希奥只能辍学去找工作。

就这样，经过两年的打拼，埃利希奥终于谋到一份较为体面的工作——电报报务员。在当时的平民阶级中，电报报务员是一份深受人们尊重的工作，一方面它对读写能力的要求较高，非文化人不能胜任；另一方面它要用到现代科技，愚笨者一时半会儿很难学会。然而，这份工作很辛苦，薪水也比较低。

当时埃利希奥只有23岁，他到阿拉卡塔卡的第一件事就是去拜访尼古拉斯上校。尼古拉斯上校与那位写推荐信的神父是朋友关系，有着多年的交情。所以，上校面对神父推荐来的年轻人自然非常热情友好。埃利希奥言谈幽默、能说会道，给上校留下了好印象。上校热情地接待了埃利希奥，第二天，又带着他一起坐车前往圣马尔塔。当时，尼古拉斯上校的家人正在那里避暑。

两人到达圣马尔塔车站后，上校在宠物市场买了一只可爱的云雀，然后交给埃利希奥，并对他说："你可以把它送给我的女儿，算作你们初次见面的礼物。"上校这样做只是为了照顾埃利希奥，想让两个年轻人能够相处融洽，其他的事情则并没有多想。但是，后来的事实证明，这对上校来说简直是一个"天大的错误"。

路易莎，也就是后来小加博的母亲，是上校的掌上明珠，家里所有人都对她宠爱有加。路易莎从小便受到良好的教育，后来在圣马尔塔的"显灵学院"读书，那是当地最著名的修道院学校。除了受过良好的教育，路易莎还是一个多才多艺的姑娘。她不仅会弹钢琴，还能用西班牙语写出好文章，另外她的缝纫技艺高超，可以绣出精美的图案。由于容貌娇美、举止端庄，朋友们都叫她"俏姑娘"。

埃利希奥与路易莎并不是一见钟情。相反，两人刚见面时彼此并没有什么特别的印象。埃利希奥只觉得路易莎很美丽，但这并没有给他留下深刻印象，而路易莎对他也丝毫没有感觉。

但是，埃利希奥是一个很讨女孩喜欢的人，他聪明、幽默、自信，不仅善于言谈，而且英俊潇洒。另外，他还会写诗。埃利希奥凭借自身魅力很快就博得了女孩子的喜欢。在朋友之间，有人传出他与一个优秀的姑娘已经有了婚约。这个姑娘叫罗莎·埃莱娜，后来她成了小加博的启蒙老师。

有一次，埃利希奥与路易莎去参加一个庆典，在活动现场，路易莎对埃利希奥打趣道："听说你与罗莎小姐已经有了婚约，你们什么时候举行婚礼呢？""很快，到时候我一定邀请路易莎小姐做我婚礼的伴娘。"埃利希奥爽快地回答。在畅聊中，路易莎送给埃利希奥一个称呼，叫作"教子"。

从此以后，两人之间就有了"伴娘"和"教子"的称呼。这种朋友之间互相调侃的"爱称"有一个好处，即可以方便男女之间打情骂俏。

一天，路易莎生病了，医生建议她外出散心。于是，她便离开阿拉卡塔卡，前往别处休养去了。这次分离十分突然，两人一个月没有见面。原先，两个人对彼此的态度显得有些漫不经心，很多事情也表现得满不在乎。但是，随着分离的日子越久，彼此的思念也就越强烈。

路易莎终于回来了。埃利希奥得知消息后，立刻穿上他最好的衣服，与许多朋友一起去车站迎接她。"教子"与"伴娘"表面上都很镇定，两人相互握手，算是问候。路易莎把带来的糖果当作礼物送给他，两人几乎没有说话。但是，埃利希奥从与她握手的过程中发现了一些端倪。那一刻，他感到路易莎的手轻微地颤抖着，他知道，眼前的女孩同自己一样见到对方后激动不已。

此后，在周日做弥撒时，两人经常穿过人群交换眼神，那是一种十分热切的眼神，充满了爱慕。此后，埃利希奥开始给路易莎写情诗，他充分发挥专长，写出了许多热辣、深情而且优美的情诗。这些美丽的诗句，让路易莎一生都不会忘记。

1925年3月，埃利希奥与路易莎已经相识8个月。对埃利希奥来说，是时候对自己心爱的女孩表白了。一天下午，他来到路易莎家的门前，准备向她求婚。

他站在一棵杏树下，大声表白："路易莎，我昨晚彻夜难眠，我想自己应该尽早结婚了。而我心爱的人不是别人，正是你。请告诉我，你是否对我有意。但是，你不必勉强自己说不想说的话。如果你现在无法做出决定，我可以给你一天的时间考虑。"

然而，这番真诚的表白却被人打断了，打断他的不是别人，正是路易莎的姑妈弗朗西斯卡。姑妈不允许有非分之想的"癞蛤蟆"接近路易莎，所以一直跟在她的身边，凡是想打"俏姑娘"主意的穷小子都会被她赶走。对于埃利希奥来说，弗朗西斯卡就是一个大灾星，他甚至还给她起了一个有趣的绰号——刻耳柏洛斯，即守卫地狱的三头恶犬之名。

路易莎考虑之后派人向埃利希奥送来一张纸条，约定在第二天做弥撒时会面。

"教子"见到自己心爱的姑娘时，直截了当地问："你的决定是什么？"

"我对你仍有疑虑，我不喜欢朝三暮四的男人。"路易莎考验他说。

埃利希奥此时稳操胜券，他故意不紧不慢地说："路易莎小姐，你若是不答应，我便不等了。毕竟，还有那么多姑娘视我为理想对象呢！"

"那你能向我保证什么？"路易莎担心地说。

埃利希奥盯着她的眼睛说："除非我死了，否则非你不娶。"

路易莎终于被他打动了，她说："我也是，除非我死了，否则非你不嫁。但是，我的家人不愿意让我嫁给你，他们一定会反对这件事。"

果然，在得到消息后，路易莎的家人强烈反对这桩婚事。

令尼古拉斯上校想不到的是，自己的女儿竟然会爱上这个穷小子。上校不想让女儿嫁给埃利希奥，于是就以女儿还小为由拒绝了他。而埃利希奥很清楚，这只是一个借口，实际的理由有很多，比如自己的出身不好，皮肤黑，是个可怜的报务员，一个穷小子、外乡人，等等。或许在上校看来，他就是当地人口中的"枯枝败叶"，一个外来的淘金者。

上校强烈反对他登门，拒绝与他交谈，还阻止两人见面。然而，上校越是反对，报务员和"俏姑娘"的心越是紧密地连在一起。他们开始结成紧密的联盟，与上校及其"家人军团"对抗。

在家人的反对声中，两人的爱情变得愈加坚固。这对恋人所要面对的"敌人"是一位身经百战的上校，不管他多么强大，都要战胜他。他们找了许多传信人，然后让这些好心人用他们事先想好的隐语暗号接头，帮助他们传递消息。教堂、广场、电影院、店铺等都是他们的联络所，他们一次次瞒天过海，只为向对方倾诉衷肠。

埃利希奥经常送给路易莎礼物，还时常在夜晚大着胆子翻过围墙，来到路易莎的窗前，为她献上一首小提琴独奏曲。一天，埃利希奥托一位焰火技师给路易莎送去一条写满情诗的手绢。在送手绢的路上，技师边走边看，反复欣赏手绢上的诗句，甚至还会小声吟唱，连技师也被这些饱含情意的诗句深深感动了。

在上校的"压迫"下,这对恋人不断创造着新的约会方式。这令上校十分恼火,于是他想出了一个办法,即让这对恋人天各一方,用距离来击垮他们的"执拗"。

上校命妻子特兰吉利娜和仆人将女儿送到了一个遥远的地方,以为这样就能阻断他们的联系。但是,上校忘记了一件事情——埃利希奥是一个消息灵通的报务员,几乎各个地方都有他的同事和朋友。

在同事和朋友的帮助下,埃利希奥可以在各个地方建立起联络网,不管路易莎在什么地方,他都能将爱的讯号传递给她。就这样,两个人通过不断的电报往来将爱情进行到底。

几个月后,特兰吉利娜陪同女儿回到圣马尔塔,在下船时,她发现埃利希奥正站在岸边迎接她们,确切地说是迎接她的女儿。特兰吉利娜突然意识到这次离开不仅没有阻止两人的交往,反而使他们的感情变得更加深厚。

埃利希奥穿着自己最好的衣服,精神抖擞,满脸痴笑地望着自己的"女神",而路易莎则红裙裹身,百媚千娇地向着自己的情郎走来,甜美而幸福的笑容挂在脸上。

路易莎到达圣马尔塔后,便一直居住在哥哥家中。她拒绝回家,因为在这座城市里有她的情郎相伴。为了能长久地与自己的"女神"居住在一起,埃利希奥准备调往这座城市做报务员。这对恋人最终用自己执拗的爱情战胜了上校夫妇。

1926年6月11日,埃利西奥与路易莎在圣马尔塔大教堂结成了夫妻。这对恋人轰轰烈烈的爱情既孕育了马尔克斯,也为马尔克斯的伟大作品《霍乱时期的爱情》提供了原型。

"百年孤独"的小镇,故乡的传奇与噩梦

1927年3月6日,随着一声啼哭,马尔克斯降生在阿拉卡塔卡镇。这里是他生命的起点,也是他度过童年的地方,这个小镇印刻在他的记忆深处,他的所有作品都与之息息相关。不管身在何处,马尔克斯总是会重新回到这个记忆开始的地方。

在最初的八年,马尔克斯与外祖父母一起生活在阿拉卡塔卡镇。阿拉卡塔卡镇最初是由印第安人建立的。那些印第安人被西班牙殖民者的枪炮驱赶到这里,绝处逢生。19世纪时,阿拉卡塔卡镇变得鱼龙混杂,不仅有印第安人、白人,还有大量印欧混血儿。

这个普通小镇原本非常宁静,人们的生活节奏缓慢且富有情趣。而马尔克斯所著的《百年孤独》中的马孔多镇就是以这里为原型的。后来,人们把阿拉卡塔卡镇打造成了香蕉种植区。香蕉产业不断发展,让阿拉卡塔卡逐渐变得热闹起来。香蕉公司如雨后春笋般建立,小镇因此繁华一时。

1905年,阿拉卡塔卡进驻了一批果品工厂,当地的香蕉种植区也随之不断扩大。为了运输香蕉制品,小镇还开通了火车专线。这为小镇对外交流提供了极大的便利。工厂的建立为小镇创造了许多工作岗位,大批外来人口开始涌入。播种工、采摘工、搬运工、管理者……从事与香蕉有关的工作的员工不断增加。与此同时,各类商贩也纷纷入驻小镇,酒贩、点心商、烟贩、药商……比比皆是。本地人在茶余饭后经常拿这些外来者调侃,有些人称他们为"枯枝败叶"。

繁华的小镇阿拉卡塔卡每天都会出现许多新鲜玩意儿。小镇通了电,

第1章 苦乐之境——来自哥伦比亚的"神话飓风"

夜晚亮如白昼。每当夜幕降临，管弦乐队就会聚在一起演奏，人们唱歌、跳舞、喝酒，周末时还能参与彩票开奖，所有人似乎都在享受着美好时光。人们不仅能买到各种各样的东西，比如糕点、麦片、牙膏、口红、美酒等，还能每周去电影院观看电影。

那时，小镇上的人都很有钱。如果有人掉了钱币，没有人愿意弯腰去捡。人们经常在跳舞时，一边拿着一根燃烧的蜡烛，一边用另一只手点燃五比索的纸币来消遣。

1915年，阿拉卡塔卡举办了第一届狂欢节。吉卜赛人为小镇带来了铜制品和制冰技术，商贩、乐队、民间艺人、酒保、工人……来往穿梭。商贩们给当地人带来了许多如魔法般具有神奇效用的"药品"，比如迷药、止血剂，另外还有吉祥饰品、辟邪物等。其中"马古阿鸟粉"用以迷惑女人，"圣波洛尼亚大牙"能为赌博带来好运，"野鹿眼"可以给伤者止血，"蝙蝠血"可以在夜晚辟邪，"十字架上的男婴"可以为人增添神力，"干狐狸颌骨"可以确保作物丰收。

狂欢节时，人们戴着面具，穿着盛装，在街上游行，尽情享受着美好的一切。然而，繁华的背后却也隐藏着灾难的种种征兆。

1914年，阿拉卡塔卡爆发了蝗灾。面对遮天蔽日的蝗虫，人们回忆起7年前与之相似的情景，那时正是因为蝗灾，农民们颗粒无收。

阿拉卡塔卡的气候炎热且湿润，午后的温度普遍超过40摄氏度，但是香蕉工人的工作与生活环境极差，公司不愿花额外的钱为他们添置冰块降温。他们常常家徒四壁，挤在没有床铺的干草上入眠；他们没有蚊帐，每到夜晚就会遭到无数蚊虫叮咬。不仅居住条件糟糕，卫生条件也难以让人接受。工人们通常都是几十个人共用一个马桶，很久才更换一次。另外，他们的医疗没有保障，不管生什么病，永远只吃一种蓝色的小药丸。

香蕉公司对工头关爱有加，却对工人们不管不问。工人们的合法地位得不到保障，公司既不会给他们上保险，也不会给他们提供医疗设施。另外，公司的船会将本地的香蕉运往新奥尔良，但返程时却常常不会带回任何商品。而香蕉公司会将这一损失算在工人们的头上，他们用代金券来当作工人的工资，让他们到指定地点购买公司用船从新奥尔良载回的商品，以强卖的方式将工人的钱重新压榨回去。

铁路的一边是工人们的艰难处境，另一边则是美国佬的幸福生活。高耸的住宅、茵茵的草坪，厚厚的围墙，黑人持枪巡逻者以及守在院门口的看家狗，这就是《百年孤独》中所描述的"电气化鸡笼"。隔热的屋顶，精美的窗帘，透风且能阻挡蚊虫的窗户，网球场和游泳池……这里是阿拉卡塔卡人眼中的天堂。

小加博曾参观过这个"天堂"，那是外祖父带他来的。当时，他看到穿着西装革履的男人，还看到了穿着薄衫的女人戴着纱帽，用金剪子采摘鲜花。还有一次，小加博见到了香蕉公司的总经理和她的夫人。那位总经理开着他的敞篷车载着他的女人和一只德国牧羊犬。女人年轻美丽，长长的金发随风飘荡，贵气十足。而他们的宠物也收拾得整整齐齐，坐在敞篷车的后座上，活像一个游行的国王。

1928年，受剥削和压迫的工人们终于开始正式反抗。为了让公司提高待遇，改善居住条件以及加强医疗保障，工人们组织了大罢工，他们希望以此来逼迫公司与他们谈判。

然而，罢工不仅没有改变剥削者的态度，反而让他们更加强硬。香蕉公司与当地警局一起镇压了这场大罢工，给工人们留下了惨痛的"血"的教训。马尔克斯的《百年孤独》中就详细描述过工人被镇压的惨烈场景。

尽管这一事件发生时，小加博还不到两岁，也没有亲眼见证过那时的惨烈场景。但大罢工事件对阿拉卡塔卡人民影响至深，他从外祖父那里听到的相关描述就不下千遍。

在经受了蝗灾、大罢工事件和洪水灾害之后，因"香蕉热"而繁华一时的阿拉卡塔卡由盛转衰，最终沦为一个"百年孤独"的萧条小镇。多年以后，马尔克斯母子回乡变卖家产时，几乎认不出那个曾经繁华的小镇了。

阿拉卡塔卡大罢工事件不仅对马尔克斯的家乡造成了深刻的影响，同时也深深影响着他的整个童年时光。而他后来的创作冲动也由此而来。他把这一事件用文字的形式记录在他的《百年孤独》中，创造了一个骇人听闻却又写实的传奇故事。

神秘的老宅——最令人魂牵梦萦的地方

路易莎与埃利希奥成婚后，丈夫调任到了奥阿查县做电报报务员，于是，两人就在当地住下。不久，路易莎便怀孕了。

上校夫妇听到女儿怀孕的消息后欣喜若狂，他们认为这是一个缓和与女儿女婿关系的良好机会。他们经常给这对新婚夫妇寄去信件和礼物，希望女儿女婿可以尽快返回阿拉卡塔卡。但是，由于埃利希奥的自尊曾被老丈人伤害，所以他坚决不愿回去。

两位老人没有放弃，依然给他们寄信和邮送礼物，而随着女儿预产期的临近，他们所送的礼物则变成了糖果、水果以及一些婴儿必需品。后来，在母亲来信的恳求下，路易莎于1927年2月回到了娘家。而当时，她已经怀孕8个月了。

1927年3月6日，马尔克斯诞生的日子。当时，路易莎的情况非常糟糕，孩子怎么也生不下来，而且还伴有大出血。接生婆万般无奈，表示无能无力，幸好加拉斯加人特弗雷特斯给产妇做了人工呼吸和按摩才使得母子平安。新生儿是一个大胖小子，家人为其取名加西亚·马尔克斯，又赐他小名叫作加博。

小加博出生时脐带绕颈，差点窒息而亡。这也是他后来患幽闭恐惧症的原因。小加博长大成人后，非常惧怕一个人待在狭小的房间里。因此，在他成名以后给自己买的房子都是宽敞明亮的大房子，房子配备了巨大的落地窗，采光十分充足。在幽闭恐惧症和高空恐惧症的双重作用下，马尔克斯十分惧怕坐飞机。在他看来，飞机就是一个封闭的"棺材盒子"。所以每当他出远门就不得不坐火车或汽车，而这些交通方式既耗费时间，又让他疲于奔波。当他获得诺贝尔文学奖后，去瑞领奖典避免不了坐飞机，于是，他只能忍受这种痛苦的煎熬了。

在小加博出生几个月后，为了看望孩子，埃利希奥不情愿地回到了阿拉卡塔卡。上校与女婿见面后的第一件事便是道歉，他望着眼前的年轻人，想到曾经对他所做的一切，满心的歉意和懊悔。上校向报务员伸出手，诚恳地说："我为曾经对你的偏见而道歉。"埃利西奥没有去握他的手，他注视着躺在婴儿床上的儿子，淡淡地说道："现在已经用不着了。"

小加博的降生让父亲放弃了报务员的职业，他曾是卡塔赫纳大学医学院的高材生，只不过因为生活所迫而辍学。他在医学院学习过不少医学知识，特别是对顺势疗法有一定的研究。出于兴趣，加上对自己实力的信心，埃利希奥又做起了医生。阿拉卡塔卡对西医不是很信任，反而对顺势疗法情有独钟，所以埃利希奥的生意还算不错。

然而，埃利希奥夫妇并没有在阿拉卡塔卡逗留太长时间，1929年1月的某

第1章 苦乐之境——来自哥伦比亚的"神话飓风"

一天,两人离开此地,从此过上了长期在外闯荡的生活。

小加博的外祖父母在阿拉卡塔卡镇属于有钱人,他们地位显赫,不仅有镇上首屈一指的大宅院,还有众多的仆人。所以,小加博在这里衣食无忧,生活也非常快乐。在出生后的8年时间里,小加博一直住在这个大宅院里,直到9岁才跟着父母离开。

外祖父母家的大宅院非常气派,在宅院门前的两侧,伫立着两棵巴坦杏树。这也是小加博的父亲向母亲第一次求婚的地方。推开宅院的大门,第一眼看到的是上校的书房,上校经常在这里办公或读书。在书房的旁边,是一间小会客厅,每当有客人前来拜访,上校就在这里接待他们。绕过上校的书房往里走,屋后是一座美丽的花园。花园里栽种着各种花卉,有百合花、玫瑰花、天竺葵、茉莉花等,每到花期,成群结队的蜜蜂和蝴蝶就会在花丛中翩翩起舞。小加博长大后,还把这美丽的场景写入了他的《百年孤独》,那正是书中恋人出现时的美丽场景。

在花园深处,有着成排的房间。首先映入眼帘的是小加博外祖父母的卧室,母亲路易莎就是在这里拼尽全力生下小加博的。紧邻这间卧室的是"圣灵室",小加博晚上会睡在那里,还有几个姑婆照顾着他。就连毫不起眼的行李间也十分宽敞,里面堆放着大大小小的杂物。花园的侧面有几间会客厅,那是留客人住宿的房间。最气派的建筑是一间巨大的餐厅,那里光线充足,通风良好,中央放着一张可供10个人用餐的餐桌,每当留客人用餐时,外祖母就会用最丰盛的食物来招待他们。花园的角落里,还坐落着一个银匠小作坊,上校一有空就会到这里来摆弄他的那些小饰品。除此之外,宅院中还有厨房、酒窖、储藏室、卫生间、浴室、宠物间、木工房等众多小房间。

马尔克斯记得,院子里的很多房间都是空着的。那是因为这些房间都是已故亲戚住过的房间,为了纪念他们,外祖父母把这些房间原封不动地给保留下来。迷信的姑婆为了不让孩子们到处乱跑，破坏屋里的陈设，就故意告诉他们，每到晚上6点以后，那些亲戚还会回到自己的房间休息，其中就包括小加博已故的佩德拉姨妈和拉萨罗舅舅。

每到夜幕降临，孩子们便不敢再到处乱跑，因为他们害怕那些传闻中的亲戚突然出现在自己面前。外婆在晚上6点时让顽皮的小加博安静下来，坐在安全的角落里，并叮嘱他不要乱走，否则会惊扰了姨妈或舅舅的美梦。而一旦惊醒了他们，他们就会从房间里走出来。每到这时，小加博就会听话地坐着，忐忑地看着四周，静静地等待着姑婆们准备晚餐。

小加博永远忘不了这些事情。他有时想得痴迷了，出现了幻觉，于是就告诉其他孩子，自己真的看见过死人或恶魔。那些死人有的出现在浴缸里，有的出现在火炉边，而恶魔则出现在窗户上。

外祖父母的宅院里有许多"死人的屋子"。其中有一间曾住过一个叫阿尔丰索·莫拉的男人，据说后来他在屋里上吊自杀了，至今他的鬼魂还住在屋里。阿尔丰索的鬼魂与其他鬼魂不同，他既不会在角落里发出瘆人的哭泣声，也不会突然跑出来吓唬小孩。他非常安静，人们只能偶尔听到他的咳嗽声，当他有了兴致，也会吹上几声口哨。他安然地过着自己的"鬼日子"，只要你不迈进他的屋子打扰他休息，他就不会去其他房间串门。小加博与其他孩子对这间"鬼屋"充满好奇，很想知道里面的情况，但同时又很害怕，担心鬼魂会找上门来。

马尔克斯后来回忆他的童年时光，宣称自己真的撞见过"死鬼"阿尔丰索："那是一个艳阳高照的大晴天，我到邻居家去玩，突然看到花丛中蹿出一只野兔，我来了兴致，立刻去捉，不想兔子撒腿就跑，我就在后面紧追不舍。结果追到厕所时，兔子从门缝钻了进去。我推开厕所的门，只见一个男人蹲在茅坑上，哪还有什么兔子！那个男人紧皱眉头，若有所思，像是有什么忧愁的事情。我看到他的袖子高高地卷到胳膊肘，发现他的牙齿与黑人的牙齿一样洁白漂亮，于是马上便认出了他。"

马尔克斯在他的《百年孤独》中描述过这样的场景："鲜血流淌，形成一条奔涌向前的血线，它穿过门缝，径直流过客厅，来到大街上。起伏不平的路面未能阻挡它半分，它沿着道路笔直行进，快速下了台阶，又缓缓爬上路边的围栏，它在大街上左拐右转，向着布恩迪亚家前进。终于来到了布恩迪亚的住宅，它顺着门缝潜了进去，为了避免弄脏地毯，它紧贴着墙边，悄无声息地穿过了客厅，又掠过一个房间来到了餐厅。它没有停留，继续向前，沿着圆桌的影子画了一个弧线，进入长廊。它听到阿玛兰妲正在给奥雷里亚诺上课，就小心翼翼从他的椅子下穿过，接着经过谷仓，最终来到厨房。厨房里，乌尔苏拉正在做面包，她需要一连打上36个鸡蛋，和上面粉，加入白糖和牛奶，再添入适量可以起到神奇作用的酵母粉。"

这是《百年孤独》中布恩迪亚家族成员阿尔卡奥迪被杀之后的描写。它以夸张的手法，描述了阿尔卡奥迪死后，他的鲜血经过长途跋涉最终流进母亲家厨房的过程。马尔克斯在《百年孤独》中描写的布恩迪亚家族的大宅正是以外祖父母家的宅院为原型的。马尔克斯用这样的描写隐喻了落叶归根的道理，即乌尔苏拉的老宅是她所有孩子的根，不管孩子们离家多久，在何处闯荡，他们最终都要回来寻根，回到那个生养他们的地方。

同样，马尔克斯对外祖父母和他们的老宅的感情也是如此。他曾说："在我所有的记忆中，最令我魂牵梦绕的不是人，而是阿拉卡塔卡的老宅，那个我出生的地方，那个外祖父母养育我的地方，那个给我留下最美好童年的地方。不管我身在何处，都会牵挂着它。每次入眠，我都会在梦中与它相见，我感到自己一直都在那里，超越了时空，避过了理由，就像是从未离开过。"

"死人之屋"和会讲"鬼故事"的外婆

小加博的外婆特兰吉利娜是老宅真正的女主人。这个精力旺盛的女人，善于绘声绘色地讲"鬼故事"。

外婆特兰吉利娜喜欢穿黑色或蓝色的衣服，但在小加博和其他孩子们的眼里，她的衣服就像是丧服。外婆整天都很忙，家中的每个角落都遍布她的脚印。但是，实际上，她又不忙，因为她不是忙着做事，而是忙着向仆人发号施令。

在发号施令的时候，她还时常自言自语。她总能把语言说得很押韵，像是在表演小曲。一次，有客人留在家里吃午饭，外婆便对姑婆们命令道："你做鱼，她做肉，客人爱吃鱼还是爱吃肉，鬼也不知道。"

上校家几乎每天都有客人登门，这些客人包括上校的战友、亲戚，甚至还有他的私生子。客人多的理由是，上校夫妇热情好客，总能把他们招待得很满意。

上校的私生子们经常登门拜访，而他却欺骗外婆说这些人都是他的忘年交。弗朗西斯卡姑妈对此意见颇深。

一天，姑妈想向外婆揭露上校风流的本性，于是就对她说："米娜，你真是傻得可怜，那个负心汉总是欺骗你的感情，你对此却无动于衷！"外婆没有在意姑妈说的话，只是冲她笑着摇头。外婆是一个大忙人，单就照顾一家老小的起居饮食就够她忙活了，她可不会管这些事情，况且她又不是将军，也管不了上校。

小加博的外婆平时既要管活人的事情，也要管死人的事情。管活人，是要让活人的生活顺利运转；管死人，是要让那些"死鬼"安静地待在自己的房间里过日子。

外婆有许多规矩，她忌讳一切违反规矩的事情。例如，她一看到有黑蝴蝶靠近门窗，就会立刻拿扫帚将它赶走。因为在她看来，一旦黑蝴蝶飞进家门，就会克死家里人。她要求姑婆们在做饭时要特别小心，尤其不能把盐洒在地上，因为那样会招来厄运。她很讨厌硫黄，非常不喜欢闻硫黄味儿，她一闻到这种味道就会立刻护住身边的孩子，因为哪里有硫黄味哪里就一定有恶魔。平日里，若院子里传来稀奇古怪的声音，那准是巫婆偷偷溜进了家门，这时她就会叮嘱家里人多加防范。她会让孩子们在傍晚6点以后禁足，否则他们到处乱跑就可能惊扰家中的亡灵。若金龟子飞到她的身上，她会吩咐姑婆们赶紧做鱼做肉，因为将有客人登门。大清早若有出殡队伍经过门前，她就会赶紧让躺着的孩子坐起来，因为她认为亡灵会把躺着的孩子的魂魄勾走，她还时常对孩子们说："在通向'阴间'的路上，新生的亡灵最怕孤单，他们喜欢找小孩子来做伴。"

死人与活人，巫婆和魔鬼，外婆的脑袋里装着一个神奇的世界。在她的世界里，既有活人，也有死人；既有巫婆，也有魔鬼，他们共同存在，随时都可能出现在面前。外婆经常给小加博讲鬼怪故事，她对那些超自然的东西从来不会大惊小怪。她讲述这些故事不用夸张的语言，而是像诉说平常事一样娓娓道来。

如果小加博晚上还在外面乱跑，外婆就会郑重其事地对他说："你坐到角落里，不要动！不要到处乱跑，那边房间里的姨婆正在睡觉，千万别去打扰她。"外婆一边说，一边神神道道地指着一个空房间。听到她的话，小加博瞪大了双眼，一动不动地坐在角落里，乖巧得很，全然没有了白天顽皮的样子。

假如加博因到处乱跑摔了跤,外婆就会借题发挥:"你看,姨婆最讨厌不听话的孩子,还会把他们推倒。姨婆刚才就在你身后,你没有看到吗?我看到她还冲你笑来着。不过,现在她离开了。"

外婆带着加博上街时,为了防止他跑丢,也会指着空荡荡的大街对他说:"不要在街上乱跑,这里到处都是人,指不定跑到哪个黑巷子里,你就会被哪个死鬼带走。"

对马尔克斯来说,对他写作生涯帮助最大、影响最深,为他提供灵感最多的不是别人,正是他的外婆。他可以在自己的书里用外婆讲"鬼故事"的口吻,绘声绘色地描述那些神奇的场景。外婆在给小加博讲那些令人毛骨悚然的故事的时候,总是能不动声色地描绘出那些骇人的场景,就像她亲眼见过一般。她讲故事时十分冷静,绘声绘色,那些看似不可能的事情一经她的加工润色,立刻就变得真实可信起来。马尔克斯从小便受到这种创作方法的影响,他在创作《百年孤独》时所用的也是这种方法,从这方面来看,外婆就像是他写作的启蒙老师一样。

有一次,加博的老师罗莎来做客,外婆热情地招待了她,并给她讲了一个神奇的故事,她说:"罗莎小姐,你可能不知道,我昨晚听到了大动静,一个巫婆在她的魔法扫帚上没坐稳,一屁股跌在那边的房顶上了。"

又有一次,一位客人出于好奇,就向她问起了有关"死人之屋"的事情。客人说:"听说有个神父搬进了'死人屋',把里面的'人'都赶跑了。"外婆听了,哂然一笑,说:"好吧,现在他们已经记住你了。"接着她指向一座空房子,忍住笑声说:"我经常从那里听到口哨声呢。"

路易莎一共有11个孩子,继小加博之后,她又生了路易斯、玛格丽塔、阿伊达等。这些孩子经常住在外婆家,由外婆代为照顾。外婆一方面要让这些孩子吃好睡好,还要时常给他们讲故事、唱小曲,安抚他们的孩子脾气。

第1章 苦乐之境——来自哥伦比亚的"神话飓风"

她最喜欢板着脸给孩子们讲"鬼故事",这样就能镇住这些孩子,让他们不再调皮捣蛋或哭闹。外婆讲"鬼故事"的时候,小加博感到既紧张又刺激,他时常幻想着那些妖魔鬼怪一定在自己看不到的地方注视着自己。

每到傍晚,6点的钟声敲响之后,小加博就会变得非常乖巧。他坐在角落里,一动不动,等待着外婆和姑婆们领他去吃饭或睡觉。那个时候,他会坐在摇椅上闻着茉莉花香,此起彼伏的虫鸣,思考着外婆所说的妖魔鬼怪,沉浸在一个神奇的幻想世界之中。

这时,他就会产生一种不安,这种不安不由自主,却又会在特定的时段产生。在进入梦乡之前,这种不安在他的脑袋中创造了无数神奇的角色,有令他十分害怕的,也有让他感到特别新奇的。只有当黎明的曙光透过门缝照在他眯缝的眼睛里时,这种不安才会烟消云散。

这种感觉十分奇妙,长大后的马尔克斯认为自己对夜晚的恐惧正是受了外婆的影响。在他看来,外婆所讲的那些妖魔鬼怪,在夜晚时分纷纷闯入了他的思想世界,就像是花香和虫鸣一样真实存在。

马尔克斯与外婆之间除了亲情之外,还有着这种神奇的关系——他们仿佛都可以让自己置身于那种超自然的世界中,而这种"能力"既像是连接异世界的纽带,又像是他们之间心照不宣的秘密。

外婆的梦幻世界多姿多彩,有活人也有死人,有巫婆也有魔鬼,这令小加博心神迷醉,向往不已。在很长一段时间里,他一直感到自己就是那个世界的臣民。在阳光下,他一直生活在那个属于他的世界中;而在月色里,他又会对那个世界充满莫名的恐惧。后来,每当他独自在旅馆住宿时,依然会对黑暗感到恐惧,他惧怕会有什么东西正从黑暗中向自己走来,或是突然从背后抓住他的肩膀。所以,他时常从睡梦中惊醒,不知身在哪里,只有过上一会儿,他才能从幻觉中恢复神智。然后,重新躺下入睡。

"死人之屋"和外婆不动声色讲"鬼故事"的情景令马尔克斯印象深刻,它们已经成为他内心深处最美好、最刻骨铭心的回忆。后来,马尔克斯走上创造之路,那些故事以及外婆讲故事的方式都成了他创作伟大作品的灵感之源。

外公的世界——陪伴是最长情的"告白"

外公呈现给小加博的世界与外婆呈现给他的是完全相反的两个世界。外婆带给他的世界是一个死人、活人、巫婆、恶魔共存的光怪陆离的世界,在这个世界中充满了新奇和不确定的事物,它使小加博充满好奇的同时,又使他时常感到恐惧。相反,外公为他带来的世界则是一个条理性很强的世界,这个世界能让他获得安全感。每当听到外婆给小加博讲"鬼故事"时,外公都会大笑着告诉他:"傻孩子,忘了那些'鬼玩意'吧,没有哪个爷们儿会信这个!"

外公是军人出身,打过仗,做过自由党的上校,尽管战争早已过去,但人们依然尊称他为上校。尼古拉斯上校的一生充满传奇,他曾在战争中两次险些丧命,但上天似乎特别眷顾他,总会让他在危难中化险为夷。上校身材高大,看起来非常魁梧,他平时总是穿戴得非常整齐,一直保持着军人的作风。另外,他的胃口极好,是个"大胃王"。

上校非常疼爱小加博,平日里总是称他"小拿破仑",而小加博则配合地称外公为"教皇"。弟弟妹妹们常常会羡慕小加博,因为在他们看来外公最疼爱、最宠溺的人不是别人,正是小加博。外公不管忘记谁的生日,都不

第1章 苦乐之境——来自哥伦比亚的"神话飓风"

会忘记小加博的生日,而且他是按照月份来给小加博计算生日,几乎每个月都会给自己的这个外孙过一次生日。

小加博学会走路后,外公经常带着他在镇上闲逛,这成为那个曾经叱咤风云的上校最大的乐趣。

小加博5岁了,有一天,外公带着他到街上闲逛,途中,爷孙二人来到香蕉公司的商店,外公见到冻成冰块的鱼,就对外孙说:"你看,那是冻鱼。"

"冻鱼是什么?"小加博好奇地问。

外公笑着说:"冻鱼就是放在冰块里,被冻得像石头一样硬的鱼。"

"那冰块又是什么呢?"小加博紧追着问。

外公这次并没有立刻回答他,而是牵着他的手,将他带到了附近的冰库。到了冰库,小加博第一次见到那么多冰,顿时又兴奋又好奇。他伸手摸了摸冰块,感觉像是被"烫"到一样。

后来,马尔克斯将这一经历写进了自己的小说《百年孤独》。《百年孤独》中有一段谈到冰块的段落十分经典。马尔克斯说:"我摸到的冰是烫的,那是因为我所描述的城镇是世界上最炎热的城镇。这个城镇需要冰,因为冰的神奇令人惊叹,但我说冰是'烫'的,则是为了表明城镇是无比炎热的,因此,城镇是炎热的,冰是'烫'的,便没有什么不可理解。如果它不'烫',所谓的最炎热的城镇就没有什么好说的了。所以单就'冰是烫的'便足以证明城镇足够热,其他则无须多言了。"

除了香蕉公司的商店和冰库外,外公牵着小加博的手还去过许多有趣的地方,比如铁路另一边的"电气化鸡笼"、藏着各种稀奇动物的马戏团、设有摩天轮的嘉年华会、播放多种影片的电影院……

在马戏团中,小加博看到了许多难得一见的动物,比如单峰骆驼、双峰骆驼、大象、狮子、老虎等。他平时只能在儿童画报上看到这些动物,而亲眼看到它们时的感受显然是大不相同的。在观看动物表演的同时，外公还会给他讲解与这些动物有关的知识，比如单峰骆驼和双峰骆驼有哪些区别。回到家中，外公还会拿出字典查阅并讲解，他指着字典或百科全书上的图片告诉小加博："单峰骆驼背上只有一个驼峰，双峰骆驼有两个，你看，这就是两者的区别。这儿还有大象，你再看一看单峰骆驼和大象的样子，观察它们有哪些区别。"多年以后，马尔克斯将这些动物都写进了自己的作品之中。另外，正是在外公的引导下，他才养成了爱查字典和爱看百科全书的好习惯。

嘉年华会不仅有旋转木马、摩天轮，还有刺激的云霄飞车。如果发现小加博逛累了，外公就会带他去电影院看电影。

爷孙俩行走在小镇的大街小巷，偶尔还会走到镇外，去看一看美丽的自然风景。一老一少边走边看，边问边答，有说有笑。这些美好的记忆都被他一一呈现在自己的《百年孤独》里，被永远记录下来。

每到周四，外公与小加博总会先沿着一条固定的路线出发，然后再到其他地方闲逛。而这条固定的路线正是通向邮局的路线。25年前，外公参加过"千日战争"，而当时的抚恤金一直都没有发，所以外公每到周四就会带着小加博到邮局走一趟，为的是去打探抚恤金的消息。由于外公一直没有收到抚恤金，所以每周四到邮局走一趟就成了爷孙两人的外出习惯。后来这一情节也在马尔克斯的《没有人给他写信的上校》中有所呈现。

10月处于阿拉卡塔卡的雨季。在小加博7岁那年的10月，白天多雨，夜晚则很少下雨，所以爷孙两人会选择傍晚外出散步。有一天，外公照常带着小加博外出，在路上，外公心情不是太好，总是唉声叹气的，突然他停下来对小加博说："你知道死人有多苦吗？"小加博当时并不理解这句话。

后来，他才知道实情：原来，外公口中的"死人"是他的一个名叫梅达

第1章 苦乐之境——来自哥伦比亚的"神话飓风"

多·罗梅罗的朋友。多年以前,上校与他的这个朋友进行了一场决斗,结果他杀死了这个朋友。对当时的上校而言,他是在为荣誉而战,所以在杀死朋友之后,他认为"荣誉战胜了强权"。但是实际上,他一直为自己的行为感到愧疚。为了逃避过去,外公从老家巴兰卡斯搬走,定居于阿拉卡塔卡镇。然而,那段挥之不去的经历让他一直耿耿于怀,关于朋友的记忆总是令他心神不宁。

多年以后,马尔克斯将外公的那种被亡灵折磨的心情写进了《百年孤独》中,于是就有了阿尔卡蒂奥因鬼魂而忧伤的经典形象。小加博长大后,曾去过巴兰卡斯。在那里,他遇到了一个奇怪的人,那个人对他说:"当年你的外公把我的外公杀害了。"

一天中,最令小加博开心的不是与外公出去闲逛,而是被外公带着去河里洗澡。阿拉卡塔卡的河水清澈见底,水流湍急,河岸和水底铺满了洁白光滑的鹅卵石。这幅画面清晰鲜明,令小加博终生难忘。洗完澡后,外公还会在返程的路上给小加博讲故事,比如讲"千日战争",讲小镇的辉煌时期,讲大罢工事件,等等。这些故事与《百年孤独》中奥雷里亚诺上校的许多故事如出一辙。

1935年的一天早晨,外公在为小加博抓鹦鹉时不慎从梯子上摔下来。老人原来身体不错,但那时他毕竟已经70多岁了,再经不起这样的折腾。很快,家人请来了医生为他检查。就在这时,小加博在外公身体的隐蔽处看到了一处伤疤,即使小加博与外公一起去河里洗过多次澡,他也一直没有注意。

小加博问外公:"这里怎么了?"

外公毫不在意地冲他笑道:"以前打仗的时候被人打了一枪。"

听到了这里,小加博回想起外公向自己讲的那些惊险的战争故事,他不曾想到那些只有在故事中才会出现、遥不可及的情景,最终在自己的亲眼见证下变成了现实。从那以后，在小加博心中，那块骇人的伤疤就像是一枚真正的军功章，它闪闪发光，充分证明着外公的英雄事迹。

一年后，小加博告别了外公外婆，从阿拉卡塔卡镇搬回了父亲的家乡辛塞镇。

自小加博离开后，上校变得郁郁寡欢。1937年1月，上校获知姐姐去世的消息，悲伤不已，此后的心情更加糟糕。这样的心情加上摔伤不愈，让上校的身体变得越来越差。

同年3月，上校去圣马尔塔休养，不幸在儿子家中染上肺炎，短短几天便离开了人世。

数月之后，小加博才无意间从父母的谈话中得知外公的"离开"。小加博没有参加与外公的告别仪式，但他深爱着自己的外公，由于他性格内向，从未当面向外公表明内心的感情。外公的去世让小加博难以接受，他很想告诉外公自己有多么爱他，也很想让外公知道他对自己是多么重要。但是斯人已去，这一切都只能成为他心中永远弥补不了的遗憾。

若干年以后，马尔克斯在回忆外公时说："我感到非常遗憾，我讨厌不明不白地过日子，但命运却让我不得不如此。我明明有机会向他老人家表明自己对他的感情，但最终我却失去了这种机会。"

虽然外公的去世给小加博带来了难以弥补的遗憾和一生挥之不去的忧伤，但是在听到这一消息时，他并没像所有人意料的那样哭闹。作为一个10岁的孩子，他在那个特殊的年龄段还有着自己当时担心的事情。与外公的大宅相比，小加博一家在辛塞镇居住的卫生条件简直糟糕到了极点。那里到处都是虱子，人们的头上是这些虱子的最佳寄居地。还没生活几天，小加博就受够了虱子的侵扰。后来，他回忆说："那时我的头上住满了虱子，我非常讨厌它们，想方设法想把它们赶走，但都失败了。因头上住满了虱子，我感到特别难为情。那时别的孩子告诉我,只有死人的头上才没有虱子,如果你死了,它们自然就会离开你。对此,我非常担心——万一死掉了,被别人发现我头上原来有虱子怎么办?因此,那时我对死亡还没有概念,相比于外公去世的消息,更令我忧虑的是虱子。"

与小加博一样,人总是会被眼前的事情所吸引,会把注意力都集中在正在发生的事情上,且总容易被这些事情左右情绪。很多时候,我们对身边亲人的离开浑然不觉,更不会在意那些对我们来说真正重要的事情。而当我们探索往事时,才会突然惊醒,才会明白其弥足珍贵。

第一次开启父母世界的大门

小加博出生不久,父母便离开了。之后,他一直住在阿拉卡塔卡的大宅中,和外婆外公一起生活。正因如此,小加博对母亲既没有印象,也没有概念。

1930年7月,小加博3岁多,这个时候,他终于见到了自己的母亲。母亲路易莎之所以回到阿拉卡塔卡镇,一方面是为了将玛格丽塔送到父母家居住并为其举行洗礼仪式,另一方面是为了看一看她思念已久的儿子小加博。

尽管小加博并不是第一次见到母亲,但在他的记忆中这的确是第一次与母亲见面。与母亲的"第一次"见面令小加博印象深刻。他在自己的《枯枝败叶》中对这一场景进行了详细的描述:"我走进客厅,看到一个女人坐在椅子上。她头上扣着一顶醒目的绿草帽,身上穿着一件红色的衣服,就像是一朵绽放的玫瑰花。另外,在她衣服的肩部还绣着几朵曼陀罗花,这让她看起来更加美丽。外婆对我说：'向你妈妈问好。'外婆的话令我惊讶不已，我盯着那个漂亮的女人看了许久才生硬地叫出了'妈妈'。直到这一刻，我才隐约记得确实有这样一个人。"

母亲身上散发出一种令小加博着迷的香气，他从未闻过这样好闻的气味，那不是香水的味道，而是母亲对自己的孩子才能产生的香气。在小加博的记忆中，与母亲见面的这一刻已成为最令他感到温暖的一刻。

母亲在小加博的成长过程中是缺席的。对小加博来说，外婆与姑婆们给他带来的温暖感觉便是"母亲"的感觉。然而，尽管小加博与母亲之间存在着些许遗憾，但聪慧的母亲在后来的岁月中弥补了这一遗憾。母亲路易莎不仅漂亮、聪明，同时也是一个非常独立和坚韧的人，从她甘愿为了爱情而放弃优越的生活便可以看出这一点。

后来，小加博与母亲不像是母子，更像是一对老朋友。在离开阿拉卡塔卡镇之后，小加博与父母开始了拮据的生活。父亲埃利希奥很少陪他，因为这个男人要拼命工作来养活一家人。因此，在接下来的几年中，陪伴他最多的是母亲路易莎。困难的家境并没有打败他们，这对母子并肩作战，有时候，在母亲拿不定主意时，小加博甚至还能够帮上忙。在生活中，小加博与母亲可以自由地交流，两人相处得非常融洽。

在加博快到12岁时，这种状态发生了变化，因为他已经开始读中学，需要离开家去住校，如果没有假期一般不会回家。距离让这对母子变得拘谨起来，他不能再像小时候那样对母亲撒娇，一切都变得"严肃有余"。

马尔克斯与母亲的关系在他中年以后才变得重新亲近起来。那个时候，马尔克斯早已懂得珍惜亲情，每到周末，不管他身处何地，总是定时与母亲保持电话联系。

1934年12月1日，在埃利希奥生日那一天，加博与父亲见面了。这是加博

第1章 苦乐之境——来自哥伦比亚的"神话飓风"

自记事以来第一次与父亲见面。那天,一个戴着草帽,身穿白色条纹衣服的陌生男人走进了上校的大宅,他身材高大,皮肤黝黑,说起话来幽默风趣,对人的态度谦虚、和蔼。人们见到他,都祝他生日快乐,有人还问他:"您今天多大年纪?"那个男人没有直接回答,而是说:"和亚历山大同年(亚历山大大帝在33岁去世)。"大家让加博叫他爸爸,这时加博才明白眼前的这个陌生人就是自己一直都没有印象的父亲。过了几天,父亲还带着加博去镇上逛了一圈,并给他和家里的其他孩子买了圣诞礼物。

那一天,风和日丽,万里无云。正是这次与父亲一起外出买礼物让加博感到自己的成长。原因很简单,因为他可以与父亲一起商量事情了,在这方面,他与其他孩子是不同的。与此同时,加博有着一种强烈的患得患失的感觉。他一方面享受着"小大人"的感觉,另一方面也对自己的幻想破灭而感到非常失望。原本他和许多孩子一样,认为圣诞礼物是由圣诞老人送来的,而不是大人们搞的"鬼"。这一次,他成为冒充圣诞老人的一员。夜晚,加博躺在床上想着白天的事情,他知道自己将告别天真,逐渐进入成人的世界,想到这里,他感到失望而又无可奈何。

马尔克斯与父亲的关系远没有与母亲的关系亲密,更不可能和他与外公外婆的关系相比。成名后的马尔克斯每次接受采访,经常提及外婆、外公和母亲,而很少提及他的父亲。这种差别让他的父亲感到十分不平衡。

有一次,埃利希奥与朋友谈起自己声名赫赫的儿子时说:"没有公鸡哪来的雏鸡?但那个臭小子一定不是这样认为的。"父亲用他那幽默的语言表达了对儿子的不满,但正是因为爱,他才会如此"嫉妒"儿子对其他亲人的态度。

马尔克斯真正与父母生活在一起是从他八九岁时才开始的。在马尔克斯的记忆里,令他印象最深的人是他的外公,而他的父亲与外公是完全不同的两种人。另外，外公几乎陪伴着他度过了整个童年，而父亲一直在外奔波，很少与他见面。他既不了解父亲，也不欣赏父亲，他们父子之间的隔阂愈来愈深。

马尔克斯与父亲之间的僵硬关系一直贯穿他的青少年时代。对于这种关系，他也曾做过自我检讨。他说："我们的关系很糟糕，但这大部分是因为我的过错。我不知道如何表现才能使他开心，总觉得他很严肃，以至于我无论如何也理解不了他。"

其实，马尔克斯并没有错。外公一直是他最爱的人，他不仅信任外公，而且能够理解外公，是与外公相处最融洽的人。而外公对小加博亦是如此。外公对小加博敞开心扉，毫无保留地倾诉自己人生中的遗憾与悔恨；他也把小加博视作可以平等交流的人，比如他耐心地为小加博解答任何疑问，接受小加博在家里乱写乱画，最大限度地照顾小加博的感受并接受他内向的性格。一有空闲，他就会给小加博讲自己战斗的故事，其中既有成功的事情，也有失败的事情，还有许多遗憾和后悔的事情。

然而，由于种种原因，父亲无法像外公那样完全放下威严来面对自己的儿子。在埃利希奥看来，加博总是一脸愁容；作为父亲，他不愿意接受儿子那夸张的想象力，认为加博完全被上校宠坏了。在父亲看来，加博向家人描述他的所见所闻时会夸大其词，就像是一个"天生的骗子"。

尽管父子二人的关系不够理想，但马尔克斯后来却说："我的写作天赋更多的是继承于我的父亲。他多才多艺，既会写诗，又会拉小提琴，而且特别喜爱严肃文学。在家里，由于孩子众多，到处都是吵吵闹闹的，唯独他的卧室格外清净，他时常紧闭房门，隔绝与外界的一切联系，然后埋头阅读任何他感兴趣和认为有价值的书籍和资料。他热爱经典文学作品，喜欢翻阅报纸、杂志，有时就连一些宣传手册、电器说明书也能激起他的阅读兴趣。他是一个书迷,我从未见过比他更爱读书的人。"

虽然父子二人不能完全放松地交流,且经常不能理解对方,但他们对阅读的热爱和对书籍的痴迷却惊人的一致。

伟大离不开平凡的"根基"

虽然成年后的马尔克斯热爱书籍和文字,但他小时候最痴迷的却是绘画。从4岁开始,加博就对绘画情有独钟。他什么都画,既不限时间,也不限绘画材料。例如,如果他来了兴致,就会操起小棍在地上、门上、墙上乱画一通。他看到什么、想到什么,就会画什么。看到他到处乱画,外婆总是又好气又好笑地说:"等你画完了,我们就可以办一场漫画展了。"

外婆的责备并没有让加博停止画画,因为外公支持他的"创作"。外公看到加博蹲在地上、墙边或门旁画画时,就会问自己的外孙:"我的小拿破仑,你在画什么呢?"

每当听到这样的询问,小加博就会立刻向外公展示自己的"创作"成果。那个时候,小加博由于年纪小,画出来的东西多数是圈圈点点,除了他自己,几乎没有人能辨认出他画的究竟是什么。然而,外公不嫌弃他的绘画,总是蹲在他的身边,与他做着"猜一猜"的游戏。

看到外孙如此喜欢绘画,外公就瞒着外婆为他买画纸和画笔。他将洁白的画纸和多彩的画笔放在小加博面前,说:"我的小拿破仑,你将来一定会成为出色的画家,现在你需要这些了。"

由于对绘画的喜爱,加上不断的练习,小加博在6岁时就能画出他所见所闻的一切。小加博喜欢报纸上的侦探漫画,这些漫画成了他最好的临摹范本。他常常半天就能画完一本画纸。他最爱画的是一个魔术表演的场景,那是一个人被砍头后的画面。小加博会在一个葫芦上画出人的五官和身体,然后在葫芦里灌上红色液体,像魔术师一样表演"砍头的把戏"。除了画画,小加博还十分喜欢魔术,因此,成为魔术师也是他的梦想之一。

入学之后,加博对绘画更加着迷,他可以在假期里坐着画上好几天,连他的老师和同学也对他的绘画技艺赞叹不已。学校里认识他的人都认为他将来一定会成为一个出色的画家。马尔克斯的老师卡尔德隆·埃米达曾对他的写作能力极为肯定,并预言他将来很可能成为哥伦比亚历史上最伟大的作家。而对于加博的绘画技艺,卡尔德隆也时常夸赞说:"我觉得加博是一个绘画天才,他最喜欢画的东西有三样:猫、驴和玫瑰。他的绘画技艺非常高超,常常可以一笔画出它们中的任何一样。每当看到他一气呵成的绘画,我们都沉醉不已,感叹他真是一个有绘画天分的孩子!"

1946年,马尔克斯中学毕业。在他离开锡帕基腊中学之前,他用他高超的绘画技艺为学校的老师献上了一幅绝妙的画作。这是一幅巨大的漫画,上面用细腻的笔触刻画了他的老师和同学,共38个人物,包括13位老师和25位同学。这幅画作震惊了学校,也使马尔克斯收获了许多赞美。多年以后,马尔克斯在写作道路上功成名就,拉丁美洲开始盛行"马尔克斯热"。有人将马尔克斯的那幅尘封已久的巨大画作重新找了出来。当许多人看到这幅画作时,都为伟大作家的绘画功底所折服。

小加博的启蒙老师是他父亲的"绯闻情人"罗莎·埃莱娜。关于罗莎老师的回忆是小加博的美好记忆之一。他不会忘记这位温柔、善良、优雅、美丽的老师给自己带来的美好感觉。

罗莎老师最直接的特点是美丽且优雅,她曾两次在小镇的嘉年华会上获得"皇后"的称号。加博的父亲也曾自称要与这位美丽的姑娘结婚。不管是父亲还是儿子,他们对罗莎都十分有好感。

懵懂的小加博一直将罗莎老师视为"爱恋的对象"。在知识课程方面,他并不十分优秀,对学习也没有达到如饥似渴的程度。但是,他却特别喜欢上学,因为一到学校,他就能见到他最爱的罗莎老师了。每当她出现在面前时,他就会变得手足无措,既兴奋又紧张。罗莎老师经常手把手地教孩子们写字母,当她亲手教小加博时,小加博就会变得非常开心;而当她亲手教其他孩子时,小加博就会变得十分忧愁。小加博对老师有一种模糊的依恋,这种依恋不同于对母亲的依恋,它说不清道不明,且不能完全等同于男女之间的爱恋。

小加博的学校鼓励老师施行蒙台梭利教育,这是一种比较自由的教育方式,可以起到寓教于乐的效果。罗莎老师所采用的正是这种教学方式。她经常带着学生去体会自然和观察社会,学生可以用感官去感受周围的一切,并从这种极具启发性的教学方式中收获知识和经验。在寓教于乐的过程中,小加博可以时刻看到罗莎老师美丽的微笑,经常听到她甜美的声音,同时还能玩一场"有意义的游戏"。

在罗莎老师的引导下,小加博走进了文字的殿堂。罗莎老师经常会给学生们朗诵诗歌,无论是在课堂上还是晚会上,她总能即兴朗诵那些西班牙"黄金时代"的智慧结晶。长大之后,特别是他成名之后,马尔克斯依然对罗莎老师十分感激,因为正是这位美丽的老师将他带入了诗歌的殿堂,让他领略了文字的魅力。他曾说:"我最初的关于诗歌的那些记忆都是罗莎老师留给我的。"

几十年后,在接受采访时,罗莎·埃莱娜回忆说:"小加博皮肤粉白,与阿拉卡塔卡镇上的多数孩子都不一样。他平时总是梳着整齐的头发,穿着干净的衣服，当风将他的头发吹乱时，那蓬松的头发活像个糖塔。这样精致的孩子很少见，大家都称他为'瓷娃娃'。平日里，他喜欢穿一件瘦小的短裤。但我认为穿这样的衣服可能会使他养成不好的怪癖，于是便提醒他妈妈给孩子穿保守一点的衣服。小加博性格内向，不爱说话，甚至还有些怯懦。但同学们并不讨厌他，反而很尊重他，因为他是一个聪明、刻苦和守规矩的好孩子。他很有艺术天分，在这方面显得十分突出，另外他不怎么爱运动，总是在椅子上坐着画画儿或者看书。"

有人开玩笑地向她询问道："您怎么看待他那时对您的柏拉图式爱恋？"

罗莎老师笑着说："那时我对学生很温柔，总是喜欢给他们朗读诗歌，可能正是由于这些原因，他才会把我理想化吧。"

虽然小加博十分热爱阅读。但他在童年获得阅读材料的途径却很有限。当时，整个小镇找不到一家书店，更不可能有图书馆。小加博看的大多是一些连环画和漫画杂志。这些读物有的是马戏团出售的，有的是马戏团为了吸引观众免费赠送的。因此，童年的马尔克斯对文字的兴趣并不是很大。在真正意义上的书籍还未进入他的视野之前，他更喜欢听外公讲战争故事，听外婆讲鬼怪故事，或者自己照着漫画杂志画画。

在小加博9岁时的一天，他闲来无事跑进了杂物室，希望能从箱子中翻找出什么新奇玩意儿。他找着找着，突然在箱子的角落里发现了一本残缺不全的书。之后，他便好奇地读了起来。阅读不久，他便被这本泛黄的旧书牢牢地吸引住了。他看到一个名为阿拉丁神灯的故事：一个渔夫在捕鱼时打捞上来一个奇怪的瓶子，他打开瓶盖，竟从瓶子中冒出了一股黑烟，浓烟不断升高，最后化成了一个张牙舞爪的怪物。读到这里，他不禁感叹出声："太神奇了！"

自从有了这本书，小加博放下了他原本的一切，包括到处乱跑、画画以

第1章 苦乐之境——来自哥伦比亚的"神话飓风"

及享用美味的糖果。在接下来的一段时间,他仿佛与整个世界彻底隔绝了。他整天低着头看书,几乎听不到外界的任何声音。

小加博是听着外婆讲的那些有关妖魔鬼怪的故事长大的,他从小就爱幻想,也喜欢自己杜撰故事。他常把想到的故事分享给别人,以此来吸引别人的注意。虽然外公、外婆和那些姑婆愿意当他的听众,但是自从和父母离开阿拉卡塔卡之后,便没有大人愿意听他讲那些稀奇古怪的故事了。特别是他的父亲,非常不喜欢儿子说那些夸大其词的故事,还认为这是一种不诚实的表现。

然而,小加博这一次却在一本书中发现了外婆讲的那个世界,它同时也与自己的幻想世界不谋而合。书中的故事都是父亲口中的"不诚实的故事"。但是这些"不好"的故事却能出现在神圣的书中,这对小加博来说完全是一种救赎。他爱不释手,一下子便坠入了那个有神灯、飞毯、魔鬼、仙洞以及各种奇遇的童话世界。这本书中有许多稀奇古怪的故事,它们虽然与现实大相径庭,但故事讲得却生动有趣,就像是外婆正在板着脸不动声色地给他讲"鬼故事"一样。

这本书是残破的,所以当时小加博并不知道它的书名,只是尽情地在那些美妙的故事中徜徉。后来,加博终于知道了它的名字——《一千零一夜》。他回忆说:"直到很久以后,我才知道它的名字,它是一部闻名世界的作品,在世界文学史上占据着重要地位。但在当时,我总以为大人们不会相信书中的内容,尤其是那些严肃的成年人。"

从小加博翻开《一千零一夜》的那一刻,他文学阅读的大门便被打开了。在读完这本书之后,他疯狂投入到找书和读书的过程之中。在成长道路上,他找到了许多书,包括《格林童话》《地心之旅》《黑海盗》《海底两万里》《环球旅行八十天》《神秘的黑丛林》等。他如饥似渴地一本本读完了这些书，对他来说，这个过程是一种极大的精神享受。

客人到家中做客，都会看到小加博在埋头看书。其中有一位常客对此非常震惊，当他多次看到同样的情景时，不禁感叹道："真是了不起的孩子，他将来一定能成为一个大学问家。"一定程度上，这位客人的预言确实实现了。因为马尔克斯最终成了世界闻名的大文豪，尽管这与大学问家并不完全相同。

第2章

三回九转

——见证窘迫生活与文学萌芽的"同台会演"

离开阿拉卡塔卡镇后的窘迫生活给了年少的加博重重一击，他再也不能像以前那样恣意妄为了。对小加博来说，如果阿拉卡塔卡镇是天堂的话，那么其他的地方便是地狱。尽管他很想回到曾经的天堂继续过无忧无虑的生活，但面对残酷的现实他不得不学会勇敢面对一切。在"天堂"，他可以在外婆外公的启发下，进行天马行空的想象，积累无数故事，为他后来的文学创作提供源源不断的素材；而在"地狱"，他能够在窘迫的生活中学会勇敢和坚强，领悟现实的残酷和不可逃避。因此，无论"天堂"的生活还是"地狱"的生活都对他大有裨益。

尽管生活窘迫不堪，但加博仍然坚持求学。正是他这种源于本性的行为才让他逐渐向文学靠拢，一步一步走上文学创作之路。性格决定选择，选择决定命运。他细腻、敏感、执着的性格既是生活环境的产物，也是父母基因的馈赠。

在父亲的影响下，加博养成了阅读的好习惯。他把书籍作为获取知识、开阔眼界和启发思想的良好通道。他热爱学习最好的体现便是读书。同时，加博也知道，只有继续上学，他才能有更多的书可读。事实上，阅读也是他开启文学大门的钥匙。

窘迫生活下的"顽强战斗"

1936年12月,埃利希奥夫妇将小加博接回了辛塞县。在接下来的一段时间里,小加博由梅萨老师指导,继续学习小学课程。梅萨老师毕业于神学院,教书只是她的兴趣,所以她所教授的知识不够系统,至少没有学校的教育正规。在之后的一年中,小加博的学业基本算是荒废了。成年后的马尔克斯之所以会故意推迟自己的出生年份,很可能是出于这个原因。

后来,父亲在家乡的生意日渐衰落,几乎没人愿意再用他的顺势疗法治病了。因此,小加博跟随父母于1937年又回到了阿拉卡塔卡镇。然而,只过了两三个月,他们又从阿拉卡塔卡迁到了巴兰基亚市。从此,小加博与家人们开启了新的生活篇章。

"阿拉卡塔卡的日子"随风而去,小加博再也不能听外婆绘声绘色地讲鬼故事,再也不能在鬼影幢幢的大宅院中乱跑、乱画,再也不能牵着外公的手到镇上乱逛了。阿拉卡塔卡的马戏团、嘉年华会、电影院、"电气化鸡笼"、魔术师、罗莎老师……这一切都成为他最珍贵、最刻骨铭心的回忆。

几个月后,外公在阿拉卡塔卡镇去世的消息传来,遗憾的是小加博没有机会在最后一刻陪在他的身边,也无法参加他的葬礼,就连这个不幸的消息也是加博无意中从父母的谈话中得知的。外公去世后,外婆的眼疾越来越严重,她的眼前人影幢幢,就像她曾经向加博描述的那个世界一样。她时常念叨着加博,希望能够在完全失明之前再看一眼自己的这个外孙。

阿拉卡塔卡的"香蕉热"已经成为过去,镇上的景象变得日益萧条。淘金者、吉卜赛人、马戏团纷纷撤离,那里连"枯枝败叶"也难以留下了。

第2章 三回九转——见证窘迫生活与文学萌芽的"同台会演"

此时此刻,年仅10岁的小加博在外辗转漂泊,他就像是童话故事里的冒险者,需要到处寻求安慰、肯定和出路。他面对的问题有很多,包括家人的不理解、陌生人的质疑以及心中的魔障。从今以后,他要用他那双宝石般明亮的大眼睛看世界,他要用自己的勇敢驱走孤独与彷徨,并在这个过程中变得越来越坚强。

在陌生的巴兰基亚市,一切都充满了新奇。这里将成为小加博一家的新起点。父亲埃利希奥本来打算大展拳脚,用他的顺势疗法彻底改变家庭的生活窘况,或者至少可以满足一家人的温饱。但是他最终没能打开这里的市场,他的药局几乎没人光顾,于是他开始质疑这个原本以为最有活力的城市究竟是否有市场。父亲的药局生意最终失败了。尽管他很勤奋努力,但是事实却远比想象的还要残酷,生活也远比想象的还要艰难。

一家人的生活很艰苦,父亲挣来的钱只能勉强糊口。随着子女的增多,生活变得越来越艰难。为了尽量多地挣钱,父亲留下了妻子和孩子,独自一人在外奔波,他沿着马格达莱纳河岸四处奔走,哪里有需要的病人,他就会带去他的顺势疗法。在埃利希奥走时,妻子路易莎已经怀有身孕,家中还有6个孩子需要照顾。万幸的是,小加博和弟弟路易斯·恩里克已经懂事,可以为母亲分担部分家务和照顾其他弟弟妹妹了。

此外,舅舅胡安·迪欧斯也时常会接济小加博一家。但是路易莎知道自己的弟弟还要供养母亲和阿姨,为了不给他增加负担,不到万不得已她不会接受弟弟的接济。

在困境面前,小加博成了母亲路易莎的得力助手。他不仅时常给母亲出主意,还带着弟弟妹妹一起对抗贫困,勇敢生活。虽然家境困难,但是母亲并没有让小加博放弃学业。母亲对小加博寄予了厚望,坚持让他上完小学。而小加博也没有让母亲失望,他的成绩在学校里名列前茅,不仅在绘画上拥有极高的天赋，还热爱阅读，努力上进。

加博完成了小学的全部课程，顺利毕业。在1938到1939年的两年学习中，他的学习成绩优异，时常能取得学校的第一名。毕业时，校长和老师们将一枚枚奖章挂在他的胸前，他成了讲台上最耀眼的明星。然而，他一回到家就将这些奖章随便一放，然后便钻进房间，在他的文字世界里尽情地徜徉。

小加博热爱阅读，他在毕业后一口气读完了《金银岛》《基督山伯爵》等名著。他不仅拥有较高的绘画功底，还能写出一手好字，这多亏了罗莎老师对他的教导。由于他拥有这些才艺，所以可以通过为别人刷油漆和写告示赚取米钱。他写过很多告示，比如"关门歇业""明天照常营业""圣诞前半价优惠"等。

有一次，他在为公交车刷油漆时赚取了25比索，这是他那时赚取的最大一笔收入。拿到钱后，他和母亲开心了好几天。还有一次，广播电台举行才艺比赛，冠军可以获得5比索的奖金。小加博满怀信心地参加了，他演唱的曲目是华尔兹的《天鹅》，母亲也期待着他能拿冠军。遗憾的是，小加博最后只得了亚军，所以未能得到奖金。母子两人为此黯然神伤了许久。又有一次，小加博为了赚钱，特地跑到印刷厂要了一些样品去卖，结果，当他在大街上奋力叫卖的时候，遇到了一个故乡的邻居。多年之前，小加博还曾跟着外公去拜访他。邻居一看到可怜的小加博为了生活在街上叫卖，既生气又难过，他对着小加博嚷道："马尔克斯，你可是你外公的'小拿破仑'，怎么可以沿街叫卖。回去告诉路易莎，她的父母绝对不会眼睁睁地看着自己最喜欢的外孙做这样的事情！"

然而，现实是残酷的，没有人可以立刻改变这一家人的境况。尽管小加博当时只有12岁，但他作为家中的长子，必须扛起家庭的重担。对马尔克斯来说，这是一个男人应有的担当。

在艰难生活的重压之下，那个曾经的"瓷娃娃"早已变了模样。他的个头不高，比同龄男孩矮了许多，脸上呈现出不自然的苍白，身体瘦弱单薄，看起来弱不禁风。

小加博一家在巴兰基亚的日子过得非常糟糕。除了生活上的困苦之外，他的内心感到非常孤单，尽管家人众多，但没有人能真正理解他的想法。这段时间，有一件事让他久久难以释怀。有段时间，一个女人常会到家中向路易莎推销牛奶，尽管她的牛奶并没有卖出几瓶，但她仍旧坚持过来。女人像是经过深思熟虑一样对路易莎说："夫人，有一句话不知该不该说，我觉得您的这个孩子不一定能活到成年。"而她所指的人正是站在一旁的小加博。这句没头没脑的话让母亲和小加博陷入了长时间的忧虑。

"小老头"的乐观——一切磨难都只是小事

由于一家人在巴兰基亚的生活实在太过艰辛，所以父亲又决定举家迁往苏克雷。他们没有住在城中，而是在苏克雷的一个小镇住下了。那个小镇距离市中心较远，靠着一条缓缓流淌的河流。

这次搬家与以前没有太大的区别，依旧是埃利希奥提前到目的地进行安排，然后让妻子和孩子们慢慢搬家。当时，路易莎已经生下7个儿女，肚子里正在孕育第8个。在搬家时，父亲不在他们身边，怀有孩子的母亲多有不便，所以12岁的小加博挑起了重担。作为家中的顶梁柱，小加博先是帮着母亲变卖家当，接着带领弟弟妹妹打包行李，然后又陆续订车、买船票，当一切准备完毕,他开始带领家人搬家。

多年以后,年事已高的路易莎对那次搬家的情景仍然历历在目,她回忆说:"他(小加博)当时12岁,是家中的长子。作为最大的孩子,他需要领导孩子们完成那次搬家。他做得又细致又用心,每次换乘都会清点一次孩子的数量。在蒸汽船上,他在数孩子时突然大叫起来:'少一个!'最后才发现他忘记数自己了。"

这次旅程能够顺利完成,最大的"功臣"便是小加博,他将母亲和弟弟妹妹们照顾得非常周全。一路上,他们渡过了三条河流:马格达莱纳河、圣豪尔斯河以及莫哈纳河,在此期间,他们还换乘了一次汽艇。

1939年11月底,他们最终到达了目的地,在苏克雷港口走下汽艇的那一刻,成了一家人最开心的时刻。当时,路易莎的小儿子古斯塔沃只有4岁,他对母亲下汽艇的场景记忆深刻,那也是他最早的童年记忆。

多年以后,30岁的古斯塔沃回忆说:"我们到了苏克雷,下船的那一刻,每一个人都很兴奋。那时,我仰头看着母亲,看到她穿着黑色的洋装,袖子上的珍珠纽扣格外耀眼、好看。虽然母亲已经生了7个孩子,但那时她只有34岁,美丽的面容不减当年。每当我想起她那时的面容,就感觉像是在看一幅油画。当时,母亲的脸上呈现出一种莫名的表情,后来我才明白,那种表情中蕴含了深切的听天由命的意味。我的母亲是修女学院毕业,她出生在阿拉卡塔卡镇的大户人家,是鼎鼎大名的上校的女儿。外公外婆视他为掌上明珠,让她学绘画、练钢琴,允许她上自己喜欢的学校,她曾是一个被宠坏的小女孩。然而,那时的她却要住在一个偏远小镇的破房子里,那里经常被水淹,偶尔还有蛇出没,既没有电灯,也没有暖炉……所以,她之前出现那种表情是很容易理解的。"

小加博跟着家人在苏克雷一住就是12年。虽然在这12年中,他们的生

第2章 三回九转——见证窘迫生活与文学萌芽的"同台会演"

活没有多少起色,但毕竟是一天天向着好的方向去的。更重要的是,这12年间,他们全家人相濡以沫,彼此陪伴,可以说是他们最宝贵也最幸福的时间。

路易莎在苏克雷生下了4个孩子,那个小镇给一家人留下了许多美好的回忆。但实际上,小加博并没有在苏克雷停留太长时间,在搬到那里不久后,他就又回到巴兰基亚上中学了。在中学阶段,小加博多数时间都是在巴兰基亚的学校里度过的,只有放假时,他才能回苏克雷陪伴家人。

小加博原本并没有上中学的打算,但是他拗不过母亲的坚持,就孤身一人重回巴兰基亚上了中学。

在巴兰基亚上中学时,小加博刚好13岁。他所上的圣约瑟中学是由教会资助的,那里的老师都是教会的教友,在这所教会中学的旁边就耸立着一座古老的教堂。学校的老师们知识渊博、治学严谨、纪律严明且非常勤奋,所以这所中学也是巴兰基亚一流的中学。

小加博并不喜欢学校的生活,他后来曾说:"我讨厌在铃声的操纵下生活,更不喜欢像地窖一样的学校。我希望能自由地生活,希望和家人在一起和平共处,这就是不愿被控制的13岁的我。"

小加博很懂事,尽管他不喜欢学校的生活,但他更不愿意辜负母亲的期望。所以他学习很勤奋,各门功课都很出色,特别以文学见长。凭借不俗的绘画功底,他当上了学校杂志的美术编辑,同时还经常在该杂志上发表短文或诗歌。

尽管小加博成绩优秀又多才多艺,但他在中学的3年时光中都保持着低调的行事作风,这让他赢得了同学和老师们的尊重。小加博经常能在每周一次的测验中取得第一名,而学校规定,成绩最好的学生可以担任升旗手。于是,他便成为升旗最多的荣誉"小旗手"。

在课余，他最喜欢做两件事情：一是阅读，二是绘画。他喜欢独自躲在学校花园的梧桐树下读书，那时他迷上了儒勒·凡尔纳、埃米利奥·萨尔戈里等作家的作品。那个时候，小加博下半身常穿着一条绿裤子，上半身则套着件薄短衫，总是留着一成不变的发型。他性格孤僻，不苟言笑，非常守规矩，从来不会违反校规校纪。其他同学视他为异类，还给他起了一个绰号叫"小老头"。这个绰号在多年以前也曾出现在阿拉卡塔卡小镇。

小加博看起来比同龄人更成熟，这与很多原因有关，比如他的性格、他的经历以及他的家庭等。他从小受到的都是传统教育，外婆外公对他的教育严格、规范而又充满爱意。他的父亲在他面前一直都很严肃，经常压制他的幻想，让他不敢胡作非为。另外，圣约瑟中学的教育制度也同样很严肃。而正是严肃、规范的氛围造就了小加博的成熟。

然而，小加博虽然表面上看起来很成熟，但他毕竟才13岁，在他严肃的外表下，隐藏着一颗蠢蠢欲动的心。

巴兰基亚是哥伦比亚最有活力的城市之一，那里的人们对生活常怀有一种特别的态度，当地人称之为"舔斗鸡主义者"。斗鸡爱好者视斗鸡为一件严肃的大事，但在斗鸡之前，他们常会用舌头舔或用嘴巴嘬鸡冠。后来，人们用"舔斗鸡主义者"来形容把严肃的事不当回事的态度，人们也常会用"多大点事""这都不算事"等句子来形容这种态度。

最初，小加博很不习惯这种"无所谓"的态度。但是日子久了，他逐渐发现，要想在巴兰基亚生活下去就得学会当地人的生活态度，做一个"舔斗鸡主义者"。在懂得了这个道理之后，小加博开始从一个成熟的"小老头"慢慢变成了一个地道的"舔斗鸡主义者"。

后来，小加博常用文字和语言来歌颂那些"舔斗鸡主义者"。例如，他在学校杂志上发表了一篇名为《我的蠢话》的诗歌，其中就有这样的调侃：

> 我的朋友——何塞·孔苏埃格拉
> 常把自己的姓氏来抱怨
> 因为一提到岳母
> 他就心受煎熬

西班牙人常会把"孔苏埃格拉"解释为"和岳母在一起"。所以小加博写这样的诗句既是对朋友姓氏的调侃,也是对"舔斗鸡主义者"的生活态度的颂扬。

再比如:

> 桑托拉马萨是"拳击之王"
> 扬言胜利一场接一场
> 但若有人找他来较量
> 立刻躲进洞里做青蛙

这是小加博编的一则笑话,用以调侃桑托拉马萨胆小怕事,却又爱逞强、喜欢说大话的性格。

还比如:

> 乔纳·埃米罗从不浪费时间
> 他是一个讨人喜欢的孩子
> 人人都把他当作楷模
> 只不过在他睡着的时候
> 大家才会这样做

这是加博对乔纳·埃米罗顽皮形象的调侃。

作为一个地道的"舔斗鸡主义者",小加博连自己也不"放过",他在文章的最后写道:"如果你们想知道这些蠢话是哪个傻瓜写的,请写信到小加博处。"

中学一年级,小加博的文学课老师是一个神父,他的名字叫伊格纳西奥·萨尔迪瓦尔。由于小加博品学兼优,多才多艺,尤其擅长文学,所以伊格纳西奥对他印象很深刻。多年以后,这位老师在接受采访时说:"小加博虽性格内向,不爱参加体育活动,但他老实、守规矩,言辞幽默,具有敏锐的眼光和文学天赋,所以老师们都很喜欢他。另外,他少年老成,很有主见,常喜欢与老师们讨论书籍,还会向我请教一些人生问题。而每次讨论,他总是会给出成人一般的见解。不过,谁也未曾预料到他后来竟能在文学上取得那样伟大的成就。"

人生抉择:前往波哥大的梦幻之旅

1943年,马尔克斯在快满16岁时,遇到了人生的"岔路口"。接下来,他将在人生路上做出第一个重大选择。

在苏克雷生活的日子里,埃利希奥的事业进展较为顺利,他的顺势疗法受到了当地部分民众的欢迎。然而,尽管有了稳定的收入,但并没有改变一家人的现状。他们的日子过得依然不宽裕,因为埃利希奥夫妇要抚养一大群孩子。当时,他们已经有了8个孩子,而且路易莎又怀孕了。他们的第9个孩子也即将出生,这是一个男孩,出生于1943年3月。

第2章 三回九转——见证窘迫生活与文学萌芽的"同台会演"

所以，此时摆在马尔克斯面前的是一个艰难的选择：要么回到苏克雷，接过父亲的顺势疗法事业，成为一名医生；要么离开苏克雷，另寻出路。加博不是很认同父亲的职业，因为在他看来，顺势疗法是一种令人怀疑的医疗方法，其前途堪忧。另外，顺势疗法医生在哥伦比亚的名声不好，人们常常指责这类医生行为放荡，生活混乱。事实上，加博也从父亲身上看出了从事这一行业所带来的问题。父亲虽然努力养家，但他也会抵挡不住诱惑，加博一直无法确定父亲有多少私生子。但事实上，成年后的马尔克斯曾不止一次见到过那些私生子。

多年以后，马尔克斯在他的《百年孤独》中对顺势疗法医生也有过描述。在他的文字里，这类医生与那些江湖术士几乎没有区别，都有着坑蒙拐骗的嫌疑。因此，加博不想从事这种职业，即使能够很快赚到钱，他也不会乐意。

几经斟酌，加博最后决定外出求学。他想到首都波哥大去闯一闯，如果运气好，或许可以在那里获得继续学习的机会。

在即将离开时，母亲的肚子已经足够大，再有两个月又会给加博添一个弟弟了。临行前，父母和弟弟妹妹一直把他送到码头。这时的加博即将满16岁，但是看上去却比同龄人矮小，而且十分消瘦。他身上穿的衣服是由母亲改做的，那原本是父亲的旧西装。改做后的黑西装穿在加博身上过于宽大，看起来很不合适。另外，在加博的头上还戴了一顶毡帽，那顶帽子也很大，几乎掩盖住了他的两只眼睛，看上去别扭又滑稽。最引人注目的要数加博手中拎着的大箱子，箱子大而笨重，破破烂烂，像是一口搁置已久的小棺材。

加博需要先坐小艇从苏克雷到马甘格市，然后换乘大轮船向波哥大进发。从苏克雷到马甘格市的这段旅程是由他父亲护送的。父亲陪着他沿着三大河流（莫哈纳河、圣豪尔斯河、马格达莱纳河）顺流而下，很快便到达了马甘格市。然后父子二人道别，加博登上大船继续向波哥大方向行进。

父亲离开后，加博只能独自前行。在当天晚上，他望着家乡的方向，忍不住流下了伤心的眼泪。快满16岁的加博仍然是个孩子，即使他在12岁时有过主持长途旅行的经验，但那毕竟是有家人相陪，而现在是他独自一人离开故乡，向遥远的首都进发。

然而，加博的孤单只是暂时的，他很快便有了同行的伙伴。他在船上遇到了几个与他年纪相仿的青年，这些人有的和他一样是去波哥大求学的，也有几个是去波哥大闯荡的。其中，有几个幸运的学生，他们获得了学校的奖学金，正准备在假期结束之前返回学校。与这些有"着落"的求学者相比，加博更像是一个外出闯荡者。外出闯荡的青年前途未卜，一脸迷茫；准备返校的学生踌躇满志，目标明确。他们是一群处境截然相反的人，但同时又都正值青春年少。这群年轻人有着发泄不完的精力，无论前途如何，他们都有去搏的资本。加博很快与他们打成一片，他们一路上吵吵嚷嚷，热热闹闹，就像是在度假一般。

在船上，有人会抱着吉他唱歌，当歌声飘起，其他年轻人也会随声附和。加博偶尔也会跟着他们一起唱。他们唱的一般是两种小调：一种是博莱罗小调，另一种是瓦耶那多小调。通过在船上唱歌，这些年轻人还挣到了钱，但是不多，每次大概只能挣几个比索。

不过，由于性格原因，加博大多数时间都是安静的，他常会伏在船舱内的桌子上看书。加博在船上发现了一个比自己更安静的人，那个年轻人几乎不去唱歌，而是安静地一本接一本地看自己的书。他穿了一件笔挺的西装，外面还有坎肩，显得温文尔雅。他的气质与船上的气氛格格不入，就像是另一个世界的人。他一看起书就很难停下来,他的行李箱里带的几乎全是书。加博对这个人很好奇,他并不知道,这个人将会成为他外出闯荡的第一位贵人。

20世纪40年代,哥伦比亚制造的客轮共有3层,上面设施齐全,还配有两根向外排气的大烟囱。客轮的个头很大,但动力有限,一遇到浅水区就要放慢速度,航行时间也会大幅延长,要是不幸搁浅,还会更加麻烦。然而,乘客们并不担心这些,不管旅程多么漫长,他们都不会在意,因为他们在船上唱歌跳舞,从不会寂寞,俨然把客船当成了一座会移动的娱乐城堡。

对加博来说,这次旅行既像过节,又像冒险,它热闹、惊险、趣味十足而又令人大开眼界。河岸上长满了热带树木,那是神秘且危险的热带雨林。人们时常会在河里或岸边看到一些难得一见的动物,有枯木一般的鳄鱼,长着巨大乳房的海牛,动作敏捷的长尾猴,五彩斑斓的巨大鹦鹉……

其中,枯木一般的鳄鱼常常伏在河水里,一动不动地等待着猎物靠近;拥有大乳房的海牛躺在河滩上一边哺乳着自己的孩子,一边呜呜地嚎叫。黎明时分,长尾猴呼朋引伴,引颈长啸;夜色降临,彩色鹦鹉舞动翅膀,结伴归巢。

马尔克斯的《霍乱时期的爱情》和《迷宫中的将军》中所描述的河流正是以这条河流为原型的,只不过前者把它描述成了"爱的河流",而后者把它描述成了"死亡与失败之河"。

乘船只是这趟旅程的一部分。加博坐船到了波多萨尔加市后,又转乘列车继续向波哥大前进。那时的蒸汽火车动力有限,而这群年轻人需要坐在里面爬上海拔2000多米的高原。

后来,马尔克斯对这段旅程回忆道:"那时,从波多萨尔加市出发,火车便一直在爬坡。火车运行得非常慢,就像是一个人在攀爬悬崖峭壁一样。

遇到平缓的路段还好说，当遇到陡峭的路段时，火车就会像泄了气的皮球一样向后倒退一截，接着它会再次助跑，向上冲刺。这个时候，火车的鸣叫就像是巨龙的喘息。更可笑的是，有时候火车实在爬不上去，列车长就会命令部分乘客下车徒步前行，这样就可以减轻火车的重量，等到火车爬上陡坡后，再让乘客继续上车。"

加博对这段旅程记忆深刻，那时沿途的村落寂静、冰冷，显得尤为凄凉。而当火车停站后，场面变得热闹起来。每扇窗前都聚着四五个女商贩，她们的篮子里放着做熟的黄母鸡和雪白的土豆，食物的香气弥漫在空气里，其中还夹杂着女商贩的叫卖声。

火车最终爬上了安第斯山脉，途中每上升一点，空气就会变得越稀薄，天气也会变得越寒冷。此时，乘客的衣服显得很单薄，他们冻得瑟瑟发抖，车厢里的歌声也变得有气无力。不过，好在越来越接近目的地了，人们虽然嘴上抱怨，内心却无比欣喜。

就在这时，那个一直安静看书的人向加博走了过来。即使气温很低，人们都被冻得瑟瑟发抖，此人却依然镇定自若，没有一点儿不适应。这个人虽然一直在看书，但他也能听到大家唱的歌。他对加博哼唱的小调很感兴趣，于是就想让加博为他写下这首小调，他的说辞是想把它送给自己的女友。加博答应了他的请求，立刻为他抄写了歌词，还亲自教他演唱。两人很快产生了一种微妙的友谊。为了表示感谢，他把一本《双重人格》送给了加博。加博高兴地接过书，看了看书的封面，上面写着陀思妥耶夫斯基的大名。

这次相遇对加博来说无比重要，他所获得的回报将远超他的预料。

第2章 三回九转——见证窘迫生活与文学萌芽的"同台会演"

贵人相助，点燃梦想的"烟火"

舟车劳顿令加博苦不堪言。但是，旅程最终还是结束了。那是十分阴冷的一天，下午4点左右，加博拎着行李，拖着疲惫不堪的身体在波哥大火车站下了列车。

举目四望，车站里全是陌生的面孔，没有人来接他，他也不知道要往哪儿去。出了车站，加博独自拎着行李走在波哥大的街头，他的着装显得非常不合时宜。

20多年后，马尔克斯回忆初见波哥大的印象时说："那时首都的天空昏暗无比，我在街上漫无目的地游荡，见到最多的是步履匆匆的男人，他们个个清一色地穿着黑色的西装，打着领带，戴着宽檐帽，一脸严肃，没有笑容。大街上几乎看不到一个女人，除了男人，只有高大的佩尔切隆拖着啤酒车到处来往穿梭。我走在雨中，身边不时地有轻轨电车驶过，我看到它们每到转弯处就会摩擦电线带起火花。走着走着，我还遇到了一支出殡队伍。那支队伍一眼望不到头，来往的车辆和行人纷纷给它让路，一时之间，交通出现了拥堵。在我看来，那简直是一场再悲哀不过的出殡了。在出殡队伍中，灵车缓缓前行，上面载着摆满贡品的大供桌。几匹英国马在前面领路，它们的身上披着柔软的天鹅绒。除此之外，还有黑色的头盔、豪门望族的冰冷尸体等。在蒙蒙细雨中，我还瞧见了一个女人，那是我在波哥大遇到的第一个女人，她走在送葬队伍的前面，看起来愁眉不展，哀怨无比。她的身材苗条，仪态庄重，就像是穿着丧服的美丽王后。正当我感到欣喜，想要一睹她的芳容时，却被她脸上蒙着的面纱阻隔，我失望至极，也悲伤至极。"

波哥大与加博所幻想的那个城市完全不一样，这是一个陌生的世界，和他所生活的故乡截然相反。

加博的故乡在加勒比地区，那里的城市炎热无比，那里的世界充满阳光。阿拉卡塔卡、巴兰基亚、苏克雷……这些城市和小镇总是能看到蓝天白云，总是被葱葱绿色所浸染，总是被歌声、舞蹈所迷醉，总是被豪放者的热情所感染。

而位于安第斯山地区的波哥大终日被云雾笼罩，一直阴雨连绵，天地昏暗，寒冷凄凉。住在那里的人们守旧刻板，爱慕虚荣，特别注重仪表与穿着。男人出门总是西装革履，戴着高傲的圆顶帽，而女人们则是整天藏在家里，过着"不见天日"的生活。只有在下午5点时，女人们才会结伴出门，到教堂里去做弥撒。波哥大的天空昏暗，天气寒冷，空气压抑，这让初次到那里的加博呼吸困难，透不过气来。

这不是加博的世界，而是别人的世界。加博出现在别人的世界里，既没有亲人，也没有朋友，不知在何处落脚，也不知命运将会怎样。

于是，他开始掩面而泣，以致失声痛哭。在偌大的白雪广场上，在雄伟的内务部大楼前，行人匆匆，车水马龙，竟没有一个人、一辆车停下来瞧一瞧这个年仅16岁的痛哭流涕的年轻人。

这是个"晦气的下午"，至少加博是这样认为的。对他来说，这是他人生中最落魄的时刻，没有哪个时刻能比它更糟糕。

如果说离开阿拉卡塔卡使加博第一次与原有世界产生了裂纹，那么来到波哥大便是第二次。加博需要独自一人在一个陌生的世界生活下去。他有着许多困惑，他要面临不间断的探询和摸索。

对加博来说，到波哥大的第一夜简直是一场噩梦。几经摸索，加博终于拖着沉重的大箱子来到了一家学生公寓。然而，令他奇怪的是，这座公寓只有门,却没有窗户,就像是一个封闭的石头盒子。只要把门关上,他就像是被扔进了棺材里。这个时候,加博开始犯病了。他的幽闭恐惧症让他如坐针毡,就连呼吸也变得困难起来。然而,他的紧张反应没持续多久,便被疲劳和困意冲淡了。加博又累又困,好想睡觉。

他放好箱子,走到床铺旁边,准备躺下。

"哎呀,"一碰到床,加博便大叫起来,"谁在我的床上泼了水?"

宿舍里立刻爆发出一阵哄笑,加博的一个同乡忍住笑声告诉他:"这就是波哥大,你得试着习惯这里的一切。"

原来,并不是有人要捉弄加博,而是波哥大的空气太潮湿了,就连床铺都变得湿漉漉的。这也是这间学生公寓为什么不装窗子的原因,一旦装了窗子,公寓里会变得更加难以入住。

加博对此毫无办法,他只能忍着不舒服,勉强躺在了湿漉漉的床铺上。在苏克雷或在巴兰基亚,加博睡觉时会习惯性地说梦话,而且做梦非常频繁,常常导致失眠。而自从到了波哥大后,他的这一毛病变得更加严重。令加博更加绝望的是,他在将来还要去一个更加阴冷潮湿的地方,那里比波哥大有过之而无不及。

四天后的早晨,加博来到了教育部的门口。那里已经挤满了学生,学生们排起了"长龙",把教育部围得水泄不通。教育部一楼到三楼的楼道和楼梯上全是学生,队伍一直排到教育部外的大街上,且向后延伸了两条街。加博排在队伍的后面,由于个头小,他甚至看不到队伍的长度。

这些学生都是来自全国各地的穷学生,他们和加博一样是来教育部参加奖学金考试的,他们幻想着能够申请到丰厚的奖学金,然后在这个陌生的首都实现自己的梦想。

加博整个上午都在排队,寒冷和等待让时间变"慢"了许多,但"长龙"般的队伍几乎没有缩短多少。加博已经失去了耐心，随着时间的推移，他变得越来越绝望。而就在他感到无比绝望的时候，有人从背后拍了拍他的肩膀。加博立刻转过身去，结果发现那个曾在火车上送他书的年轻人正微笑着看着他。加博记得眼前的这个人还向自己索要过歌词，说是要送给他的女朋友。

那个人向加博问道："你……你是火车上那个教我唱歌的孩子？哦，你怎么在这里？"

加博红着脸，怯生生地说："我……我想参加奖学金考试，所以就来排队了。"

"你真有耐心，不过，这样等着可不是办法，还是跟我来吧。"那个人说。

于是，他带着加博从一处专人通道上了教育部的大楼。加博没有想到这个人竟然是教育部的职员。两人走进了一间办公室，那个人让加博出示了以前的成绩单和学习荣誉。当加博拿出那些优异的成绩单和一大摞奖状的时候，那个人满意地笑了起来。

接着，那个人又领着加博进了一间教室，然后给了他一张试卷，让他立刻开始考试。不久，加博便做完了试卷。那个人对考试结果非常满意，他在批阅试卷时对加博说："你不仅字写得好，文章写得也很出色。我在火车上看到你写的歌词，就知道你是一个不错的孩子。"

在批阅完试卷后，他又问加博："你对哪所学校感兴趣？"

"圣巴托洛美。"加博说。

事实上，加博对波哥大并不熟悉，他只是把自己常听说的学校名称说了出来。圣巴托洛美是波哥大最好的学校，也是哥伦比亚最著名的学校。

听了加博的话，那个人笑了。

第2章 三回九转——见证窘迫生活与文学萌芽的"同台会演"

"小子,想法不错。"他说,"只不过想得太美!"

他拿出一份份写在字条上的名单给加博看,接着问加博:"知道这些名单是干什么的吗?"

加博连忙摇头,表示什么也不知道。

"他们是部长和政要的孩子,也是将会进入圣巴托洛美的学生。其他人几乎不可能进入这所学校。"

听了他的话,加博感到很失望。

"不过,别气馁。这里还有一所学校很不错,它就是锡帕基腊学校。我建议你去这所学校,它很适合你,且离这里很近。"那个人说。

虽然加博没有听说过锡帕基腊学校,但这也算是一个不错的机会,至少他还可以继续上学。所以,他欣然接受了那个人的建议,并向他表示感谢。

加博在那位贵人的帮助下,顺利获得了奖学金,他可以在波哥大继续追逐他的梦想。后来,他才知道,原来那位身份神秘的贵人并不是一般的职员,他是哥伦比亚奖学金委员会的主任,名字叫阿多戈佛·戈麦斯·塔马拉。

阿多戈佛年轻有为,很早便升职为主任。他热爱阅读,知识渊博,但一直对自己所作的文章和所写的字感到不满意。后来,他在旅行途中遇到了和他一样爱看书的加博,并被这个孩子美妙的歌声深深吸引。他不仅欣赏加博的字,也欣赏加博的乐于助人,更欣赏加博所写的文章,所以他才会义无反顾地帮助这个幸运儿。

马尔克斯成年之后,一直对当年帮助过他的阿多戈佛念念不忘,心中对这位贵人的感激犹如滔滔江水连绵不绝。他还给这位让他感激不尽的贵人起了一个优雅的绰号,叫作"衣冠楚楚的恋人"。

"文学病毒"爆发，紧张学习下的疯狂嗜好

1943年3月6日，加博独自一人在波哥大度过了自己的16岁生日。3月8日，他乘火车向波哥大以北进发，准备去往距离波哥大50千米的锡帕基腊。相比于波哥大，锡帕基腊更加阴冷，加博在这里将面临更多挑战。

锡帕基腊市和波哥大一样，也位于安第斯山地区。所以这里的居民与其他安第斯山地区居民几乎没有什么区别，他们都具有沉默、严肃的性格。加博就读的是一所刚成立不久的学校，但这所年轻的学校校址却有着悠久的历史。那里曾是殖民地，其中的一座陈旧建筑被作为学校的教室和办公楼。

加博对锡帕基腊的气候与环境都不适应，他在38年后回忆起这所学校时说："这所学校的样子与真正意义上学校的样子很不一样。气候阴冷，但学校里却没有任何暖气设备；学校里没有任何鲜花，看起来就像是一个朴素的修道院。锡帕基腊距离海岸线近1000千米，是一座极其冰冷的城市，这座城市与我出生的热带地区的城市简直是两个极端。对我来说，进入锡帕基腊学校就像是一种惩罚，我很难适应那里的气候，它的冰冷让我感到整个城市对我太不公平。"

能够获得奖学金，同时拥有在锡帕基腊学校求学的机会本身是一件值得庆幸的事，但由于当地的气候和环境对加博来说太过恶劣，所以这种幸运便打了折扣。用他的话来说，这就像抽奖时抽中了一只老虎。由此可见，这所学校对加博来说是美中不足的。

然而，这只是加博的一种主观看法。客观来说，加博能够在举目无亲的陌生城市获得这样的机遇是一件值得高兴的事情。后来，他对此也做了较为

第2章 三回九转——见证窘迫生活与文学萌芽的"同台会演"

公正的评价,他说:"我认为能进入锡帕基腊国立中学学习是我这一生中最幸运的事情。我在那里不仅接触到了当地的文化,还接触到了各个地区的文化,因为那里的老师和学生来自五湖四海。这所学校就像是专门为穷孩子量身定做的寄宿地,在那里一切穷孩子都可以通过自己的努力拿到奖学金和毕业证。在进入锡帕基腊学校之前,我只听过圣巴托洛美学校。为了能进入这所著名的学校,我努力奋斗过,结果却事与愿违。最终我才知道它并不适合我,因为那里是权贵们的聚集地,只有名门望族的孩子才能进去学习。我机缘巧合进入了锡帕基腊学校,尽管这所学校没有圣巴托洛美学校出名,但在我看来,它要比后者强得多。那是我打根基的地方,那里的教育使我终生受用。"

  锡帕基腊学校拥有极其严格的规章制度,而这也是其良好教育的保障。每天早晨5点45分,学校的铃声响起,学生们便开始分批进行洗浴。淋浴里的水是冷水,学生们进进出出要完成三个来回。学生们要在6点30分之前把自己的床铺整理好,既要穿好衣服,又要修好指甲。一切内务整理完毕后,学生们便开始吃早饭,吃完早饭就是上课时间。锡帕基腊的气候潮湿、寒冷,学生们会在9点钟"打早尖",他们会一边喝着滚烫的玉米粥,一边享用美味的面包,以抵御寒冷。如果没有玉米粥,学校就会给他们准备糖塔水,所谓糖塔水其实就是用水稀释煮沸的甘蔗汁。这是哥伦比亚的一款特色饮料,在其他地方很少见。打完"早尖",学生们便继续上课。当中午12点的铃声敲响,他们就会蜂拥进入食堂,享用美味的午餐。吃完午饭,学生们会进行短暂的休息。休息结束后,学生们体育锻炼1小时,相当于体育课。在下午2点到4点之间是正式课程。正式课程结束,学生们享用点心,再继续上课。直到晚上6点,学生们会休息半小时,之后再花半个小时享用晚餐。晚餐之后,学生们可以自由安排自己的时间,既可以写作业,又可以弹琴、唱歌,当然还可以做其他自己感兴趣的事情。晚上9点，学生们便会躺在自己的床铺上，听守夜老师读书。当一半以上的学生入睡时，守夜老师才会悄悄离开。这就是在锡帕基腊学校一整天充实的学习生活。

锡帕基腊学校的老师具有较高的素质水平和文化水平。这些老师来自五湖四海，拥有渊博的学识和丰富的经验。他们的学历较高，且大多是首都高等师范学院毕业。该学校的院长名为何塞·弗朗西斯科·索卡拉斯，他是哥伦比亚著名的教育家，所教出来的学生大多都是具有进步倾向的人，而这些人和他一样都被教育部"发配"到锡帕基腊来教书。教育部无法容忍他们的"先进思想"，认为他们会"教坏"那些豪门望族的学生，所以才会这样做。

老师们反对浮夸、虚荣的教育风气，崇尚严谨、严肃治学。他们在各自的领域都颇有建树，把悉心育人视为生命中最崇高的事业。当时的加博一心求学，而他遇到的这些老师正好能满足他的心愿，所以无论怎样来说，他都是一个真正的幸运儿。

在这所学校中，加博树立了两个信念：第一，要想把小说写好就要用各种文学形式来再现真正的现实；第二，只有社会主义才能成为人类的未来。

锡帕基腊学校的校址偏僻，交通很不方便，学生们在假期里没有可去的地方，便会整天泡在图书馆里用阅读来打发时间。这为爱阅读的加博提供了极大的便利。

加博在学校的阅读量惊人，他像是患上了"文学麻疹"一般，疯狂地阅读小说和诗歌。实际上，这种"文学的病毒"早就在他的身上扎根了，只不过在锡帕基腊学校学习时集中爆发了而已。可以说，加博在受到文学熏陶的任何一刻感染"文学的病毒"都是可能的，比如他可能是在听外婆讲故事时感染的，也可能是听外公讲"千日战争"时感染的；可能是听罗莎老师朗诵

第2章 三回九转——见证窘迫生活与文学萌芽的"同台会演"

诗歌时感染的,也可能是翻阅《一千零一夜》时感染的;可能是在见到父亲埋头读书时感染的,也可能是在圣约瑟中学写"调侃诗"时感染的。

然而,不管他是何时感染上这种病毒的,他所患的这种"病"最终在锡帕基腊学校爆发了。这所学校的封闭、严谨的治学都是这一病毒爆发的导火索。

在这段美好的时光中,加博每天过得充实无比,他如饥似渴地投入到学习中,投入到美妙的阅读中,就像是一个贪婪的孩子在汲取文学和知识的乳汁。没有人能阻止他的疯狂。他每天最重要的任务只有两样:一是上课,二是阅读。他痴迷于阅读,甚至愿意把除了上课外的所有时间都用在阅读上。他尤为喜欢阅读小说和诗歌,无论在学校的哪个角落都能见到他埋头阅读的身影,教室、宿舍、图书馆、大树旁……哪里拥有安静的环境,哪里就是他最佳的读书场。

加博每看一本书,就会全身心地投入到书中的世界,他心无旁骛地沉浸在阅读的快乐中,如痴如醉的样子总会让同学们感到非常好奇,只要他读完的书籍,很快就会被别的学生借了去。同学们想知道究竟是怎样的内容才会把他迷得"神魂颠倒"。

加博读了很多书,包括《乡村丛书》《阿拉鲁塞文集》《魔山》《基督山伯爵》《三个火枪手》《包法利夫人》等。其中,《乡村丛书》是一本哥伦比亚作家作品合集;《阿拉鲁塞文集》汇聚了哥伦比亚人家喻户晓的经典作品。这两本著作内容丰富,篇幅巨大,而加博只用了很短的时间就通读了一遍,这种惊人的阅读速度让他的老师和同学感到难以置信。另外,托马斯·曼、大仲马、福楼拜等作家的作品也是加博重点阅读的对象。除了爱看小说类文学作品外,加博对心理学、哲学等方面的书籍也非常感兴趣,因此他还读过《弗洛伊德全集》《哲学的贫困》等。

加博还阅读过一本"预言书",名字叫作《世纪连绵》。这是由一个名为米歇尔·诺斯特拉达穆斯的占星学家所著,其中的内容玄妙有趣,与他心中的幻想世界相呼应,因此阅读这本书令他十分惊喜。正是受到这本书的影响,他在多年以后才能塑造出梅尔加德斯这一经典形象。在他的《百年孤独》中,梅尔加德斯是一个吉卜赛人,他曾利用羊皮书对马孔多镇的未来进行了准确的预测。

学校图书馆里的书几乎被加博读了个遍,他还会借阅老师们从学校外面带来的书籍,其对书的痴迷可见一斑。加博成功继承了父亲爱读书的嗜好,在他看来,父亲是世界上读书最痴迷的人,而他要追上父亲的脚步,把"世界第一"的宝座抢夺过来。

"石头与天空"诗派带来的重大影响

锡帕基腊的校长于1944年进行了更换,这次学校迎来了一位名叫卡洛斯·马丁的新校长。这位校长是"石头与天空"诗派的代表人物。在当时的哥伦比亚,"石头与天空"诗派风靡一时,加博同样也是该诗派的忠实粉丝。卡洛斯的到来,瞬间点燃了加博对诗歌文学的热情。

在较早之前,新校长还没有就任,加博的语文老师每天都会为孩子们朗诵诗歌,这位名为卡洛斯·胡利奥·卡尔隆·埃米达的老师是"石头与天空"诗派的发烧友,他给孩子们读的诗歌也多出自这个诗派。正是受到这位老师的影响,加博对"石头与天空"诗派产生了浓厚的兴趣。在他心中,"石头与天空"诗派是当时哥伦比亚最富有创新精神的诗派。从20世纪30年

第2章 三回九转——见证窘迫生活与文学萌芽的"同台会演"

代开始,"石头与天空"诗派在哥伦比亚境内迅速崛起,他们的诗歌受到了众多诗歌文学爱好者的广泛赞誉。在当时,哥伦比亚还有不少其他诗派,比如新古典主义诗派、高蹈诗派、浪漫诗派等。这些诗派言辞过于粉饰雕琢,大有浮夸之风。与之相比,"石头与天空"诗派崇尚现实之风,创新之作频频问世,成为当时哥伦比亚最受欢迎的诗派。

加博当时刚刚学习写诗,他对老师经常提到的"石头与天空"诗派印象深刻,对这一诗派的多部作品推崇有加。加博常常会在看到他们那些大胆创新的诗歌后感到精神振奋,创作欲望也会随之产生。马尔克斯在后来谈及这一诗派时说:"'石头与天空'诗派对我的帮助是巨大的,如果没有那些诗歌,我想我是很难成为一个作家的。因为正是那些诗歌激发了我的创作欲望,从此以后,便一发不可收了。"

加博对文学的兴趣日益浓厚,他在学校时还参加了文学小组。整个文学小组中只有13人,当这13人听说"石头与天空"诗派的伟大成员将会成为他们的校长时,顿时欢呼雀跃起来。作为"石头与天空"诗派的忠实拥护者,加博在听到这一消息后更加兴奋,他常常跑到校长办公室去观望,想要一睹偶像的风采。令加博感到难以置信的是,自己的偶像竟然能在接下来的6个月里担任他们班的文学课老师。

卡洛斯校长经常在课堂上全身心投入地为学生们分析诗歌,他说得头头是道,绘声绘色。他分析得尽兴时,常常忘记时间,有时候一节课都分析不完一首诗歌。他不是一味死板地分析诗歌,在分析的过程中,他还会用较长的时间介绍诗歌的作者。诗人们的趣闻轶事对学生们具有很强的吸引力,加博最喜欢听卡洛斯校长讲大诗人鲁文·达里奥的故事,这位尼加拉瓜诗人的故事离奇有趣,特别是他的创作故事感人至深,给加博留下了非常深刻的印象。当然,加博热爱诗人鲁文·达里奥的故事并不仅限于这些原因,还在于这位诗人的故事能令加博联想到自己。

鲁文·达里奥小时候的经历几乎与加博一模一样。卡洛斯校长描述道："鲁文·达里奥是尼加拉瓜伟大的诗人之一，他出生于一个偏远的农村，从小是由姨姥姥一手带大的。在他很小的时候，父母便离开他，前往遥远的地方谋生。有一天，一个女人走进门来，那女人身穿黑色皮衣，头上戴着一顶彩色羽毛装饰的帽子，她看起来温柔、美丽又优雅。见到小达里奥后，女人一直微笑着看着他。姨姥姥让小达里奥喊那个女人妈妈，他瞪大了双眼感到非常吃惊，不敢相信眼前的漂亮女人会是自己的母亲。另外，小达里奥也有一位亲人曾做过上校，这位上校也经常给他讲战争故事，甚至还曾带着他一起去冰窖观察过冰块。另外，小达里奥上的是修道院学校，他也曾在13岁时在校报上发表过自己创作的诗歌……"

诗人的故事令加博感到吃惊，因为这些故事简直就像是为他量身定制的。加博从诗人的故事中找到了自我和自信，从此以后，他便把诗人鲁文·达里奥奉为文学创作的榜样，希望像他一样成为一个受人尊敬的文学大师。

卡洛斯校长的文学课对加博产生了重要影响，自从他听完诗人鲁文·达里奥的故事后，便一心要学习写诗。很快，他便把写诗付诸行动。他常会帮助其他男生给女孩写情诗，就像他的父亲当年给他的母亲写诗一样，只不过他并不是那个真正向女孩表白的人。

见到加博如此痴迷于诗歌创作，卡洛斯校长对他产生了兴趣。这位校长或者说这位诗人经常会带着加博参加"石头与天空"诗派的聚会，让他向真正的诗人"取经"。在校长的安排下，加博和自己的一位朋友有幸见到了当时哥伦比亚赫赫有名的两位大诗人，一位是爱德华多·卡兰萨，另一位是豪尔赫·罗哈斯。这两位诗人久负盛名，他们很欣赏这两个热爱诗歌的年轻人，认为他们是可造之才。能够见到真正的大诗人并得到他们的赞赏，这对初出茅庐的加博来说是一件意义非凡的事情。

当时，加博与朋友是在校长的家中见到两位大诗人的。校长租住的大房子里有一个宽敞的客厅，客厅里家具很少，但都是复古的旧物，所以使整个房间里充满了古典的气息。尽管客厅的陈设很简单，但书架上摆满了大大小小的书籍，墙上挂着各种各样的照片和画像，桌子上还有许多报纸和杂志。校长在向两位大诗人介绍加博的时候，用"伟大的诗人"来称呼他，这让加博既高兴又感到很难为情。

后来，卡洛斯校长带领学校的13位文学小组成员共同创办了《文学报》。刚开始创办《文学报》时，包括加博在内的文学小组成员都很兴奋，他们摩拳擦掌等待着大展拳脚，心中的创作欲望前所未有地强烈。在制作第一期《文学报》时，加博接手了专栏"我们的诗人"的编写工作，他负责介绍的第一位诗人便是他曾在校长家中见过的大诗人豪尔赫·罗哈斯。与此同时，他还在首期报刊上发表了一篇名为《一河之瞬间》的散文。为了方便文章发表，加博还为自己起了一个笔名——哈维尔·加塞斯。

然而，《文学报》刚一刊出便被勒令没收，原因在于他们的主编卡洛斯·马丁先生在上面刊登了一篇抨击政府的文章。在哥伦比亚政府的干预下，《文学报》被迫宣告流产。不久，卡洛斯·马丁校长被撤职，整个文学社的心血付之一炬。尽管如此，加博还是在这段经历中点燃了心中的文学火焰，这星星之火不会因此熄灭，相反，它必将带着希望以惊人之势迅速燎原。

"我"的诗里不能没有你

1944年12月31日,马尔克斯正式在报刊上发表了自己真正意义上的第一篇作品。之所以称其为真正意义上的第一篇作品,主要存在两个原因:第一,他的作品发表在《时代报》上,这是哥伦比亚最权威的报刊,没有一定水平的作品无法被刊登在上面。第二,这是加博17岁时所写的一篇较为成形的作品,它是一首悼念诗,由大诗人爱德华多·卡兰萨作引文。

数月之前,加博的女友罗莉塔·波拉斯不幸离世,为了悼念恋人,加博奋笔疾书写下了这篇饱含感情的诗作。他把自己的作品寄给了大诗人爱德华多·卡兰萨。爱德华多·卡兰萨是"石头与天空"诗派的伟大成员,除了诗人之外,爱德华多·卡兰萨还是哥伦比亚权威刊物《时代报》的创办者,他曾与加博在校长卡洛斯·马丁的客厅中有过一面之缘,并对当时的加博印象深刻。由于这些关系和对加博作品的欣赏,爱德华多·卡兰萨决定亲自作引文,为加博刊登诗作。

加博在发表作品时所用的笔名仍然是"哈维尔·加塞斯"。他所创作的这篇诗作很快让他在文学圈崭露头角,很多文学爱好者因为喜欢他的诗作而关注他。

马尔克斯的悼念诗如下:

诗 雨

雨正在下

下午的云层黑暗得难以自拔

雨正在下

我的心浸润在悲伤里

偶尔

有风吹来

携着他的歌曲

偶尔

身心俱悫

灵魂紧贴着你缺席的声音

雨正在下

我想念着你

做梦也会想着你

悲伤的下午

我的哀愁无人能及

我的世界紧闭

无人能够了解

曾经有人打开过它

住在了里面

然而,如今

你的缺席让它空空如也

只剩下时时刻刻的痛楚

明天你回来吧

拿着我送你的玫瑰一起返回吧

雨正在下

你温柔的凝视让我无法自拔

雨正在下

我的女孩如新鲜果实

给我带来节庆般的喜悦

今天你就回来吧

你的名字像黎明的太阳

我的世界不能没有你

我的诗里不能没有你

加博的这篇诗歌在技巧上模仿了诗人聂鲁达。聂鲁达是智利诗人，他是加博喜爱的诗人之一。在诗意方面，加博着重刻画了少年、忧伤和死亡等主题。女友的死亡再加上内向少年的多愁善感促使他拿起笔。当时的加博充满了文学创作的渴望，在经历了《文学报》事故、女友惨死等一系列的打击之后，他对未来失去了信心。但是，就在这个时候，哥伦比亚的权威报刊愿意刊登他的作品，这对他来说无疑是一个巨大的鼓舞。

在锡帕基腊国立中学学习的后两年，加博陆陆续续创作了许多作品，这些作品以诗歌为主，风格多与"石头与天空"诗派成员的诗风一致。如果说加博在圣约瑟中学所写的那些作品只是插科打诨的"童谣诗作"，那么他在锡帕基腊中学后两年所创作的就是模仿了成熟诗风的"成形作品"。事实上，这些"成形作品"已经具备了不俗的表达能力，同时也在一定程度上表达了较多的感悟。但是，这些作品毕竟是加博刻意模仿其他诗人诗作风格和技巧的作品，他要想找到适合自己的方式，还需要继续在文学创作的道路上摸索一段时间。

多年以后，马尔克斯也曾对他中学时期的诗作有过评价，他表示："这些诗歌就像是一些技巧练习，既没有多少灵感，也没有多少抱负。它们只是刻板的模仿之作，没有加入我灵魂中的东西，所以几乎没有太多的价值，至少我没有赋予过它们所谓的诗的价值。"

如果说创作诗歌只是加博表达情感的练习，那么向心仪已久的女孩表白便是他表达情感的实践了。

1945年12月末的圣诞节假期，加博从锡帕基腊回到了苏克雷。在25日圣诞节那一天，他参加了盛大的圣诞派对。在这次圣诞派对上，18岁的加博遇到一个他心仪已久的女孩。这女孩还不到13岁，随着一阵起哄声，加博向她大声喊道："梅赛德斯，请嫁给我吧！"

13岁的梅赛德斯当时还未小学毕业，面对这样突如其来的表白，她感到惊慌失措，最后只得红着脸跑开了。

加博与梅赛德斯很早以前就认识了。在梅赛德斯9岁时，两人第一次见面。加博第一眼见到梅赛德斯时便产生了将来一定会娶她的想法。在苏克雷，梅赛德斯一家与加博一家都是外来户。梅赛德斯和父母之前住在马甘格，后来为了生计才搬了家。两个孩子的父亲早年便相识，平日里也时常相互走动。

梅赛德斯的祖父是埃及人，所以她继承了部分埃及人的血统，是一个混血儿。她身材高挑、纤瘦，拥有高高的颧骨，乌黑发亮的眼睛以及富有磁性的嗓音。她温柔、安静、沉稳，充满了无穷魅力和神秘感，别人一看到她便会不由自主地相信她。在加博认识的女孩中，她虽然不是最漂亮的，却是最能引人注目的。

或许正是因为她拥有着埃及血统，加博才会认为她很神秘。加博曾多次想与她交流，但是女孩安静的性格却阻止了这一切。越是无法与她交流，加博便越是觉得她神秘莫测。神秘的梅赛德斯令加博异常着迷，他曾多次去女孩家拜访，目的就是想要和她搭讪。这对于内向的加博来说，是一件很难为情的事，但他不止一次为此而努力。

每次去梅赛德斯家，加博都会借故多留一会儿。他会主动和女孩的父亲交谈，像是有什么重要的事情要传达给这位蒙在鼓里的父亲。当女孩经过的时候，加博会表现得更加出色，他的腰挺得笔直，不管是站立还是坐着都显得极为有修养。他想以这些表现来引起梅赛德斯的注意。

但是，一直以来，梅赛德斯只是把加博当作一个无关紧要的客人，安静的她几乎不会向加博打招呼，更不可能将注意力放在他的身上。每次女孩冷漠地经过加博旁边时，父亲就会提醒她说："要懂礼貌，和客人打招呼。"这时，女孩只是淡淡地向加博打了招呼，然后便立刻走开了。

多年以后，梅赛德斯对加博开玩笑说："有很长一段时间，我还以为你爱慕的对象是我父亲呢！"

30多年以后，马尔克斯对18岁时向梅赛德斯求婚的事评价道："那看似一句玩笑，却也是一种暗示。我抛开了一切的繁文缛节，说出了我的心里话。这有一定的超前性，因为那时她毕竟才13岁，但我那样说，只是想在她的心里埋下一粒种子，在我看来，终有一日这粒种子会生根发芽的。"

14年后，这对命中注定的爱人最终结了婚。在这漫长的14年中，马尔克斯深受等待的折磨。后来，他对这段婚姻评价道："那个时候，我与梅赛德斯并非未婚夫妻，我们之间的默契是在不慌不忙之中建立起来的，它需要耐心地等待，而且，我们的内心深处坚定地认为将来必然会有如此的结果。我们就是这样的一对，无比幸福的一对。"

在后来的漫长婚姻生活中，马尔克斯从未与妻子发生过真正意义上的争吵。马尔克斯对此总结说:"在我看来,我们之间之所以不会发生严重的争执,是因为我们对待事物的看法一直以来都保持着高度的一致。事实上,男女之间的结合就像是生活中的磨合一样,它很难处理,且要不断地回到最初的地方重新演绎,这是一辈子的事情。这种默契的磨合和保持同调性需要不断地努力,有时我们也会感到疲累,但一切都是值得的。我在小说中塑造的一个人物说过这样一句话——'爱情也需要学习',我想这同样是我们婚姻的写照。"

《无法摆脱的精神变态》——对小说创作的第一次尝试

加博在锡帕基腊中学读书时遇到了许多优秀的师长,除了卡洛斯校长外,对他影响较大的还有一位老师,即卡洛斯·胡利奥·卡尔德隆·埃米达老师。埃米达是加博的语文老师,也是他的文学课老师,他给予了加博很好的文学启蒙,对加博文学道路的影响非常深远。

埃米达老师学识渊博,见识过人,他治学勤勉,谦虚待人,深受同学们和其他老师的喜爱。埃米达老师经常给学生们介绍世界优秀文学作品,他在介绍这些作品时循序渐进,系统地分析和讲解,既会对优秀作品予以赞赏,又会对庸俗作品予以批评。他会根据学生的年级给学生选择不同类别的作品让其阅读并加以讲解。加博在读中学四年级时,埃米达老师给学生们介绍了多位作家的作品,开阔他们的眼界,尽可能多地让他们对不同类别的作品都有所涉猎。埃米达老师不仅让他们阅读过托尔斯泰、索福克勒斯、莎士比亚的作品，还给他们解析过荷马、维吉尔、但丁的作品。加博中学五年级时，埃米达老师为他们系统讲述了西班牙作家的作品，这些作品多出自西班牙的"黄金时代"，具有非同一般的代表性。在加博六年级时，埃米达老师除了让他们全面系统地阅读并精讲莎士比亚的经典作品外，还教他们区分和辨别作品的好坏，培养他们的鉴赏力。

通过系统的介绍、讲解，埃米达老师把文学的种子埋在了加博的内心深处。此外，由于他当时是"石头与天空"诗派的拥护者，所以还经常会在课堂上阅读这一诗派的代表诗歌。埃米达老师对诗歌的痴迷深深地影响到加博，使他对文学产生了浓厚的兴趣。尽管如此，埃米达老师并不会过分赞美加博的才华。每当加博拿着倾注了他全部热情和技巧的"诗歌"给埃米达鉴赏时，埃米达都会酌情为他评定："写得真好！但你要知道，这些并不是诗歌，而是散文。"

在当时，加博眼中的文学指的仅是诗歌，不包括其他文学形式的作品。他喜欢"石头与天空"诗派的作品，对诗歌的痴迷已经达到了废寝忘食的程度，他时常会模仿这些诗派诗人的方法疯狂创作。他既爱读诗，也爱写诗。不同时代、不同诗人、不同风格的诗歌都是他追求、阅读的对象。每一首诗歌都能让他变得激情四射、热血沸腾。在疯狂地阅读和鉴赏之后，他又会投入到疯狂的模仿和创作之中。他会把自己的经历、感悟、热情等统统写进自己的诗歌，尽管他的手法还不够成熟，尽管他的技巧多是模仿，但他沉浸在一种美好的创作心境之中，立志成为一流的诗人，这份雄心壮志正是文学青年们应该具备的。

所以，对于如此热爱诗歌的加博来说，老师的酌情评定就像是一次次无情的打击。

值得一提的是，把诗歌视为文学的全部的加博在这段中学时光中竟鬼使

第2章 三回九转——见证窘迫生活与文学萌芽的"同台会演"

神差地写出了一篇短篇小说。他写这篇小说的原因人们不得而知,可能是受到老师的"酌情评定"的打击太多,也可能是老师为了训练他而给他布置的任务。但不管怎样,这对他来说是一个良好的开端。

加博所写的这篇小说名字叫《无法摆脱的精神变态》。这是他的第一篇小说,讲述了一个姑娘无意间变成了一只蝴蝶,然后以蝴蝶之身在飞行途中冒险的故事。写完小说,加博第一时间将它拿给埃米达老师。读完他的小说后,老师对他的作品大为赞赏,不仅当着全班同学的面品读了这篇小说,还把它拿到办公室给其他老师欣赏。

后来,埃米达老师又把加博的小说传给了校长秘书,校长秘书看后给出了这样的评价,他说:"很不错的小说,就像卡夫卡的《变形记》。"当时,卡夫卡的名气还没有大到尽人皆知的地步,加博和埃米达老师并没有听说过他。但是为了验证两部小说的相似性,埃米达老师从图书馆借来了《变形记》,当着学生们面品读了几个片段。结果,大家都被两者的相似震惊了。

加博当时虽然写了小说,但那只是他的"无心"之作,他仍沉浸在诗歌的世界里,对小说的创作并不在意。另外,由于老师在课堂上只读了《变形记》的几个片段,因此他对这本小说也没有太深刻的印象。后来,他在上大学时有幸读到了这本小说,那个时候,他才真正被《变形记》的描写手法所震惊,他对这种描写手法再熟悉不过了,那正是外婆讲"鬼故事"的叙事手法。他对《变形记》与自己所熟悉的叙事手法之间的相似感到无比惊讶,当他亲眼看到这部书后,十分震撼。

《无法摆脱的精神变态》一定程度上突显了加博高超的语言表达能力和巧妙的叙事能力。而这也正是他在创作诗歌时所显露出来的能力。从他的这些非凡的能力上,埃米达老师对加博的未来有过非常准确的预测。他一直认为加博将来一定能成为一名出色的小说家。在他写完这篇小说后,老师对他说:"你能写出不错的诗歌,但你更应该多写散文,多读小说,你的写作表达能力非同一般,只要肯努力,一定能成为一流的小说家。"

埃米达老师的预言十年后便应验了。十年后的马尔克斯写出了长篇小说《枯枝败叶》。这部小说出版后,马尔克斯立刻带着它回到了锡帕基腊,他要将这本心血之作献给对他帮助巨大的埃米达老师。

加博一直都没有适应锡帕基腊阴冷的气候,他每天穿着母亲为他改做的黑衣服,显得与其他学生格格不入。尽管有埃米达老师的关心,但他在大多数时候,内心都是孤单的。幸好他原本有着一副好脾气、好性格。在感到无聊时,他便用看书来排遣。

然而,加博很快便迎来了青春叛逆期。他曾在巴兰基亚染上过"舔斗鸡主义者"的习气,那是一种不把任何事当事的生活态度。一定程度上,这种习气可以使遭遇困境的人变得乐观。但同时,它也具有一定的危害性,比如它使处于叛逆期的加博变得放肆起来,不再像当初的那个乖孩子。

加博在叛逆期时常会显露这种习气。客观来说,他在这一时期既不是一个乖孩子,也不是一个好学生。

加博对自己不感兴趣的课程越来越没有耐心,当遇到那些难以忍受的课程时,他就会心不在焉,开小差、睡觉是常有的事情,常在不知不觉中熬到下课。而当他实在没有耐心继续听课时,他就会以上厕所为名借故开溜。他常爱做白日梦,为此还差点弄丢了获得奖学金的机会。中学最后一年,他和几个朋友经常溜出校门喝得烂醉,因为酗酒的事情,他甚至可能会被责令退学,或是失去参加毕业考试的机会。幸运的是,每当他在低谷之时,都会有贵人相助。校长有惜才之心,不愿眼睁睁地看他就此堕落,所以经常督促他,就连毕业考试都是校长亲自护送他去的。

第2章 三回九转——见证窘迫生活与文学萌芽的"同台会演"

加博在学校做过不少蠢事，他充分发挥自己的想象力，把"斗鸡"行为演绎到了极致。例如，他经常会画一些讽刺漫画来调侃那些他看不上眼的老师和同学；他还时常外出酗酒，当大多数学生进入梦乡，守夜老师进入小房间休息的时候，他会和几个朋友把他们的床单系在一起，然后把床单的一端绑在窗户上，像拉着缆绳一样迅速沿着窗户降落在学校外的地面上，之后溜到剧院去看戏，或者去僻静处约会女朋友。

在卡洛斯·马丁担任校长时，加博多次闯祸，最严重的一次是，他与几个朋友在守夜老师阅读时扔枕头和鞋子，严重扰乱了校园秩序。

若干年后，卡洛斯·马丁回忆说："有一次，我不在学校，夜里有一些学生开始打闹起来，他们互扔枕头和鞋子，完全无视学校纪律。守夜老师停止了阅读，没有学生能够入睡。老师给我打电话，我便急忙赶回学校，让那些闹事的学生穿着睡衣走到楼下的院子里，我当面训斥了他们，措辞严厉，晓之以理。等到他们承认错误，我才让他们借着月光，沿着昏暗的走廊重新回到了寝室。"

接着，他又笑着说："当时，加博穿着睡衣，走在队伍的最后，他要像其他孩子一样走到院子里，接受一顿训斥，再从院子里爬上楼梯重返宿舍。没有人能想到他在多年以后会在文学上取得那么大的成就。"

尽管加博平时也会表露出对学习的厌倦，但他每到临近考试时都会认真复习，不会再像之前那样松懈。他常会在考试前的一两个星期恶补落下的课程，认真复习和总结，由于他聪明、悟性高，最后总能考出理想的分数，甚至比那些死读书的人考得更好。

加博的文学才能逐渐显露出来，他经常受到文学老师的赞赏，他还在国家权威报纸上发表过诗歌，这使得他在学校的名声越来越大。

1944年，距离加博毕业还有两年。在这一年的毕业典礼上，加博被学校选为学生代表,他的任务是在毕业典礼上向即将离校的学长们作告别致辞。加博以"友谊"为题发表了致辞,表达了对毕业学长们的美好祝愿。

两年之后,他也成了被祝愿的一员。加博19岁时毕业,结束了他的中学生涯。后来他说:"锡帕基腊的中学时光对我非常重要,它让我学到了很多,甚至比我人生中的任何其他时段都要多。"

第3章

登界游方

——于困境和灾难中探寻现实的"文路"

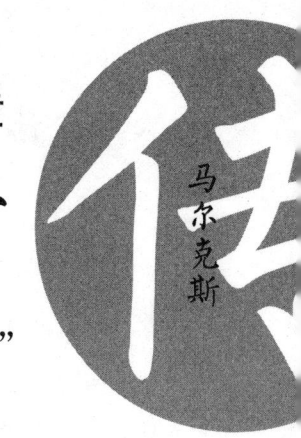

　　人只有走出困境和灾难才能成就非凡的人生。因此,一定程度上,困境和灾难并不完全是坏事。马尔克斯经历了大学时期的孤独,但他却懂得用阅读和背诵诗歌来排遣心中的不快,用这种极具智慧的方式帮助自己走出了困境。然而,接下来他又要面对各种突如其来的灾难。当"波哥大大暴动"发生的时候,他只能看着自己辛辛苦苦完成的手稿燃烧殆尽。对他来说,一切的不甘都无济于事,唯一能做的只有勇敢面对。

　　马尔克斯和同龄人一样,拥有远大的理想,但很快便被残酷的现实击溃了。不过,他并没有一蹶不振。相反,他准备踩着现实的"文路"前行。他希望通过这种方式让人们先弄清现实,并从中吸取深刻的教训,之后再轻装上阵,去抓住曾经遥不可及的梦想。

大学生活——孤独和诗情画意的缠绵

1947年,马尔克斯被哥伦比亚大学录取;2月25日,他于该校法学系注册,正式成为一名法学系大学生。

加博并不喜欢法学,选择这一专业并不是他真正的意愿。他这样做的原因大致有以下几点:父亲埃利希奥希望儿子能在医生、神父和律师之中任选一个职业;在当时的政治理念中,医生、神父和律师都是务实、体面、地位高的职业;律师的收入非常可观。

尽管加博很想学习文学,但出于以上原因,他最终还是选择了法学专业。在他看来,学习法学至少不会偏离文学方向太多。

波哥大是哥伦比亚大学的所在地,素有"南美洲的雅典"之称。但是,加博对波哥大的印象并不好,他认为它是一个灰暗阴冷的城市,那里的人们西装革履、严肃死板、自高自大,整天为利益而奔波。

随着时间的推移,加博对法学专业越来越排斥。他后来在描述这段学习经历时说:"我知道自己不可能毕业。因为我对法学的一切都感到厌倦,无论民法还是刑法都是那么烦琐,而且无聊透顶。实际上,我对任何法律都没有兴趣,我本不想读法学专业,因为那不是我的意愿。"

在读法学时,加博有一位年轻的宪法学老师,名字叫作阿方索·洛佩斯·米歇尔森,后来这位法学老师参加了选举,并成了哥伦比亚的总统。米歇尔森回忆加博在学校的表现时说:"他当时并不是一个好学生。"马尔克斯成名之后在回忆他的这位总统老师时说:"他那时只有34岁,年轻有为,是我见到过的最优秀的法学老师。而我那时19岁,非常厌倦宪法课,所以就

第3章 登界游方——于困境和灾难中探寻现实的"文路"

成了他的最糟糕的学生。"

第一学期结束后,加博勉强通过了宪法课考试,但是关于统计学的几门考试都没有过关。不管是在圣约瑟中学还是在锡帕基腊中学,加博都是学校里首屈一指的优等生。不过,自从进入大学,至少在法学专业,他并不是一个好学生。

他上课时经常迟到、早退,而且喜欢翘课。他时常会偷跑到酒吧、咖啡馆鬼混,有时他会在那些地方与别人谈文学,有时他会寻找漂亮的女招待搭讪。他常常借酒消愁,而且很容易喝醉。不管在什么地方,他一喝醉倒头就睡,第二天不洗漱就去上课。他还常向老师请病假,理由是自己得了要紧的病,肺炎、结核病甚至梅毒都"得"了个遍。有老师怀疑他是装病,但看到他蓬头垢面、无精打采的样子便迅速打消了这个念头。在他们看来,这样糟糕的生活方式必然会惹病上身。

他常胡子邋遢、头发凌乱,穿着夸张的衣服,打着极不相称的领带走在大街上,而这副模样常吸引街上行人的眼睛,毕竟波哥大人都是穿着讲究的。

加博深陷在"法学"的泥潭中无法自拔,他变得灰心丧气、放任自流,完全没有了生气。任何人都不会对他的未来抱有幻想,也不会认为他将来能有什么出息或有多大成就。

在加博的求学岁月中,缺钱是常有的事。他总是过着"差5分钱"的窘迫日子。他想去看电影,结果电影票要35分,他只有30分;他想去看斗牛,结果同样差5分才能买到票。缺钱的感觉一直缠绕着他。在锡帕基腊中学读书时,他总是穿着那件由父亲旧衣服改做的不合身西服,这使得他的自尊心常常受伤。后来,一个朋友送给他一件深色西装,他才摆脱了长久以来的羞耻感。在哥伦比亚大学读书时,他因为贫困,自尊心再次受到伤害。为了不让别人看出他的窘迫,他总是穿着"奇装异服"来掩人耳目。

"差5分钱"的感觉一直陪伴他很久，后来，他终于凭借自己的才华名利双收，但他依然懂得节俭，曾经的窘迫情景不时地浮现在他的心头，时刻提醒着他生活的不易。

加勒比地区与安第斯山地区隔着千山万水，马尔克斯告别家乡和亲人，来到阴冷、昏暗的波哥大，却要在哥伦比亚一流的大学中学习自己不喜欢的专业。这对他来说，是一个极大的讽刺。他总感觉空虚、落寞、无人能够理解。他在那个陌生的地方极度缺乏归属感，甚至觉得自己是个外国人、一个多余的人。

从离开阿拉卡塔卡以后，加博便是孤独的，因为他的身边没有了疼爱他的外公外婆。他的孤独感一直都在，尽管身边有父母，有弟弟妹妹，他还是经常觉得自己是一个外人。他视母亲为朋友，与父亲的关系一言难尽。在他的心中，外公才是那个真正的父亲。他只有在假期才能回家，所以弟弟妹妹只把他当作回家度假的人。

对他来说，周末最煎熬，每到这个时候，孤独就会如潮水般涌来。为了排遣孤独，加博想到了两个法子：一是利用喧闹的人群冲淡自己的孤独，二是躲在寂静的书海中暂时忘记孤独。

每到星期六，他就会邀来女伴、诗友把酒聊天，或者开办酒会，邀来朋友一起跳舞。这是他排遣孤独的第一种方式。

他还会坐上电车到处游荡，这是他最惬意的时光，也是他最倾心的消遣时光。那个时候，坐一次波哥大的有轨电车并不贵，只需5分钱。那些有轨电车装着蓝色的玻璃窗，而且车速不快，像极了旅游观光车。星期天，加博会向电车的收费箱里塞上5分钱，然后坐着电车从一个站点到另一个站点，就这样在兜风中度过整个下午。途中，他最喜欢一边欣赏车外的美景，一边惬意地读诗。

每当电车经过一个站点,他就能读完一首长诗。也可以说,车走过多长的路,他就能读多长的诗。就这样读着读着,直到天空飘起了夜雨,直到华灯初上,人流散去。

加博也常去咖啡馆消遣一番,他几乎跑遍了整个城市的咖啡馆。有时候,他会在咖啡馆里遇到一些与他志趣相投的人,他会先向他们问好,然后再与他们坐下来谈诗。

或许是因为太过孤单,他出现了幻觉。他在回忆那段时光时说:"有一天,我在电车上遇到了一个奇怪的人,他穿着应时的服饰,像个西装革履的绅士。有趣的是,他的头上长着犄角,留着一撮山羊胡子,裤腿下面还藏着一双黑蹄子。"多年以后,马尔克斯认为当年他看到的那个奇怪的人其实是罗马神话中掌管农牧业的神,一个真正的"法翁"。

当天晚上,他依照自己的"所见",写下了小说《电车上的法翁的故事》,后来他又将这篇小说寄给了《时代报》,希望能刊登在它的文学副刊上。但是,他杜撰的这个故事并没有被报社的主编看好,文章一寄出便从此石沉大海了。

一年后,波哥大发生了暴乱,加博不仅丢了钱财,还把这篇小说的手稿遗失在了暴乱的火光之中。

再"遇"卡夫卡后的疯狂"爆发"

马尔克斯曾经一直把诗歌当作文学的全部。他热爱阅读,读过很多书,既包括诗歌,也包括小说。事实上,他读的小说并不比他读的诗歌少。尽管如此，对那时的他来说，诗歌才是真正的文学体裁，远超其他文学形式，就连他后来热爱的小说也不及它的万分之一。而他这种思想的改观是在"遇到"卡夫卡之后。

有一天，朋友送给了马尔克斯一本书。从外形上来看，它只是一本薄薄的小册子，而且用粉红色的封面包裹，乍看起来有些不伦不类。

下午学校没有课，马尔克斯带着粉红小册子回到了宿舍。他脱掉外衣和鞋子，坐在床沿上开始翻阅这本书。他看到封面上标着书名、作者和译者。

"弗兰茨·卡夫卡？好像在哪儿听过……"他念着作者的名字，自言自语。

他又看了看译者，耸了耸肩，表示不知道。

接着，他翻开了这本书，认真读了起来："清晨，格里高尔·萨姆沙睁开惺忪的睡眼，正准备起床。突然，他感到自己的身体有些不对劲。他向肩膀看去，只见自己的后背变得漆黑如墨，犹如一块坚硬的黑色铁甲。他又稍稍抬头向自己的肚子望去，结果看到肚子变成了棕色的弧形硬片，那些硬片有好几块，而且光滑异常，被子摇摇欲坠，根本盖不住肚尖。他奋力抬起头去看自己的腿，竟看到他硕大的身躯上长着六根细得可怜的腿，那些丑陋的腿此刻正张牙舞爪地挥动着。他震惊无比，心想原来自己竟然变成了一只大甲虫。"

"真是服了！"加博一边合上书本，一边惊呼起来，"竟然还可以这样写！"

加博其实早就见过这样的粉红小册子，那是他在锡帕基腊中学读书时，老师为了与他写的小说《无法摆脱的精神变态》做比较，读了书中的几个片段。这本书便是奥地利作家卡夫卡写的《变形记》。

加博之前对《变形记》的印象并不深刻，直到1947年8月的那个下午，这本神奇的著作才在他面前绽放出耀眼的光芒。

读完《变形记》的第一段，他便对这本书爱不释手了。他越看就越感到

第3章 登界游方——于困境和灾难中探寻现实的"文路"

熟悉,直到一口气读完了这本书,他才突然想到——外婆曾经就是这样给他讲"鬼故事"的。

卡夫卡与加博的外婆本是毫无关系的两个人,他们一个是号称"现代主义文学鼻祖"的奥地利著名作家,一个是住在阿拉卡塔卡镇上爱讲"鬼故事"的老太婆。但是,就是这样两个毫无关系的人,他们讲故事的方式竟然惊人地相似,甚至可以说一模一样。而这两个人以不同的方式与加博扯上了关系,并对他的文学道路产生了巨大的影响。

阿拉卡塔卡镇是加博人生的起点,外婆是他生命中最亲近的人。他离开故乡多年,走过千山万水,也阅读过许许多多的书籍,而在他读到《变形记》时,他的所有经历又重新走回人生的起点。

后来,门多萨采访马尔克斯时问他:"你觉得你会成为一名作家是因为你的外婆吗?"

"不,真正促使我接触文学的人是卡夫卡和他的《变形记》,他讲故事的方式与我外祖母的一模一样。"马尔克斯毫不犹豫地回答。

在接触《变形记》之前,加博对小说存在着偏见,他一直认为小说是刻板、严肃、必须说真话的,就像他父亲爱读的那些书籍一样。但是,这种偏见在他遇到卡夫卡之后便彻底消失了。卡夫卡的《变形记》给了他极大的启示,拨开了他眼前一直挥之不去的迷雾。他从《变形记》中惊喜地发现,"原来文学是可以用这种方式表达的,如果真的可以用外婆讲'鬼故事'的方式或《变形记》的写法来表达文学,那么我想我真心爱上了文学,我迫不及待地想像他们那样做。在此之前,我并不知道文学还可以是这个样子的,我彻底曲解了文学。直到后来,我看到了《一千零一夜》里的妖怪、魔毯,见到了卡夫卡《变形记》里的神奇描述,我才彻底明白:原来真的可以这样写!这也就意味着还存在另外一条文学创作的路径,而这条路径是真正适合我的。"

加博用一个下午看完了《变形记》，第二天，他开始动笔写自己的《第三次无奈》。

一个星期五，加博的短篇小说写到一半时，在《观察家报》上看到了主编的征稿启事。这位主编名叫爱德华多·萨拉梅亚·博尔达，绰号尤利西斯，他在给读者的回信中说："那些酷爱文学创作的作者，如果你想要自己的作品被更多人所知，却一直苦于找不到一种恰当的传播方法，那么请你联系我。你们就是下一个新诗人、新小说家，我热切地期待着你们的投稿！"

这封信让加博看到了曙光，他怀着激动的心情，一气呵成地写完了《第三次无奈》，然后在下周一将自己的小说手稿封装进信封，寄给了尤利西斯。

接下来的15天内，他都在焦急地等待中度过。

1947年9月13日，一个明媚的星期六，加博在咖啡馆遇到了一个正在读报的人。他经过那个人的身后，见到报纸上刊登着一篇十分惹眼的文章，而文章的标题正是《第三次无奈》。在《观察家报》的周末专栏中，《第三次无奈》占据了整个版面。见到自己的文章以如此华丽的方式被刊登了出来，他激动得几乎跳起来。

他又跑又跳地出了咖啡馆，一路小跑地来到报亭边，想买一份报纸。但是，很快他发现缺5分钱，他急忙跑到宿舍，兴奋地把一切告诉了朋友，然后携着朋友一起去买报纸。

马尔克斯在国家级报纸上发表了自己的小说，这也是他首次发表自己的小说，这标志着他正式迈入了文坛。在受到《变形记》的启发之后，马尔克斯充分发挥他对文学的才能写下了这篇小说，因此，卡夫卡对他文学道路的影响是深刻的。

第3章 登界游方——于困境和灾难中探寻现实的"文路"

《第三次无奈》讲述了一个神奇的故事：一个7岁的孩子不幸死了，他被人装在棺木中，经历了18年"不死不活"的状态。在这18年中，他可以生长，拥有自己的意识，却不能动，也不能发出任何声音。他在漫长的棺木生活中又死了一次，但他的意识仍很清醒，他记得生前的一切场景，甚至记得丑陋的老鼠企图啃食他的声音。18年过去了，由于他的身体停止了生长，他的母亲认为这个儿子已经彻底死亡，于是，就决定将他下葬。最后，他迎来了自己的第三次死亡。在神父的布道声中，他被人活埋，一切都无可奈何，他只能选择接受死亡的事实。

《第三次无奈》发表以后，马尔克斯受到了极大鼓舞，从此他立志要做一个伟大的小说家。不久，他便投入到阅读和写作中。他一边用自己熟悉的方式创作小说，一边如饥似渴地阅读着那些经典的小说作品。

1947年10月25日，马尔克斯的小说《夏娃钻进猫肚里》在《观察家报》再次发表，这一次，他小说的主题依然围绕死亡、孤独、古宅，同时仍然延续了《变形记》的写作风格。

紧接着，马尔克斯的惊喜越来越多、越来越大，与此同时，无形的压力也随之而来。

1947年10月28日，马尔克斯的伯乐博尔达在《观察家报》针对他写的两篇小说发表了评论。这篇评论是哥伦比亚文学评论的里程碑，它预言了一位文学巨匠未来的文学走向。

博尔达评论道："亲爱的读者朋友们，你们一定惊奇地在'文学副刊'上注意到了一位新作家的出现。这位奇特的新作家已经在我们的报刊上发表过两篇小说作品，我想大家一定熟悉这个名字——加西亚·马尔克斯。在此之前，我对这位作家一无所知，后来有同事告诉我：马尔克斯，哥伦比亚大学法律专业的一名学生，竟然就是《夏娃钻进猫肚里》的作者。我感到万分震惊,因为他的作品如此成熟,文笔如此清新,没有矫揉造作,却能引人入胜,带人进入潜意识未曾到达的神奇天地。他的世界里似乎可以出现一切,自然、朴实、不装腔作势的表达令人拍案叫绝。这不是一个新晋小说家能够做到的,更不是随便一个20岁的青年能够做到的。我必须在这里承认,在新晋作家中,加西亚·马尔克斯是非常优秀和值得尊重的一位。他风格独特、才华过人,拥有强烈的写作愿望,对此我深信不疑。然而,我也希望他并不是哥伦比亚青年中的唯一。请你们相信,这绝不是贬低他!"

当时,博尔达在文学界的地位很高,他的评论极具影响力。因此,当马尔克斯看到这篇评论时,高兴得几乎要晕过去。然而,美妙的赞誉在给他带来幸福感的同时,也给他带来了巨大的压力。他心中的责任感油然而生,他暗暗发誓,一定不会让自己的伯乐失望。要实现这一点,他唯一能做的便是继续写下去。

灾难突发,由理想主义向现实主义的转变

遇到卡夫卡的《变形记》,发表《第三次无奈》和《夏娃钻进猫肚里》,获得伯乐博尔达肯定的评价,这一切让加博重新认识了文学,同时也点燃了他的文学梦想。不过,他越是亲近文学,就越是远离法学课堂。

加博将他的全部热情和精力都用在了阅读和写作上,他几乎没有时间去做别的事情。所以他经常翘课,除了考试外很少去学校,他与大学的距离变得越来越远。

在读完卡夫卡的《变形记》后,加博又开始细心解读詹姆斯·乔伊斯的

第3章 登界游方——于困境和灾难中探寻现实的"文路"

《尤利西斯》。这位爱尔兰作家与卡夫卡一样，同是现代主义文学大师，他的著作《尤利西斯》有着"文学的圣经"之称。对加博来说，阅读这位大师的作品使他在现实主义文学的道路上受益匪浅。

不久后，加博写下了名为《土八该隐锻造一颗星》的中篇小说，并于1948年1月17日正式对外发表。这是他在《观察家报》发表的第三篇小说，其主题依然延续了前两篇的主题，即围绕"死亡"来展开。

几个月内，加博的作品频繁见报，这在哥伦比亚文坛引起了较大的轰动。与此同时，文学界人士纷纷开始关注这颗璀璨的新星，并对他寄予了极高的希望。

马尔克斯从未想过要当律师，而在点燃文学梦想之后，他亦明白自己很难再继续好好学习他不感兴趣的法学专业。但无论如何，他必须给父亲一个交代。在当时的苏克雷，如果有哪个家庭能培养出一名大学生，那一定是一件非常了不起的事情，它可以光耀门楣，提高家庭的地位。父亲埃利希奥自然也有这种观念。加博能够在哥伦比亚一流的大学学习法律专业，这对父亲来说是一件极为光彩的事。加博父亲的社会地位不高，家庭条件也不好，而加博能在大学读法律则弥补了这些缺憾。所以，在父亲的眼里，加博的未来已经有了保障，一切都很稳妥。

就在加博像往常一样辗转于文学和法学之间时，波哥大突然发生了一件大事。这就是"波哥大大暴动"。

1948年4月9日，豪尔赫·埃列塞尔·盖坦遇刺，"波哥大大暴动"一触即发。事发时，波哥大变得混乱不堪，抗议者到处放火、打砸，加博的宿舍楼也被波及。

加博本想与朋友去宿舍躲避灾祸，到了目的地，却发现宿舍楼已经燃起了熊熊烈火。结果他的所有财物、书籍和三篇小说手稿全部在大火中被焚烧殆尽。即使他有心抢救，但由于火势太大，一切都变得无能为力了。

所有家当被毁让加博受到了巨大的打击，他双眼呆滞，一副失魂落魄的样子。朋友被他的样子吓了一跳，顿时诧异地问道："加博，没想到你竟然也是盖坦的坚定支持者，你不是只关心文学，不关心政治吗？"

加博欲哭无泪地回答："别乱说，我……我的小说手稿全都没有了。"

"波哥大大暴动"发生后，大半个城市被毁，大学关闭。数天之后，形势暂缓，加博辛苦地挤上了一班飞机，狼狈地离开波哥大，又重新回到了巴兰基亚。

波哥大事件一定程度上给了加博离开这座城市的理由，他终于可以远离那持续的阴冷与黑暗，重新在文学的道路上继续迈进。这次事件让加博意识到现实的残酷，他准备让自己的小说体现现实的主题，并一直将现实主义文学延续下去。

后来，马尔克斯回忆起这段经历时说："那天傍晚，我突然意识到自己生活在何种现实之中，但是我之前的中短篇小说却与现实没有一点关系。"

加博于1948年4月29日乘坐飞机回到了他熟悉的巴兰基亚。他热爱这座城市，打算在这里继续求学。但是，遗憾的是，巴兰基亚大学也受到这场灾难的波及而被迫关闭了。

不过，加博后来联系上了他的朋友何塞·帕伦希亚。他与这位富有的朋友商量了一番，两人决定前往卡塔赫纳求学。

全国的混乱局面没有得到有效控制，各地的交通陷入瘫痪。加博到处求人，终于坐上一辆邮车出发了。经过一路的颠簸，加博还算顺利地到达了卡塔赫纳。之后，他几经摸索来到了与朋友约定的地点。在侍女街，有一家瑞士旅馆。加博在旅馆里等了许久都没见到朋友，于是他又在旅馆附近寻找朋友的踪迹，几经奔波，他身上的钱都花光了。旅馆的老板见他身无分文、形迹可疑，就把他赶了出去。

加博拖着行李在大街上漫无目的地乱转，他又饿又渴，索性在广场的长椅上躺了下来，不久后渐渐睡着了。后来，有两个当地的警察发现了他。这两个警察吵醒了睡梦中的加博，然后粗暴地将他提了起来，扔进了警局的牢房。在经历了焦灼不安的睡梦、粗鲁的逮捕之后，加博躺在了牢房干燥的地板上，他终于可以安静地睡上一觉了。就这样，他在这个陌生的城市过了第一夜。对他来说，第一天就进监狱并不是什么好兆头。

朋友帕伦希亚比他晚一天到卡塔赫纳。第二天一早，帕伦希亚把他带出了警局，两人暂时寄宿在侍女街的瑞士旅馆。

加博和朋友很快找到了能够接纳他们的大学，他向学校上交了学业成绩，但由于他的学业成绩不是很好，学校不太愿意收留他。他用各种说辞为自己辩解，然后又参加了学校组织的一场考试。最终，他顺利通过了考试，得以进入这所大学。

一切准备妥当，加博于1948年6月17日在卡塔赫纳大学完成了注册，接下来，他将在这里开启新的学习生涯。在大学二年级，他仍讨厌去上那些不感兴趣的法学课程。老师和同学都不认为他是一个好学生。

早在波哥大上学时，加博便立志要成为一名伟大的小说家。对他来说，律师这一职业虽然体面，但绝不是他想要的。他之所以会继续读法学专业，完全是为了敷衍父亲。

为了自己的文学梦想，也为了赚取生活费，加博找到了一份与文学相关的工作，即在《宇宙报》做实习记者。在这家报社里，他交了一些志同道合的朋友。他们同样热爱文学，经常可以与加博讨论文学。由于工作原因，他很少回学校，更不用说再去上课了。

马尔克斯功成名就后，他的一位大学同学回忆说："他在报社工作很卖力，经常熬夜到凌晨3点，因为来不及回宿舍睡觉，他经常铺几张报纸睡在报社的地板上。我们早晨7点已经上课，那时他才刚睡醒。每当见到他时，他都说自己要去洗澡，因为在上课之前，他都在路上奔波，根本没有时间洗澡。"

在考试临近前，他一直处于焦虑和绝望的状态中。他读法学不认真，上课也不积极，自然知道自己的学习有多么糟糕。经过突击学习之后，他的罗马法不及格，除了这一门挂科外，总成绩勉强过了平均线。

大学三年级，加博上课出勤就更少了。他还生了一场病，这让他的成绩更加落后。他在偶尔去学校时，总是会向别人表达他对法学的厌恶和痛恨。有一次，他还和几个同样厌恶法学的学生在学校的走廊里组织了一场即兴足球赛，这让他在学校的名声更加恶劣。期末考试后，他有六门课程勉强过关，医法和民法都不及格，其中医法只考了两分，民法未提交毕业论文。不过，他能以如此可怜的出勤率考到这样的分数，已经算是创造了奇迹。

后来，加博从卡塔赫纳回到了巴兰基亚，并在他热爱的这座城市待了一整年。一年后，他回到卡塔赫纳准备注册上法学专业四年级，但他的要求被学校拒绝了，校方给出的理由是：他在三年级时有三门课程未通过，因此需要重修这一年级。校方拒绝了他，他也拒绝了校方。加博最终放弃了在卡塔赫纳求学，他认为继续学法学只会浪费自己的时间和精力。

加博的辍学令他的父亲大为气愤，他成了父亲口中的"不肖子"。苦盼多年的父亲最终也没有见到他的毕业证书。埃利希奥对加博失望透顶，因为大儿子没能按照他的设想出人头地。像是故意在模仿哥哥，加博的弟弟妹妹们也相继辍学，还有的人根本就没有上过学。而这一切令埃利希奥更加失望。不过，他的失望只是暂时的。16年后，马尔克斯凭借《百年孤独》一举成名；31年后，他又获得了举世瞩目的诺贝尔文学奖。在马尔克斯功成名就后，埃利希奥父凭子贵，也成了人们津津乐道的对象，而他对大儿子的失望心态早已随风消散。

天才作家背后的那些人

加博在卡塔赫纳上学时，找了一份实习记者的工作。由于他之前曾不止一次在国家的重要报刊上发表文章，所以他对做好这份工作非常有信心。

刚到《宇宙报》工作时，他用很短的时间便写下了一篇文章，然后非常自信地交给了主编。主编用红笔狠狠批阅一通他的稿件，结果满篇都是修改的印记。

主编对他说："首先，你的稿件文学色彩太浓，主观性过强，不能作为新闻稿；其次，你不应该违反审查制度来写稿，因为我们不可能发表这样的稿件。"

加博第一次写新闻稿，对其倾注了极大的文学创作热情，所以稿子文学色彩太浓，主观性过强。与此同时，加博的言辞过于激进，十分不合时宜，严重违反了当时的新闻审查制度，所以他的这篇初稿对报社来说毫无价值。

加博虽然受到了打击，但他热爱这份工作，愿意从头学起。通过慢慢学习和摸索，他最终寻得了写新闻稿的门道。不久之后，他的才华获得了主编的肯定，稿件也受到了业内人士的高度评价。

尽管加博的文章可读性很强，他的工作也受到了人们的肯定，但是这并没有为他带来经济上的改观。加博在《宇宙报》的薪酬很低，他的一篇新闻稿只能为他带来32分的收入，要想靠这些钱吃饱饭并不容易。

由于支付不起租金，他被廉价旅馆赶了出来，有很多晚上，他都是在公园的长椅上度过的。只有在运气好时遇到同学，他才能在同学的房里借宿一晚。后来，他终于想到了一个办法，即住在《宇宙报》的办公室里。办公室没有床铺，他就将一捆捆新闻纸放在一块，做成一张简陋的"床"。

在报社工作期间，加博胡子邋遢，眼窝深陷，眼睛像灯泡一样向外凸出，整个人看起来骨瘦如柴，像是得了某种恶疾。另外，由于没钱买衣服，他只能将旧衣涂上染料作新衣。他的裤子和鞋被他染成了黑色，因为这样可以遮蔽污渍；他几乎没有一双完好的袜子，颜色竟全部是"柠檬黄"，令人大跌眼镜。

由于他的打扮过于"惹眼"，一位朋友的父亲给他起了一个"响亮"的绰号——"公民勇气"，寓意是穿成这样实在需要勇气。对这身"时髦"装扮，他还经常自嘲一番，给那些调侃他的人带去快乐。事实上，他并不喜欢这样穿，这只是出于贫穷逼迫的无奈之举。

加博的同事豪尔斯·弗朗哥·姆内拉是个心地善良的人。有一天，豪尔斯实在看不下去，就让他到自己家去借宿几晚。豪尔斯一家热情地接待了加博。豪尔斯的母亲非常喜欢这个可怜的孩子，总是把美味的菜肴留给他，就像是加博的母亲一样。加博的身上有一种神奇的魔力，总能吸引别的母亲对他释放母爱。这或许是他从小缺乏母爱，整个人看起来孤苦无依的缘故。很多女性看到他，就会变得母性大发，想方设法来保护他。而加博自己也感到当他与女性相处时，总是会莫名产生安全感。

此后，每当马尔克斯身无分文时，就会到豪尔斯家借宿和吃饭。只不过，他在别人家吃饭时会尽量控制饭量，这样可以减少他内心的不安。为了不弄脏豪尔斯家的床铺，他在那里借宿时总是穿着衣服睡在地板上。

加博在《宇宙报》工作了一年零八个月。在此期间，他写了许多文章，

第3章 登界游方——于困境和灾难中探寻现实的"文路"

包括署名的和未署名的,其中署名文章有43篇。除了真正动笔写作外,他更多的是做整理和过滤电报内容的工作。他需要从收到的电报中选择有价值、有意义的新闻话题,然后再确定和延伸创作主题。在这一过程中,加博锻炼了语言表达能力,他的语言变得更加简练,情绪更加内敛,还培养了发现好故事的洞察力。更为重要的是,他的创作多与现实相连接,这使他更加明确了自己今后的文学创作方向。

总体上来说,马尔克斯在卡塔赫纳的生活是安定、平和的。尽管他的日子过得十分拮据,但他可以从事自己喜欢的工作,又有着一群同样热爱文学的朋友。他可以一边沉浸于文学创作的美好感觉之中,一边和朋友们探究文学的意义和价值。

在加博的朋友中,最了解他的是报社的那些同事。

首先是报社的主编萨瓦拉。萨瓦拉是一个很热心的人,他对像加博这样的年轻人非常关心,愿意在工作上给予指导和帮助。他曾多次给加博批阅稿件,帮助他认识新闻学和学习相关的知识。在他的指导下,加博进步神速,工作也变得越来越游刃有余。

萨瓦拉主编知识渊博,对多种文学都有研究,包括近现代文学、古希腊文学、古罗马文学等。同时,他的爱好广泛,特别喜爱瓦耶那多音乐。他对文学和古典音乐的喜爱给加博留下了深刻的印象,也对其文学和音乐的鉴赏能力产生了直接的影响。后来,马尔克斯还将瓦耶那多音乐的节奏和内在气质呈现在了他的文学作品之中。

另一位是埃克托·罗哈斯·埃拉索。他虽然只比加博大6岁,却已经是小有名气的小说家了。与此同时,他还是出色的诗人和画家。他的兴趣与加博的兴趣几乎一样。所以两人平时特别谈得来。加博还送给埃克托一个别致的绰号——"文学通"。埃克托善于交流,妙语连珠,常常打动人心。他知识丰富、乐于助人，像是一本"活字典"。

还有一位是古斯塔沃·依巴拉·梅拉诺。加博的这位朋友特别喜欢西班牙"黄金时代"的文学作品，此外他还熟读希腊、美国作家的经典文学作品。他喜欢制作一些写有精彩诗句的小卡片，每当他有了兴致，就喜欢拿出卡片认真研读上面的诗句。受他的影响，加博对诗歌的热情再次被点燃。他回忆起曾经听过的那些经典诗歌，又再次将它们仔细阅读和品鉴了一遍。此后，诗歌成了他形影不离的朋友，无论到哪里，他都将一本诗集大全带在身边。在古斯塔沃的影响下，加博认识了鼎鼎大名的索福克勒斯，这也是他后来最喜欢的作家之一。

卡塔赫纳与波哥大所处的地区差别较大，前者处于热带地区，后者处于寒带地区。这两个城市虽然气候大不一样，但两地的居民却有着相似的性格。卡塔赫纳人与波哥大人一样，都非常严肃、古板。卡塔赫纳的大街上从早到晚几乎没有喧闹的人声，更加不会有热辣的音乐，整个城市看起来死气沉沉。

在加博的眼中，他的那几个朋友与这座城市格格不入。对于卡塔赫纳人来说，包括加博在内的这几个人都是无聊的怪人、文人，他们整天无所事事、疯疯癫癫，甚至把文学当作生命的全部，对文学之外的生活不管不问。

这群文人经常工作到凌晨一两点。等到忙完工作，他们就会走出办公室，四处寻找酒馆。在那里，他们相对而坐，一边喝酒，一边谈论文学。因受到他们的感染，有时候酒馆守夜的大叔也会给他们说一些当地的传说或自编一个离奇的故事。他们偶尔会喝到天明，然后跑到码头去看货轮。海风拂面，轻浪拍案，加博与友人们一边欣赏美景，一边即兴吟唱诗歌，内心欢喜快活。

除了这些同事外，加博还结交了其他不少文学好友，这些朋友和他一样,都嗜书如命。他们共同组成了一个文学探讨小组,名为卡塔赫纳小组。小组成员们经常进行阅读活动,他们相互换书读,还一起相互讨论书中的内容。在这些活动中,加博增加了阅读范围,开阔了眼界和思想,这对他后来的文学创作有着极大的帮助。他们阅读的书籍很广,既包括古希腊、古罗马的经典作品,也包括西班牙"黄金时代"的作品。此外,还有众多的诗歌作品,其中"石头与天空"诗派的诗歌尤为受追捧。

在这些朋友的帮助下,马尔克斯的文学知识和鉴赏力都得到了大幅度的提升。

弃稿与新作——走出文学道路上的"死胡同"

在打下坚实基础后,加博开始思考今后在文学道路上如何走得更远。他逐渐意识到自己过去的文学创作范围太狭隘,如果再用之前的那种与现实脱节的文学主题继续创作,他一定会走进"死胡同"。

鉴于这种认识,加博决定今后一定要从现实中汲取灵感进行创作。于是,阿拉卡塔卡的童年生活、外公讲的战争故事、"香蕉热"大罢工等都成了他创作灵感的来源。

1948年,加博借助这些灵感开始创作他的长篇小说《家》。为此他借鉴了福克纳的写作方法。加博走到哪里都会带上许多新闻纸,他会一边创作,一边与朋友讨论小说中的角色。有时候,他还会把写好的文稿读给朋友们听,让他们提出修改意见。他经常在读自己的作品时突然意识到所写的不妥的地方,此时,他会立刻停下来,自言自语道:"这个角色太弱,还需要重新塑造。"

马尔克斯最终也没能完成他的这部小说。后来，人们找到了《家》的部分手稿，了解到这部小说的一些信息。《家》的主人公是一个名为奥雷里亚诺·布恩迪亚的人，他参加过战争，当过上校。故事发生在一个小镇的大宅院中，是关于布恩迪亚家族的故事。显然，马尔克斯是以他童年在外公外婆家中的经历为原型来创作这部小说的。

在创作这部小说时，加博总想着要把他脑海中的所有故事都和盘托出，这就导致小说的结构变得尤为松散。小说中会出现一些题外话，而且叙事的节奏很平淡，不够吸引人，也不能引发人的深思，最终只能宣告失败。

这部充满孤寂情调的未完本小说《家》正是《百年孤独》的雏形。要创作这样一本深刻的小说，对年仅21岁的加博来说是一个巨大的挑战。尽管他心中积累了足够丰富的故事，素材已经不成问题，但是由于他对文学创作尚缺乏经验，不能以更成熟的方式来述说这些故事。所以，他当时没能完成这部小说自然也在情理之中。事实上，要完成如此重大题材的小说，并不是一朝一夕的事情。在今后的道路中，他还需要积累和学习更多的知识，摸索出一套适合自己的方法。而令他想不到的是，这个过程要花费整整17年的时间。

《家》的创作并不顺利。对年轻的加博来说，这部作品的内容太过庞大和繁杂，他很难去驾驭。《家》就像是一棵巨大的树，它有无数的枝干和根须，加博必须找到方法理清这些枝干和根须，并找到合适的叙事方法，才能将它呈现给世人。后来，他从"这棵大树"上摘下了一些枝叶，创作出了长篇小说《枯枝败叶》。这是他对这种题材文学的第一次成功尝试。

不久，马尔克斯开始动笔写《枯枝败叶》。在此之前，他读了两本意识流小说，分别是《我弥留之际》和《达洛维夫人》。《我弥留之际》的作者

第3章 登界游方——于困境和灾难中探寻现实的"文路"

是美国作家威廉·福克纳,而《达洛维夫人》是英国小说家弗吉尼亚·伍尔芙的作品。这两位作家都是意识流文学的代表人物。正是借鉴了他们的写作风格和手法,加博才写出了极具意识流特点的《枯枝败叶》。

加博的创作条件很差,他既要去学校假装上课,又要拼命在《宇宙报》工作。更重要的是他很贫穷,工作挣到的钱很难维持生计。尽管如此,加博在朋友面前总是面带微笑,他从不会向别人博取同情,更不会向朋友们哭穷和借钱。

加博在生活上非常超脱,他自己的事情自己解决,很少依靠别人。他像许多品德高尚的文人一样,心中只有他的诗歌和小说。他毫不在乎自己的经济状况,尽管在报社的工作挣不到多少钱,但他依然决定坚持下去,因为在那里他能与他最喜爱的文学相遇。

有一次,加博的一个朋友在得知他在报社的收入后,立刻惊呼道:"这该死的报社,他们竟这样剥削你,我看你还是另找一份工作吧。"

听到这话,身体单薄、面容苍白而憔悴的加博只是微微一笑。

任何人在看到那时的加博后,都会产生这样的想法,即他是一个憔悴的病人。果不其然,加博在1949年3月的一天终于病倒了。他得了肺炎,于是不得不回到苏克雷的家中养病。

这次返家对他来说是一个重要的转折。

回到家后,母亲悉心照顾他,父亲看到他憔悴的样子,也开始想方设法寻找治病的偏方。在一家人的努力下,加博的身体慢慢恢复。

加博在卡塔赫纳当了很长时间的记者,因此他在回到苏克雷时已经具备了记者的观察力和好奇心。他开始留心观察这座小镇的一切,包括当地的风土人情、特别的人和特别的事。而这些将来都会成为他创作灵感的来源。

养病期间,加博经常惬意地躺在芒果树下的吊床上看书。每当他打开一本书，就会一心沉浸在书中的世界，怡然自得。不远处，莫哈纳河畔的自然风光美丽无限，但加博却对此视而不见。

随着时间的推移，加博很快读完了苏克雷镇上的藏书。无书可读的时候，他灵机一动，立刻给巴兰基亚的朋友们写信，希望能给他寄来一些书。结果，他的朋友们在收到来信后，每人都为他寄来了一箱书。

在收到书的那一刻，加博顿时欢呼雀跃起来，就像是孩子收到了圣诞礼物一般。收到的书越来越多，不同名家的作品铺满一地，有《针锋相对》《珍妮的画像》《曼哈顿变迁》《人鼠之间》《喧哗与骚动》等。

加博不仅会认真阅读这些书籍，还会仔细分析它们的结构。例如，他会一边读书，一边拆解小说的结构，之后再把这些结构对号入座重新组成完整的小说，就像是拆解钟表零件和组装钟表零件一样。从这种分析式阅读中，加博获得了无穷的乐趣，这是一般读者无法理解的。

借助在苏克雷养病，加博可以躲开他不喜欢的法学课程，也可以不用再熬夜工作。他每天都能与书籍为伴，还能安心地进行《枯枝败叶》的创作。因此，这一阶段的加博感到人生幸福无比。

哲人的底蕴和大师的资格

一个半月后，在返回卡塔赫纳时，加博已经完成了《枯枝败叶》的第一稿。朋友古斯塔沃·依巴拉·梅拉诺是《枯枝败叶》的第一个读者。古斯塔沃在读完《枯枝败叶》后异常激动，他发现加博这部作品的主题竟然与古希腊名著《安提戈涅》的主题极为相似。一个初出茅庐、经验寥寥的年轻人竟

第3章 登界游方——于困境和灾难中探寻现实的"文路"

然能写出如此重大、沉重的主题着实令人吃惊。不久,加博从朋友那里获悉了这一发现,又惊又喜,同时又非常困惑。

加博向朋友借阅了《安提戈涅》并快速浏览完。《安提戈涅》是古希腊著名的悲剧小说,其作者是极负盛名的悲剧大师索福克勒斯。索福克勒斯这部小说的创作灵感来源于古希腊神话传说。

传说,忒拜王俄狄浦斯"弑父娶母"后感到罪孽深重,于是便戳瞎了自己的双眼,将自己流放在千里之外。不久,他的两个儿子开始争夺王位。结果,厄忒俄克勒斯战胜了波吕涅刻斯,成为忒拜的新王。波吕涅刻斯战败后流亡国外,却在机缘下迎娶了别国的公主。后来他带领阿耳戈斯国的军队卷土重来,兄弟二人再次展开了王位争夺战。最后,两人同归于尽,王位旁落别家。

厄忒俄克勒斯的舅父克瑞翁后来继承了王位,他宣称波吕涅刻斯是叛徒,并下令禁止人们埋葬其尸首,否则便处死违令者。当时,古希腊人认为死后不下葬之人的阴魂是不能进冥界的,同时曝尸荒野会触怒神明,给整个国家带来灾难。事实上,波吕涅刻斯还有一个妹妹,名叫安提戈涅。安提戈涅公主没有遵守舅父克瑞翁的命令,她将哥哥波吕涅刻斯的尸首收了起来,并进行了安葬。结果安提戈涅因触犯法令而被舅父关进了地牢。因不甘受辱,安提戈涅公主最终在地牢中自杀身亡,她的未婚夫、克瑞翁的儿子海蒙也跟着殉情。海蒙死后,他的母亲,即克瑞翁的妻子因无法接受事实,选择了自尽。最后,失去儿子和妻子的克瑞翁成了孤家寡人,只能独自一人在空荡荡的王宫里悲伤叹息。

无独有偶,马尔克斯的《枯枝败叶》也记录了一个极为相似的故事:马孔多是一个盛产香蕉的热带小镇,有一天,镇上死了一名医生。这名医生原是一名外来者,是随着"香蕉热"来镇上淘金的。由于盛产香蕉,马孔多这个原本不起眼的小镇变得富庶而热闹。许多外乡人远离故乡，聚集到这里来寻找赚钱的机会。他们中既有冒险家，也有江湖骗子，还包括酒贩、音乐家、人贩子、杂技演员、妓女等。镇上的人称这些外乡人为"枯枝败叶"。一年过后，马孔多的"香蕉热"逐渐冷却，外乡人纷纷离开。尽管如此，仍然有不少被称为"枯枝败叶"的外来者住在镇上，而死去的医生也包括在内。

这名医生是一个品行低劣的人。他拿着一份介绍信来到小镇后，走进了镇上的一个大户人家，请求住在那里的上校收留他。结果上校在看完介绍信后真的收留了他。在之后的8年时间里，这名医生一直住在上校家中。他整天游手好闲、无所事事，却不会因此而感到羞愧和不安。后来，他拐走了上校家的女佣梅梅。梅梅失踪，人们都认为是医生杀死了她，于是冲进了他住的地方寻找梅梅的尸体，结果却一无所获。

人们多年前便对医生恨之入骨了。镇上曾经有居民因遭到抢劫而受伤，人们将伤者抬到医生门前，请求他医治，但医生却紧闭大门，对伤者不闻不问。在场的人都恨透了这个假医生，他们跃跃欲试想要冲进屋里将其撕成碎片。最后，神父阻止了他们，并劝说他们离开。然而，人们对医生的厌恶和仇恨却一直没有消除。

几十年后，医生不知出于什么原因上吊自杀。得知这个消息后，镇民们都很高兴，认为医生是咎由自取。作为被称为"枯枝败叶"的外乡人，医生在镇上既没有朋友，也没有亲人。镇民们讨厌和仇恨他，他的死换不来人们的一丁点儿同情。大家都认为他是一个无情无义的人，所以都不愿为他下葬，人们等着他的尸体被野兽吃光。

但是，善良的上校是这名医生的收留者，他曾答应医生帮他下葬。最后，上校带着家人顶着镇民们仇恨不满的目光将医生运到公墓下葬了。

虽然这部小说与索福克勒斯的《安提戈涅》有着惊人的相似之处,但那时的马尔克斯并不了解索福克勒斯,他的名气更比不上素有"戏剧艺术的荷马"之称的索福克勒斯。这位小有名气的"哥伦比亚文学的希望"与古希腊声名卓越的"悲剧诗人"完全是处于不同世界、不同时空的两个人。

但就是这样的两个人却在相隔2500多年之后于文学的世界相遇了。他们的故事都围绕一个共同的悲情主题展开,索福克勒斯的故事中安提戈涅公主冒着生命危险安葬了被视为叛徒的哥哥的尸体,而在马尔克斯的故事中德高望重的上校同样甘愿冒着危险为医生下葬。朋友古斯塔沃·依巴拉·梅拉诺认为,加博已经具备了成为大师的资格,他对加博说:"你们故事的相似足以证明,你已经具备了伟大哲人的底蕴和成为文学大师的资格。"

此后,马尔克斯从朋友那里获得了一些读书笔记,他认真研究了这些珍贵的资料,并在朋友的指导下,全面阅读和分析了索福克勒斯的作品。而学习和积累也让马尔克斯的写作能力突飞猛进。1955年,马尔克斯的《枯枝败叶》正式出版。这部书的首页题词引用了《安提戈涅》中的一句话。马尔克斯想通过这样的方式来向索福克勒斯致敬。

生死与共的朋友——阿尔瓦罗·穆蒂斯

1949年10月的一天,马尔克斯在卡塔赫纳结识了一位朋友,他的名字叫阿尔瓦罗·穆蒂斯。阿尔瓦罗是一位诗人,也是一位小说家,他与马尔克斯一见如故。事实上,在多年之前,他们确实见过面。只不过那时他们还相互不认识对方。所以,这并不是他们的第一次见面。

很多年后，马尔克斯在与阿尔瓦罗聊天时，偶然听到这位朋友谈起费利克斯·门德尔松的事情，这同时也勾起了他的一段回忆。

加博在波哥大读书时，经常去国家图书馆打发时间。图书馆有一个小音乐厅可供人休憩。那时候的加博是一个穷学生，他和一帮穷孩子没有钱在咖啡馆消遣时光，就常常躲在音乐厅里看书。很多个下午，马尔克斯和朋友们都会如约来到音乐厅。而每次他都能见到一个令他讨厌的人出现。当下午4点的钟声响起，门外就会走进来那个讨厌的人。他一进门就走向音乐台，要求小提琴手为他演奏一曲费利克斯·门德尔松的协奏曲。

那个讨厌的人长着高鼻梁和土耳其人一样的眉毛，他身材高大，声如洪钟，像极了美国探险家布法罗·比尔。可笑的是，在这样的长相和身材下，他竟长着一双极不相称的小脚。

马尔克斯有一次去墨西哥城，在阿尔瓦罗的家中再一次听到了费利克斯·门德尔松的大名，他听到朋友那洪亮如钟的声音，看到那双熟悉的可怜小脚，立刻认出了他。这个时候，加博一脸沮丧地对阿尔瓦罗说："真是见鬼，原来波哥大图书馆里那个总爱点门德尔松小提琴协奏曲的人就是你啊！"

阿尔瓦罗·穆蒂斯是马尔克斯的终生好友。他和马尔克斯一样痴迷文学、热爱美食和音乐。阿尔瓦罗是个重情义的人，他喜欢到处游历，还喜欢随处结交朋友。他天性洒脱、爱自由，绝不拘泥于世俗的条条框框。他在年轻时从事过许多职业，尽管这些职业大多与文学没有半点关系，但热爱文学的他却总能干得非常开心快乐。

阿尔瓦罗在18岁时应聘当上了国家广播电台的播音员。他常常会在播报时口无遮拦。有一次，他在播报时无意间透露了一位女同事的隐私，结果那位女同事的丈夫醋意大发，拿着一把武器躲在角落里等他。还有一次，他

第3章 登界游方——于困境和灾难中探寻现实的"文路"

在总统府参加活动,在轮到他演讲时,他竟把两位相同名字的大人物弄错了身份,令当事者脸色铁青,尴尬无比。后来,他在参加慈善活动时弄错了碟片,把一部不雅影片当成了孤儿纪录片放了出来,引得上流社会的太太绅士们惊叫连连。

除此之外,他还做过入殓师。那对他来说是一项十分愉快的工作。在巴兰基亚时,有一次,他要在一家饭店里为一位富翁收尸。他准备了一个像棺材一样的华丽匣子,然后将富翁的尸体装了进去,再将匣子放在推车上推进了电梯。一位服务员看到他搬运的东西后,便在电梯里问他:"匣子里装的是谁?"他故作忧伤地回答道:"是亲爱的主教大人。"

阿尔瓦罗频繁变换职业,每一个职业他似乎都无法做久。另外,他还喜欢到处游历,出国旅行对他来说无异于家常便饭。

有一次,阿尔瓦罗和几个好朋友一起去巴黎旅行。几位女性朋友要到商场里购物,阿尔瓦罗便坐在一家商场外的台阶上开始了他的表演。他故意歪着头,斜着嘴,翻着白眼,哆嗦着双手向路人乞讨。

一位从商场里走出的法国绅士看了看他,忍不住出口讥讽道:"穿着这样昂贵的衣服行乞,太不知羞耻了!"但是,阿尔瓦罗竟装聋作哑,继续着他的表演。那位绅士感到尴尬无比,只好掏出1法郎丢给了他。短短十几分钟,他就用这种表演赚到了40法郎。

在罗马旅行时,阿尔瓦罗虽不会讲意大利话,却能用他自创的意大利话与当地文学家和电影界精英相互交流。他一边比画,一边讲述自己的种种惊险遭遇,就连导演费德里科·费里尼、著名女星莫尼卡·维蒂、小说家阿尔贝托·莫拉维亚都被他富有感染力的表达深深吸引,一连几个小时也不愿离去。

后来,阿尔瓦罗又去了巴塞罗那。在人来人往的大街上,他模仿起智利著名诗人巴勃罗·聂鲁达。他学着诗人的声调和表情朗诵着诗人的诗歌。由于他的表演惟妙惟肖，有人真的把他当成聂鲁达，甚至还激动地向他索要签名。

阿尔瓦罗身材高大，气质优雅，性格豪放，相反，马尔克斯的身材瘦小，样子邋遢，性格腼腆。但是，就是这样两个截然相反的人却能建立起深厚的友情，在几十年中相互欣赏、相互尊重，这真是一个奇迹。

作为最好的朋友，阿尔瓦罗给马尔克斯带来了不少好处。其中最大的好处在于他将胡安·鲁尔福的《佩德罗·帕拉莫》借给了马尔克斯，让他从中学到了新的写作方法，同时还让他学会了要在创作时准备好另外的故事来应付别人的询问。因为这样一来就能让他在保持写作新鲜感的同时，保持创作热情。

后来，马尔克斯将这种做法用在了阿尔瓦罗身上，结果阿尔瓦罗自食其果，成了给别人带来好处的最大受害者。

马尔克斯在创作《百年孤独》时，有一年半的时间与阿尔瓦罗保持着密切的联系。每到夜晚，马尔克斯都会找阿尔瓦罗谈心，他向朋友分享创作心得，并讲述已写完的章节内容。一个怀着极大的热情讲，另一个怀着极大的兴趣听。每当阿尔瓦罗愉快地听完马尔克斯所写的故事，都会热心地给出自己的建议。此外，他还会给其他人讲马尔克斯故事中的精彩内容。

马尔克斯在完成《百年孤独》的初稿后，第一时间将稿子送到阿尔瓦罗家中，供这位好友阅读。阿尔瓦罗非常激动地接过稿件，只花了一天便看完了。结果，马尔克斯第二天接到阿尔瓦罗打来的电话，只听他气呼呼地在电话里说："马尔克斯，你把我害惨了！稿件的内容跟你和我讲的那些东西根本毫不相干，我还有什么脸面去面对那些朋友？"

在马尔克斯经历危险，认为自己即将死去的那一刻，陪伴他的人依然是他的好朋友阿尔瓦罗。有一次,马尔克斯与梅赛德斯、阿尔瓦罗及其妻子一起在普罗旺斯旅行。这次旅行中,马尔克斯开车载着朋友三人行驶在马路上。就在他们谈笑风生的时候,一辆汽车突然迎面向他们冲来。紧急时刻,马尔克斯立刻向左猛打方向盘,却无法考虑车子会栽在哪里。那一瞬间,马尔克斯感到车子腾空而起,方向盘像是脱离了他的控制。

当时,马尔克斯的妻子梅赛德斯和阿尔瓦罗的妻子坐在汽车的后排,而阿尔瓦罗坐在副驾驶座上。车子失控时,两位坐在后排的女士立刻吓得呆若木鸡。就在马尔克斯认为自己必死无疑的时候,他看到坐在自己旁边的阿尔瓦罗正一脸同情地望着他,那个男人好像在说:"笨蛋,你究竟在做什么?"好在汽车栽在路边的排水沟里,四人才躲过一劫。

马尔克斯与阿尔瓦罗曾定下这样的口头协议,即绝不会在公共场合谈论对方。但是,马尔克斯在阿尔瓦罗70岁生日那天却打破了他们的约定。他在阿尔瓦罗的生日聚会上,一改以往的严肃,用幽默风趣的语言做了一番别开生面的演讲。马尔克斯在演讲中感谢了阿尔瓦罗对自己的帮助,并对其为人和成就给予了高度评价,最后他说:"今天,我们抛开所有的矫揉造作和虚伪的廉耻,只想向他表达我们对他的喜爱和敬佩。"

藏龙卧虎的"巴兰基亚小组"

1948年9月,马尔克斯又新结识了一群志同道合的朋友,他称这些人为"山洞里的舔斗鸡主义者"。与这群人的相识令马尔克斯既兴奋又高兴,而事实上这也是他的一个新机遇。

9月16日,马尔克斯和朋友一起去巴兰基亚市出差。两人在这座城市完成工作后,决定逗留一段时间去拜访一群仰慕已久的人,之后再返回卡塔赫纳的《宇宙报》交差。

一天,他们来到《先锋报》的办公室,那里的一群年轻有为的编辑正是他们要拜访的人。两人见到了赫尔曼·巴尔加斯、阿尔丰索·富恩马约尔、阿尔瓦罗·塞佩达·萨穆蒂奥等人,这些人痴迷文学的人很快便成为朋友。这群"山洞里的舔斗鸡主义者"热情地接待了马尔克斯和他的朋友。一见面,他们便投入到文学话题的讨论之中,场面非常热烈,而且一谈论起来就没完没了。

他们从下午一直聊到深夜。通过交谈,阿尔丰索对加博充满了好感,加博也对这位优秀的编辑印象深刻,两人相见恨晚,彼此视为知己。

聚会结束后,阿尔丰索·富恩马约尔一直对加博念念不忘。第二天一早,他一回到报社便极力向主编推荐加博,并声称这样的人才不可多得,正是《先锋报》急迫需要的。但是,主编却向他表明了一个事实,即《先锋报》的经营状况不允许编辑部再多聘任任何一个职员。

残酷的现实摆在面前,阿尔丰索见推荐无望,便在情急之下对主编说:"既然如此,那么我愿意将自己的薪水分他一半,这样总可以让马尔克斯和我们一起工作了吧?"

听到这样的话,社长和主编目瞪口呆,他们怎么也想不明白,马尔克斯究竟有什么魔力,竟能让阿尔丰索做到如此地步。

见到他们这副模样,阿尔丰索说:"好吧,我承认我是个傻瓜,但请你们答应我吧。"

不过,马尔克斯当时并没有留在《先锋报》。一年多之后,也就是1949年的12月左右,他从卡塔赫纳来到巴兰基亚,开始在《先锋报》做记者。

第3章 登界游方——于困境和灾难中探寻现实的"文路"

巴兰基亚市距离卡塔赫纳只有80英里（1英里≈1.6千米），它是一座靠近海港的新兴工业城市。它的历史很短，在加勒比地区毫不起眼，既没有卡塔赫纳的美丽，也没有波哥大的古雅。但是，这座城市靠近海港，拥有包容和开放的胸怀。20世纪以来，这座城市接纳了来自世界各地的不同种族、不同肤色、不同信仰的人们，包括法国人、德国人、犹太人、中国人、意大利人、阿拉伯人等。巴兰基亚的开放和包容使它成为哥伦比亚境内的"世界村"。它的繁华就像是"香蕉热"时的阿拉卡塔卡，同样的高温天气，同样的热闹街市以及同样的年度狂欢节。

加博在卡塔赫纳的生活过得并不顺心，随着一些人的离开，他与朋友建立的"卡塔赫纳小组"也解散了。在《先锋报》编辑们的邀请下，他来到了巴兰基亚，开始了新的文学生涯。他将《先锋报》编辑们称为"山洞里的舔斗鸡主义者"，同时建立了"巴兰基亚小组"。加博与"巴兰基亚小组"每一位成员都是好朋友，而且是"终生好友"。

加博的好朋友之一是阿尔瓦罗·塞佩达·萨穆蒂奥。第一次与这位放荡不羁的朋友见面时，他便给加博留下了深刻的印象。他头发蓬乱，穿着一双土里土气的凉鞋，像是一个流浪汉。他说话声音很大，笑声能惊动整个楼层。而另一方面，他的性格极好，很少对人发脾气，愿意为朋友两肋插刀，实则是一个重情重义的老好人。

初次见面后，他把加博带到家中，声称要将满屋的书全部借给他。他喜欢文艺复兴时的经典作品，也喜欢20世纪英美两国的作品。他在阅读上给予加博很大帮助，正是受他的影响，加博才接触到乔伊斯、海明威、考德维尔、多斯·帕索斯等人的文学作品。另外，他对电影的痴迷和独到评论也深深感染了加博。

后来，阿尔瓦罗·塞佩达·萨穆蒂奥因患淋巴癌不幸于1972年10月12

日早逝。加博的这位朋友在生前有两大成就，一是创作了长篇小说《深宅大院》，二是拍摄了电影《蓝色龙虾》。后来，马尔克斯也将他写进了自己的小说《百年孤独》中。马尔克斯在《百年孤独》的最后这样描述道："阿尔瓦罗是第一个听从忠告的人。他变卖一切家产，买了一张车票，登上一列火车，永远离开了马孔多。"

赫尔曼·巴尔加斯是"巴兰基亚小组"的重要成员，也是其他小组成员的对外联络员，喜欢热心地帮助他们宣传作品。他又高又瘦，长着一双奇怪的绿眼睛。他热爱读书，是许多著名作家的狂热书迷。每当他翻开书时可以坚持五六个小时一动不动，目光牢牢锁定在书本上，任凭天崩地裂也不会转移注意力。赫尔曼·巴尔加斯创造过不少阅读的奇迹，比如他读完普鲁斯特全集只用了一个星期的时间，而且绝不是一目十行地浏览，而是逐字逐句地品读。他读起书来一丝不苟，总能对作品给予客观公正的评价。因此，马尔克斯常将自己的手稿送给他阅读。

马尔克斯是"巴兰基亚小组"中最年轻的成员，他天真无邪，经验极少，却又有着极高的文学天赋。其他成员都很喜欢他，并像他的家人那样称他为"小加博"。赫尔曼·巴尔加斯曾评价说："加博和阿尔丰索的性格很像，文静且容易害羞。当然，这并不是什么难以理解的事，因为他行为规矩，做事一丝不苟，是最具小镇性格的一个。"

作为小组的学术指导员，阿尔丰索·富恩马约尔的年龄最大，性格最稳重，也是最安静、最持重的一个。其他三个成员都尊称他为"老大哥"。他喜欢戴着粗框眼镜，穿着白色衬衫，系着黑色领带。他表面严肃，骨子里却是个非常幽默的人。与其他人不同，他的幽默中透着机智和高雅，锋利得像一把小丑背着的长剑。他博学多才，通晓多门语言，包括英语、法语和西班牙语；他热爱古典文学，尤为喜欢向字典求证一切。

后来，马尔克斯将自己和这三个小组成员都写进了《百年孤独》中。他们正是小说主人公奥雷里亚诺的四个终生好友。奥雷里亚诺曾与他们一起在书店里讨论某一戏剧的多种可能，还和他们一起去风月场所鬼混。赫尔曼幻想过火烧妓院，阿尔丰索曾把死鹦鹉丢进炖鸡的锅里，阿尔瓦罗是第一个离开马孔多的人，而马尔克斯是和奥雷里亚诺走得最近的人，他们共同见证了香蕉工人罢工和大屠杀。

实际上，"巴兰基亚小组"还有第五个重要成员，他的名字叫作阿莱汉德罗·奥夫雷贡。阿莱汉德罗热爱绘画，是一个技艺高超的画家。他的性格豪放不羁，敢作敢当，是一个给加博带来深刻印象的人。

有一天晚上，阿莱汉德罗拿着步枪向一个人疯狂地射了五发子弹，然后哈哈大笑起来。但实际上，他是在练习射击，而那个人是他照着镜子里的自己画出来的肖像。阿莱汉德罗最突出的特点是，他有一双像熊掌一样粗大的手。加博对朋友的这双手印象尤为深刻，因为他曾亲眼看到阿莱汉德罗用这双大手打倒了五六个瑞典海员。加博的这位朋友在巴兰基亚闻名已久，被当地人称为"疯子"。因为他干过许多传奇的事情，比如他曾在酒吧吞下别人驯养的蟋蟀；骑着租来的大象撞烂了黑酒吧的大门；一枪打在撕咬孩子的恶犬腿上，让它以后不能再为非作歹。

"巴兰基亚小组"还有一个被称为"加泰罗尼亚智者"的灵魂成员，他就是堂拉蒙·宾耶斯，他32岁时在巴兰基亚开了一家书店。他热爱诗歌和喜剧，还创办了一个名为《呼唤》的文学杂志。"巴兰基亚小组"的成员们经常在他的书店里聚会，每一个成员都可以在书店里免费看书，而且堂拉蒙还会给予这些年轻人阅读上的指导。堂拉蒙·宾耶斯在他的《呼唤》杂志上刊登了许多欧洲优秀作家的作品，这极大地开阔了巴兰基亚青年的眼界，让他们明白，即使在穷乡僻壤也能阅读到具有现代思想的优秀作品。

堂拉蒙一直在巴塞罗那与巴兰基亚之间徘徊，这两座城市对他来说都非常重要，他每到一座城市就会思念另一座城市，像是夹在对立的双镜之前不知所措，因此，他的心境也不再超脱。他感到大限将至时，决定落叶归根，但两年后他又回到了巴兰基亚。在他怀着强烈的思念回到这座朝思暮想的城市后，没过几天，他便去世了。最终，他的骨灰撒在了巴兰基亚的墓地里。

十几年以后，加博将"加泰罗尼亚智者"写进了《百年孤独》里，书中的那位智者与现实中的"智者"一样，他徘徊于他热爱的两片土地之间，直到生命的尽头，他才看清自己的真正所爱。马尔克斯在《百年孤独》中借"加泰罗尼亚智者"讲了一句凝练而深刻的话："过往已成云烟，美好的春光一旦逝去便不能再挽回，坚贞的爱情一旦错过终究会成为虚幻，我们无法再走回头路，所以珍惜当下才是最要紧的。"

"巴兰基亚小组"的成员们虽然有着不同的信仰和政治立场，但他们都非常看重友情，在他们看来，友情是第一位的，其他的事情都可以放在后面。他们经常举办聚会，而且总是在聚会时谈论最近阅读的书籍。马尔克斯有许多未曾读过的书籍都是从朋友那里听来的。更重要的是，聚会后的第二天，朋友们就会主动把这些书籍借给他看。

"巴兰基亚小组"的聚会办得有声有色，这些聚会使马尔克斯开阔了眼界，帮助他掌握了更多的文学技巧，积累了更多的文学经验。对他来说，没有"巴兰基亚小组"，便不可能有后来的作家马尔克斯。

第4章
返本归元
——不忘初心才能砥砺前行

　　恶劣的环境毁不掉一颗砥砺前行的初心。马尔克斯可以在鱼龙混杂、喧闹不堪的环境中继续自己的创作，这足见他对文学的初心。困难是可以克服的，只要你拥有足够克服它们的热情。马尔克斯对文学的热情不改，对创作的梦想不变，他一直坚持着自己的初心，哪怕生活窘迫、环境恶劣，都不曾改变丝毫。

　　面对父母的不理解，他没有过多地反驳和解释，而是用实际行动证明他所选道路的正确；面对接二连三的打击，他越挫越勇，从来没有忘记自己的梦想；面对困难和危险，他没有退缩，而是用文字涤荡自己的灵魂。他回过故乡，也追溯过祖迹，在千山万水的艰苦跋涉中依旧不忘初心。

　　终于，他突破了重重困难，打破了种种质疑，最终向人们证明了自己。他有能力，有梦想，有天赋，有努力……具备了一切成功的"基因"，最终他用文字打动了他的读者，声名鹊起。

恶劣环境下的最佳创作之所

1950年1月5日,加博正式开始在《先锋报》工作。朋友阿尔丰索·富恩马约尔兑现了他与社长的承诺,拿出自己一半的薪水作为加博的工作报酬。

加博所在的编辑室主要负责《先锋报》上一个名叫"长颈鹿"的专栏的创作。于是,编辑室也被称为"长颈鹿"编辑室。"长颈鹿"编辑室位于一条混乱不堪的大街上,室内只有吊扇,每到夏天尤为炎热难耐。

当时,新闻审查制度非常严格,《先锋报》的很多新闻选题都不能通过。这令加博在工作时更加小心翼翼,就像是一只脆弱的长颈鹿走在冰面上一样,稍有不慎,就可能筋断骨折。

尽管工作辛苦而又烦琐,加博却毫无怨言,工作勤勉,他为报社写下了400多篇优秀报道,得到了主编和同事们的认可。

加博也犯过错误。因为这个错误,他差点失去自己的工作。自进入《先锋报》以后,加博养成了一个习惯:他喜欢在办公室里给同事们讲故事。有时他会临时出去买包香烟,一边抽烟,一边站在路口继续向身边的同事讲之前未讲完的故事。由于很多同事都想把故事听完,因此大家见到加博出门,就会跟着他出去。

社长在巡视时见到这番情景大发雷霆,想要辞退加博。后来,由于阿尔丰索·富恩马约尔帮加博求情,他才免受被炒鱿鱼的处罚。

在《先锋报》工作时,加博沿用了他在《宇宙报》的笔名"塞普蒂莫斯"。这个笔名源自弗吉尼亚·伍尔芙的小说《达洛维夫人》,是小说中一个精神病患者的名字。

第4章　返本归元——不忘初心才能砥砺前行

和在卡塔赫纳时一样，加博的日子仍然过得穷困潦倒，一如既往地消瘦和苍白，蓬头乱发、胡子拉碴，穿着既土气又不合身的衣服。邻里们纷纷称他为"疯子"。

相比于在《宇宙报》的薪酬，加博在《先锋报》的稿酬有所提升。他每写一篇新闻稿可以获得3比索，但是这样的报酬只能使他不挨饿。他住在最廉价的旅馆中，要不是朋友们帮助他，他甚至租不到那样廉价的房子。

旅馆坐落在雷亚尔大街上，大街的对面就是他工作的地方。雷亚尔大街在当地臭名昭著，那里治安混乱，环境很差，所以当地人称之为"犯罪街"。

加博居住的旅馆是一栋没有修建电梯的四层建筑，周围的人都笑称它为"摩天大楼"。从一楼到四楼分别是公证处、妓院、租户和妓院老板的住处。房顶上还有公共浴室供整栋楼的人轮流洗澡。加博租住在一个九平方米的房间里，平时就睡在一张木板床上。由于房间太小，除了木板床，几乎放不下其他家具了。住在笼子一样的房间里，透过窗户向外望去，可以看到来来往往的人群。这里每天熙熙攘攘，似乎永远也停止不了喧闹。

每天下班，加博回到他的充满嘈杂的"小窝"，他都会先向黑人门房打招呼，然后交给他一个半比索，从他那里拿到钥匙，之后才能开门回到房间。后来，拮据的加博连房租也付不起了。不过，他很快就想到了应对方法。他把自己《枯枝败叶》的手稿抵押给黑人门房，并对他说："这些稿子是我最重要的东西，我想把它抵押给您代替一个半比索的房钱，明天我一有钱就立刻付给您。"

黑人门房答应了加博的请求。后来，加博只要有钱就会按时向黑人门房交房钱，而一旦没有钱就会向他交自己的手稿。所以他每天仍能进出自己的房间。就这样，加博暂时在这里过上了还算安定的生活。

渐渐地，加博与"摩天大楼"里的各类人交上了朋友。妓女们知道他有学问，就让他帮着写信。作为回报，她们会把肥皂、熨斗等日用品借给加博使，有时还会邀请他一起吃早餐。一个与加博关系较好的女人还会经常给他熨烫衬衫和裤子。加博有时会给女孩子们唱瓦耶那多小调，而她们一听到歌声就会翩翩起舞。

虽然居住环境很差，但这对加博来说倒不算坏事，因为他看到了世态炎凉、人间冷暖，更有利于他从多个角度进行文学创作。后来，加博的文学导师福克纳告诉他："其实，最佳的创作地点是风月场所，那里有酒，有派对，鱼龙混杂，可以听到许多有趣的故事。"在"摩天大楼"居住的经历令加博印象深刻，后来他将这座大楼写进了《家长的没落》里。

1950年，加博在"摩天大楼"写下了许多文章。可以说，这一年是他在文学上最多产的一年，也是他生活最紧张的一年。他从早到晚忙于《先锋报》的工作，既要写专栏文章，又要写社论，还要把精力和时间分给自己的《枯枝败叶》。他每天的第一任务就是为"长颈鹿"专栏写一篇文章，如果工作时间允许，他还要为报社写一篇社论。在做完报社的工作，整个报社空无一人的时候，他就会用办公室里的旧打字机开始写他的《枯枝败叶》。

办公室里很闷热，电扇在头顶咯吱咯吱地旋转着，不时地传出敲打键盘的噼里啪啦声。本该空寂的房子因为这些声音的存在而变得喧闹起来。透过窗子向外看，街对面的酒铺里热气氤氲，不时地还会传来音乐声和喧闹声。

深夜，加博坐在打字机前，他有时文思泉涌，可以迅速写下令自己满意的文章。而当文思枯竭时，他又会感到异常痛苦，斟酌字句良久也不会敲下一个字。他常常写稿到很晚，等到接近黎明时才拿着自己的稿件离开报社。他常在灰色的天空下，腋下夹着自己的稿件，走在大街上。大多数时候，街

第4章 返本归元——不忘初心才能砥砺前行

上空空荡荡,一个行人也没有,偶尔能见到一个醉汉或流浪汉躺在街边的长椅上。为了生计,加博有时还会在深夜兼职副驾驶的工作赚些外快。当所有工作都结束,他才会走进"摩天大楼"休息。如果他在上床睡觉前仍有精力,就选择再看一会儿从朋友那里借来的书。

就是在这种不规律的作息中,加博完成了《枯枝败叶》的第三稿。

1977年,马尔克斯在接受采访时说:"《枯枝败叶》是我赋予最多感情的一部作品,当然,我也非常同情那时的我。那个23岁的男孩当时一心只想把这部作品写好,并把它视为自己唯一出人头地的机会。于是,他绞尽脑汁地要把他想到的所有精彩故事和一切他所记得的东西都写进去。"

回到最初的地方——与母亲的归乡之旅

1950年2月19日,母亲路易莎到巴兰基亚寻找加博。路易莎并不知道儿子住在什么地方,四处打听,找到他的朋友询问。有人告诉她,加博可能在世界书店或是咖啡馆。于是,她按照这个线索去找儿子。

从早上一直走到中午,路易莎终于在一家书店找到了多年不见的儿子。她穿过一排排书架,在一个安静的角落见到了儿子。母亲走上前,不等加博反应,便说:"可算找到你了!"

加博已经4年没有见到母亲,当他在图书馆见到她时,竟然一时没能认出来。母亲的头发已经发白,戴着眼镜,大大的眼睛失去了往时的神韵。自3年前外婆去世后,母亲便一直穿着一件丧服。尽管母亲现在的一切与几年前相差甚远,但总体来看,她的容貌依然美丽。

"我想回去卖房子，需要你陪着。"母亲对加博说。

加博明白母亲所指的房子并不是苏克雷的房子，而是阿拉卡塔卡镇的老宅，那个充满他童年记忆的地方。

出发之前，加博从朋友那里凑了32比索的路费，这些钱勉强够母子两人打个来回。一切准备妥当后，他们冒着大雨出发了。

两人先是乘坐小客轮，这种由柴油发动机提供动力的船颠簸得极为厉害，只有穷乡僻壤的乡下人才会乘坐。船上没有床位，母子二人索性坐在两把冰凉的铁椅子上打盹过了一夜。

雨水拍打着船篷，发出叮叮当当的声音。河水翻腾不止，浪花冲刷着船舷。加博坐着点燃了一支廉价的香烟，一边抽烟，一边观看着临走时带的书。那是美国意识流作家的作品，名叫《八月之光》。

母亲路易莎坐在一旁，手里紧抓着她的十字架。拿着十字架，念着赞美诗为孩子们祈求顺利和平安，已经成为她的习惯。雨水难挡酷热，白天藏在船舱的蚊虫开始飞出来肆虐，河底的泥水被搅动上来发出难闻的腥臭味。

尽管旅行苦不堪言，但母亲毫不在意，一直闭眼祷告。加博见母亲不动声色的样子，难以理解生在富贵大宅中的她为什么能对这一切无动于衷。船上灯光昏暗，没人注意到加博不住颤抖的身体。儿子一直等待着母亲开口。加博的辍学令他的父亲非常愤怒，父亲还曾扬言除非他能拿回毕业证书，否则不会原谅他。加博知道多年不见的母亲一定会跟他谈这件事。

夜已过半，母亲终于开口说："你父亲很难过。"

加博问道："为什么？"

"因为你的辍学。"母亲回答。

"不，我没有。我只是换了一种方式。"加博辩驳说。

"反正都一样，至少你父亲是这样说的。"她接着说。

加博不赞同地说:"他年轻时也曾辍学去拉小提琴。"

母亲反驳道:"不,这不一样,那只是他的业余爱好,他只会在节日里才拉小提琴。他之所以辍学是因为他穷得难以养活自己。但是,很快他就学会了发电报,而且当上了体面的电报员。"

加博无法正面反驳,便委婉地说:"我之所以在报社当编辑也是迫于生计。"

"但是,显而易见,你现在的境况并不好,我在书店差点没认出你来。"路易莎很担心加博。

"其实,我也差点没认出您来。"加博红着眼睛。

她继续说:"但原因不同,我以为你成了流浪汉。而且你没穿袜子。"

加博低头看了一眼自己的破凉鞋,说:"这样反而舒服得很!我有两件衣服,能够轮流换洗。除此之外,还有一个小窝可以让我免受风吹日晒,最重要的是我能写稿,做我自己喜欢的事情。我不需要太多。"

"你还需要一点尊严。"说罢,她感到自己的话明显不妥,便立刻放缓了语气,"这样说是因为我太爱你了。"

"我理解,但如果您是我,难道不会像我这样做吗?"加博说。

"如果这件事会令我的父母不高兴,我一定不会做。"母亲说。

加博想到母亲为了和父亲结婚反抗父母意志的事情,笑着说:"您看着我说。"

路易莎清楚儿子在想什么,她严肃地停了一会儿。

"尽管我迫使父母同意了我和你父亲的婚事,但无论如何我们最终得到了他们的祝福,如果没有这样的祝福,我们便不会结婚。"她坚定地说。

母子的谈话就此中断。不一会儿,他们乘坐的船不幸搁浅了。于是,船长动员所有乘客一起下船用纤绳拖船。三个小时后,船只重新起航,人们疲急地打起了盹。不知过了多久，一阵凉风吹醒了母亲，她刚醒就对正在看书的加博说："无论如何你父亲都需要一个答案。"

母子二人又开始争论，但仍没有结果。

第二天用餐时，母亲向儿子发起了新攻势，她问道："那你总得告诉我，我如何向你的父亲交代这件事情。"

"哪件事情？"加博问。

"当然是他最关心的事情——你的学业。"

此时，一个好奇的用餐者走了过来，两人的谈话再次中断。

结束航行后，母子二人又乘上了火车。在火车中途停站时，母亲再次向加博询问道："请你告诉我，我该怎么对你父亲说？"

加博冷静地回答："你告诉他，我这辈子只想当作家，而且我一定能成为一名出色的作家。"

"没有人会阻止你的梦想，但前提是你必须先毕业。"母亲说。

"你应该清楚，我是不会妥协的。"加博说。

"我清楚？为什么你这样确定？"母亲好奇地问。

加博自信地回答："因为您和我一样。"

经过长途跋涉，母子二人最终回到了久违的阿拉卡塔卡镇。阿拉卡塔卡镇一如既往的炎热，但街道冷冷清清，毫无生气。加博记忆中高贵气派的大宅只剩下残垣断壁。在离开阿拉卡塔卡的14年中，加博失去了他的外公外婆，同时也失去了曾经被他视为"天堂"的大宅。

破败的故乡触动了加博的心弦，他记忆中的那些东西逐一消失，只留下一院子的枯枝败叶。

马尔克斯的第一部长篇小说《枯枝败叶》就是他从这次归乡中受到启迪后才最终创作完成的。尽管早在1948年他就开始着手创作这部小说，但由于

第4章　返本归元——不忘初心才能砥砺前行

多种原因，总是处于重写和修改的状态。从开始创作这部小说起，马尔克斯便立志要成为世界上最优秀的作家，没有人能阻止他的梦想。

越挫越勇——"吃纸为生"的追梦人

1951年2月，马尔克斯全家从苏克雷搬到卡塔赫纳。

20世纪40年代末，苏克雷的暴力现象泛滥。1951年1月22日，加博得到消息，他的朋友卡耶塔诺·亨帝莱·奇门托被人杀害。随着匿名帖的出现，暴力事件愈演愈烈。一些人用匿名帖的方式相互诽谤。当有人早晨打开大门，发现门上贴着匿名纸条的时候，往往就会因猜忌而产生争端或流血事件。尽管这种暴力事件并非每天都发生，但这些包藏祸心的匿名帖严重败坏了小镇的风气，使得人人自危，加博的朋友卡耶塔诺正是因此成为别人复仇的对象而被人杀害的。在这样的背景下，为了家人的安全，加博的父母决定举家搬离苏克雷。

从1939年11月到1951年2月，加博一家在苏克雷已经住了近12年。在这12年里，这个经济窘迫的家庭又新添了4个孩子。父亲埃利希奥经过多年的打拼，在苏克雷建造了一处宽敞明亮的住宅。苏克雷也给加博留下了不少珍贵的回忆，他在那里告别了童年，阅读了许多书籍，写完了《枯枝败叶》的一部分书稿……

在父母的要求下，马尔克斯不得不回到卡塔赫纳。这个时候，加博充分发挥长子的作用，他通过朋友找到了合适的住处，并帮助家人适应新的环境。加上加博，这个家庭中共有11个孩子，父亲埃利希奥实在无法承担所有人的开销，希望年长的孩子早点工作分担压力。埃利希奥通过朋友的帮助，替儿子路易斯·恩里克和古斯塔沃分别在农业部和市政府找到了临时工作，又为女儿玛格丽塔在省财政厅谋得了一份职业。

当一切安排妥当后，父亲要求加博重回卡塔赫纳大学读四年级。尽管加博极不情愿，但为了不让父母伤心，最后他还是向学校提交了申请。但是，结果却不尽如人意，学校拒绝了加博的申请，理由是他在三年级挂了三门功课，必须重读三年级。加博不愿多读一年，所以最终还是放弃了。

加博告诉父亲他准备放弃读书，专心写作。听到儿子的这番说辞后，埃利希奥愤怒地冲他吼道："你最后会只剩纸可吃。"令埃利希奥没想到的是这句话竟然真的应验了，因为马尔克斯后来正是靠纸为生。落魄时，马尔克斯会想起这句话，这个时候他会更加坚定自己的目标；风光时，马尔克斯也会想起这句话，这个时候他便会心一笑。

重回卡塔赫纳，加博违抗了父亲的意志，不再读书。不久，他又回到了《宇宙报》工作。《宇宙报》的老同事们为他举办了热烈的欢迎仪式，同时深知他工作能力的社长也为他提高了工资。这一次，他的薪酬比原来高出数倍，而且比在《先锋报》获得的薪酬还要高。另外，尽管加博离开了《先锋报》，但他还时常为"长颈鹿"专栏写文章。在和家人刚搬到卡塔赫纳时，加博向《先锋报》借了600比索用以添置家具，同时他也承诺会为其继续工作，直至还完欠款。最后他花了5个多月才把债务还清。

回到阿拉卡塔卡镇时，加博就有了重写《枯枝败叶》的念头，从小镇回来不久，他便着手开始自己的工作。1950年9月，《枯枝败叶》基本完成。之后，加博托好友阿尔瓦罗·穆蒂斯将书稿带到波哥大，再由波哥大寄到布宜诺斯艾利斯。加博希望自己的《枯枝败叶》能够在当时南美洲极负盛名的罗萨妲出版公司出版。

第4章　返本归元——不忘初心才能砥砺前行

加博重新回到卡塔赫纳后的生活并不快乐，相反他每天都有许多牵绊，一方面，家中孩子较多，环境十分混乱，不适合进行创作；另一方面父亲对他的不满让他如芒在背。

加博有一个朋友叫卡洛斯·阿曼斯。有一次，卡洛斯遇到了加博的父亲埃利希奥，想请他向加博转达问候。但是，埃利希奥不仅不愿提及这个儿子，还满腹抱怨。

卡洛斯安慰他说："加博是一个讲故事的能手，他已经是国内最好的小说家了。"

埃利希奥愤怒地说："没错，他从小就爱'说谎'。"

加博没有遵照父亲的意愿继续读书，所以只能无可奈何地忍受着父亲的怒火。

自离开巴兰基亚后，加博也暂时与"巴兰基亚小组"的那些朋友分开了。在很长一段时间内，加博感到焦躁不安，因为这里的文学氛围远没有巴兰基亚的浓烈，这极大地打击了他对文学的热情。

1951年12月，加博决定重返巴兰基亚的《先锋报》工作。当他走进办公室时，遇到了好朋友阿尔丰索·富恩马约尔。

朋友惊喜地问他："你怎么又回来了？"

加博无奈地回答："大师，我已经受够了！"

1952年2月，加博收到了一个糟糕的消息，他的《枯枝败叶》被出版社退稿了。一封布宜诺斯艾利斯的来信让他备受打击，他本想着能让自己的《枯枝败叶》在那里的罗萨妲出版公司出版，但竟被该公司编辑部委员会主席基耶莫·妥雷拒绝了。这封信肯定了马尔克斯具有一定的写作才能，但并不认为他具有成为小说家的潜质。在信的结尾处，基耶莫·妥雷本着对文学青年负责的态度，建议他不要在小说上花费过多的精力，而应该去尝试更容易成功的事情。

退稿对马尔克斯来说是一个沉重的打击。马尔克斯自走上文学道路后，几乎所有的稿件都发表了，这也是他文学梦想的坚实基础。但是，集聚了他多年心血的《枯枝败叶》却遭到拒绝，这无异于否定了他的文学才能，沉重地打击了他对文学的信心。

在马尔克斯因作品不被看好而灰心丧气、无精打采的时候，朋友们纷纷向他伸出援手。阿尔瓦罗·塞佩达·萨穆蒂奥在他面前不断地责备着退稿的人，堂拉蒙·宾耶斯帮他分析小说的价值和问题……在这些好朋友的努力下，马尔克斯又重新建立起对文学的信心。

返本归元的"卖书郎"

尽管马尔克斯重拾了对文学的信心，但他还是暂时停止了追求文学梦想的脚步。在接下来的一段时间内，加博的工作热情日渐低迷，丧失了往日的活力。在工作时，虽然他的脸上一如既往地挂着微笑，但他的内心却开始迷茫，就像走进了一个黑暗的死胡同。

然而，天无绝人之路。一个朋友的到来给他指出了一条明路。这位朋友名叫胡利奥·塞萨尔·比耶加斯，他原本是罗萨妲出版公司的经纪人，因遭到侵吞别人财产的指控而被迫流亡巴兰基亚。马尔克斯之所以想让自己的《枯枝败叶》由罗萨妲出版公司出版，正是这位前经纪人牵线搭桥的结果。

胡利奥·塞萨尔·比耶加斯在巴兰基亚开了一家书店，加博经常前去光顾，有时他还会和这位老朋友去附近的绿野饭店喝酒。一天，胡利奥·塞萨

第4章 返本归元——不忘初心才能砥砺前行

尔将加博灌醉后，塞给了他一个公文包，让他到乡村去卖书。

1952年12月，加博应朋友的要求，做起了代理书商。他离开巴兰基亚，先后去了马格达莱纳、塞萨尔、瓜希拉等地，想要在这些省的城镇和乡村推销价格不菲的百科全书。后来，加博发现这次卖书之旅所走的路线刚好与外祖父母、父母搬迁的路线相反。因此，对加博来说，这不仅是一次卖书的旅行，也是一次返本归元的过程。

在圣玛尔塔市，加博巧遇二弟路易斯·恩里克。路易斯得知哥哥要去谢纳加镇卖书，愿意结伴相助。除了谢纳加，兄弟俩又跑了多个城镇和村庄，他们想通过扩大销售范围来增加销量。他们每去一个地方就会主动拜访那里的医生、牧师、法官、律师、教师等文化人，并说服他们买书。经过多方奔波，他们卖出去了几部书，但这对专门负责销售的加博来说是远远不够的。严格来说，除去路费成本，加博几乎没有任何收获。

不久，加博和弟弟又回到了谢纳加镇，这一次他告别了弟弟，又和好友拉斐尔·埃斯卡洛纳重新出发前往瓜希拉省。位于瓜希拉半岛的瓜希拉省炎热、干燥、满地尘沙，加博的外祖父母早年曾居住在那里。但是，到了瓜希拉省后，这位代理书商的心思便开始从卖书转移到了别的事情上面。

在尘沙漫天的路上，加博逐渐将销售图书的事抛诸脑后，他被外公曾经生活和战斗过的地方深深吸引，四处游览。每到一个村庄，他不再急着去找那些买得起他的书的人，而是专门去拜访当地的老人，去了解当地的风土民俗和历史。加博在塞萨尔欣赏了最纯正的瓦耶那多音乐，这种民间音乐节奏轻快，曲调活泼，由手风琴、金贝鼓等乐器演奏，配合雄浑的男高音，尤为震慑灵魂，给加博和他的朋友留下了深刻的印象。

自遇到瓦耶那多音乐之后，加博非常着迷该音乐中的叙述风格，这也给他后来创作《百年孤独》提供了叙述灵感。

炎热的天气给加博的出行带来了不便。在他热得实在受不了的时候，就会躲在旅馆里看书。旅馆里降温设备少得可怜，整个屋内并不比室外凉爽多少，但阅读却能让他的心静下来。他读完了行李箱中的长篇小说，接着又读完了侦探故事，最后当他无小说书可读时，就会读携带的百科全书和医书。

在这家"迎宾旅馆"，加博遇到了另一位对他影响巨大的作家。

一个闷热的下午，加博收到了一位朋友寄来的杂志，即巴兰基亚《生活》杂志的第七期。在这期杂志上，加博看到了一篇名为《老人与海》的文章，这正是美国作家海明威的作品。当看到杂志第一页上刊印的海明威年轻时的照片和他居住的小渔村图片时，加博便被这位小说家吸引了。于是，他极为认真地阅读了这篇小说，一时之间，他不仅忘记了炎热，同时也忘记了时间。

看完这篇小说，加博彻底被震撼了。按照他的话来说，就像是在他的脑袋里"拉响了一颗手雷"。此后，马尔克斯又多了一位重要的文学导师——海明威。他的小说结构和叙事手法将在文学上给予这个从未谋面的年轻人以深刻的启发。

在百科全书卖得不好的时候，加博又重读了弗吉尼亚·伍尔芙的《达洛维夫人》。重读这本书与第一次阅读给加博带来的感受有很大不同，书中关于"毁灭"主题的描述为加博创作《百年孤独》提供了灵感，也注定了小说中马孔多镇的最终命运。

除了看书外，加博在贩书之旅中还遇到了不少趣事。

有一次，他和朋友拉斐尔到瓜希拉的一家小酒馆歇脚。当他们准备坐下来畅饮解暑又解渴的冰镇啤酒的时候，一个穿着打扮像极了电影中的西部牛仔的年轻人走了进来。只见他穿着灰色的牛仔装，戴着宽檐帽，腰间别着一把银色手枪，看起来一副拒人于千里之外的样子。

朋友拉斐尔见到这个年轻人后，立刻站起身来向他打招呼，然后又热情地给他介绍马尔克斯："利桑德罗，这是加西亚·马尔克斯。"

年轻人一边与加博握手，一边问道："朋友，你的名字让我想到一个人——尼古拉斯·马尔克斯上校。你们该不会是亲戚吧？"

听到这些话，加博略感意外，于是如实答道："他是我外公。"

年轻人立刻惊叫道："你知道吗？正是你的外公杀死了我的外公。"

这个年轻人名叫利桑德罗·帕切科。他的外公是梅达多·罗梅罗，也正是上校年轻时决斗杀死的那个人。

年轻人的话令加博无比震惊，他站在那里有些不知所措，而当利桑德罗·帕切科就座时，他仍没有缓过神来。拉斐尔连忙向利桑德罗解释说："他一点也不知道这件事。"为了缓解尴尬的气氛，拉斐尔建议这对颇具渊源的年轻人一起进行射击比赛。当他们向着靶心把弹匣里的子弹全部射光的时候，拉斐尔才彻底松了一口气。之后，三人成了朋友，在酒馆喝了几天的酒，又一起坐着卡车将瓜希拉省游了个遍。

1953年6月，随着书店老板被抓，加博结束了他的代理书商的工作。卖书生活和寻根之旅让加博看起来更加成熟，他积累了丰富的阅历和知识，接下来将继续积累文学创作经验，成就一个更加强大的马尔克斯。

声名大噪，明星记者养成记

回到巴兰基亚后，马尔克斯继续在《先锋报》工作，但他早已没有了当初的工作热情。不久，他和朋友阿尔瓦罗·塞佩达·萨穆蒂奥经过商量，决定一起创办《民族报》。他们一起上下班，一起讨论报纸的内容和事件的真实性、启发性。那段时间，办公室成了家，他们在那里没日没夜地工作。尽管这两个年轻人都很努力，也付出了极大的热情，但《民族报》在众多报纸中并不十分抢眼。由于两人没有做出多少成果，最终《民族报》的事业被搁浅。一时之间，马尔克斯再次陷入迷茫。他感到自己总是被困在原地，没有明确的方向和目标。这段时间也成为他人生中最糟糕的时期。

1953年12月，加博的另一个朋友阿尔瓦罗·穆蒂斯到巴兰基亚探望他。朋友见加博闷闷不乐、一蹶不振，就劝说他到波哥大闯一闯。这位挚友建议他去波哥大的《观察家报》碰一碰运气，并鼓励说，凭他的能力和资历完全可以胜任那里的工作。

加博对波哥大的印象很不好，他不想再回到那个阴冷的城市，于是毫不犹豫地拒绝了朋友的提议。

但是，阿尔瓦罗没有放弃，他对加博说："既然如此，我会给你留一张机票，等你什么时候准备好，再来波哥大。"

结果，无心前往波哥大的加博把这张万能机票弄丢了。得知这件事后，阿尔瓦罗并没有生气，他立即又给加博寄了一张机票。

为了不辜负朋友的好意，也为了表达对朋友的感激，马尔克斯最终于1954年1月乘坐飞机回到了那个记忆中阴冷、灰暗的城市。在旅途中，他必须克服高空恐惧症和幽闭恐惧症，阿尔瓦罗给了他克服一切困难的勇气。

回到波哥大后，加博成功在《观察家报》就职，仍旧做他的记者工作。而他之所以能如此顺利地获得这项工作，是因为阿尔瓦罗·穆蒂斯的帮忙。加博在《先锋报》工作时，阿尔瓦罗就向《观察家报》的社长吉列尔莫·卡诺先生建言："加西亚·马尔克斯是个不可多得的人才，请务必把他挖过来。"

马尔克斯曾在《观察家报》发表过三篇短篇小说，所以吉列尔莫·卡

第4章 返本归元——不忘初心才能砥砺前行

诺对他早有耳闻。另外，《观察家报》的副社长是爱德华多·萨拉梅亚·博尔达，他曾对加博发表的三篇短篇小说给予过盛赞，并对外宣称"哥伦比亚一位优秀的作家诞生了"。这位伯乐对加博日后能成为一名优秀作家深信不疑，同时他还专门在报纸上公开肯定和赞美过他的作品。

然而，阿尔瓦罗在将马尔克斯正式介绍给社长的时候，却意外出现了小插曲。这位社长对加博的第一印象非常糟糕。他正在与阿尔瓦罗聊天时，一个脸色苍白、身形消瘦、衣服怪异、神情忧郁的年轻人走进了办公室，此人正是加西亚·马尔克斯。当吉列尔莫·卡诺第一眼见到马尔克斯时，他完全不能将这个形象堪忧的年轻人与才华过人的优秀作家联系起来。所以，他对阿尔瓦罗·穆蒂斯的极力推荐和爱德华多·萨拉梅亚·博尔达曾经对马尔克斯的夸赞产生了深深的怀疑。当单独与阿尔瓦罗相处时，他一脸犹疑地说："阿尔瓦罗先生，这就是你给我推荐的大作家？真是难以置信！或许他是有些本事，但这副样子实在令人难以恭维。"

阿尔瓦罗却毫不在意，语气坚定地说："吉列尔莫先生，您会很快领略到他的过人之处，他一定会成为您的得力干将！"

尽管阿尔瓦罗作了保证，但社长的疑虑仍没有消除，为了是否让马尔克斯就职，他犹豫了几天时间。见求职久久无果，马尔克斯并没有感到失望，相反，他认为这样正好给了他一个离开波哥大，重回巴兰基亚的理由。就在马尔克斯准备离开时，《观察家报》突然传来了一个好消息——他不仅可以在报社获得一份工作，而且还能每月得到900比索的薪酬。

在刚听到这则消息时，马尔克斯感到难以置信。他从未想过自己能拿到这样高的薪酬。马尔克斯刚到波哥大时被好友阿尔瓦罗安顿在他母亲家。为了不给好友及其母亲添麻烦，马尔克斯在真正确认工作的好消息后便立刻搬离了原来的住处。他重新找了一家宿膳公寓住了下来。在马尔克斯获得报酬后，他又将一部分现金寄到了卡塔赫纳的父母那里。

刚到报社工作时，马尔克斯并没有因为他的文学声名而得到所有人的认可。他被安排在"日复一日"栏目，工作上表现得中规中矩，并没有什么过人之处。而且栏目编辑室的何塞·莫诺·萨尔卡主任对他的名声也不以为意，认为这样一个文学青年会把过多主观的内容写入新闻，而《观察家报》与文学刊物是完全不同的两码事，这样会拉低报社的档次，让新闻报道变得不再客观。

一个月后，马尔克斯写下他在报社的第四篇社论。这篇社论是关于英国女王伊丽莎白母亲的，标题是《孤独的王后》。这篇社论恰到好处地涉及爱情、权利、声名、孤独和死亡的关系，读起来让人欲罢不能。当编辑室主任认真阅读后，立刻被马尔克斯的文笔和叙事方式折服了，他不仅认可了这位初来乍到的青年，还给予他极高的评价，认为他还能写出更精彩的作品。

爱德华多·萨拉梅亚·博尔达对此喜不自禁，激动地告诉他："'日复一日'是报社最重要的栏目，你能写出《孤独的王后》这样的文章，足以说明你当之无愧可以在这里任职。"

马尔克斯凭借努力和才华最终在《观察家报》站稳了脚跟。就连曾经怀疑他的社长也忍不住跑到阿尔瓦罗那里说："阿尔瓦罗先生，真是万分感谢！您没有看错，那家伙果然是个人才！"

马尔克斯不仅对文学感兴趣，也对电影充满热情。而在《观察家报》工作时，他得到了一个将这两大兴趣融合起来的机会。《观察家报》有一个关于电影的专栏，叫作"波哥大电影·每周新片"。由于马尔克斯善于写故事和分析人物，所以报社安排他每周为该专栏写一篇影评文章。这样一来，马尔克斯便能用文字把自己对电影的热情释放出来了。

早在加博的童年时期，他就已经积蓄起对电影的兴趣，那个时候，外公经常带着他去电影院看电影。所以他对电影的热情由来已久。不仅如此，他在卡塔赫纳、巴兰基亚等地工作时，也曾表现出对电影的痴迷。尽管那时他生活拮据，但总是会想方设法弄到一张电影票打发闲暇时光。他和朋友阿尔瓦罗·塞佩达·萨穆蒂奥一样，都认为电影是一种奇妙的表达方式，与文学有着异曲同工之妙。

马尔克斯曾在1950年观看过一部写实主义电影《偷自行车的人》。看完这部由意大利著名导演维托里奥·德西卡执导的电影后，他感到非常震撼。他还多次评论过这部电影，说其最大的特点在于突出了"人性的真实"。而这一特点也对他后来的创作风格产生了深远的影响。

1955年2月8日，马尔克斯从一个海难幸存者那里听到了一个令人匪夷所思的故事，于是开始在《观察家报》写作《我的历险纪实》。这篇报道很长，总共分14次刊出。起初的报道并没有造成多大的影响，后来随着报道中关于军舰走私的秘密被逐一揭穿，一时之间掀起轩然大波，在波哥大造成了极大的轰动。《我的历险纪实》也成为马尔克斯一生中最引人注意的报道。写作《我的历险纪实》的那段时间是马尔克斯工作做得最风生水起的时候。正是因为这一报道，《观察家报》创造了销量的历史新高，而他本人也因此成了首都的明星记者。随着名气提高，他的作品也水涨船高。1955年5月，曾经被拒的《枯枝败叶》正式出版，赞誉与好评之声不断。

然而，好景不长，由于他在《观察家报》的多篇报道触怒了当权者，他不得不离开波哥大。借此机会，他开始在欧洲游历。

第5章
历经千帆
——前往欧洲从事"世界上最好的职业"

1955年7月，在《观察家报》工作的马尔克斯作为记者被报社派往欧洲。

对于这次派遣的原因众说纷纭。有人说马尔克斯的欧洲之行基本上是被强制流放，因为他之前发表的那篇关于海上遇难者的报道；也有人说这是《观察家报》报社对马尔克斯出色工作成绩的奖励……无论报社派遣马尔克斯去欧洲是出于什么原因，都正好满足了马尔克斯的愿望。一直以来，他都想去欧洲学习，以拓宽自己在文化上的视野，而且罗马电影实验中心也对他有着莫大的吸引力。

一年多以来，马尔克斯在报社日复一日地超负荷工作，已经非常疲惫。报社或许是发现了这一点才将他派往欧洲，这样不仅能够减轻马尔克斯的疲劳，而且对报社而言也是一笔非常好的投资。

情迷罗马——来自生活的故事素材

在马尔克斯的心里，罗马是他一直以来所向往的地方，因为电影实验中心就在那里。那时候，马尔克斯对电影业有着深深的执念。

1955年7月的最后一周，站在火车站的马尔克斯感觉到了这座城市的炎热，这里的热与巴兰基亚有着很大的不同，它掺杂着千年历史，如同一场残酷的刑罚般让人感到畏惧和焦躁。

马尔克斯四处张望着，想找人帮他搬运行李，但是想要寻找一个在这样的酷暑下还会干活的人显然不容易。找了很久他才找到一个搬运工，而这个搬运工也成了马尔克斯在这里的第一个向导。随后马尔克斯在搬运工的引领下来到了一幢旅馆大楼。

旅馆大楼位于民族街，非常破旧和简陋，看起来在翻修时所使用的材料也是七拼八凑而来的。在这里的旅店很多，每一层都是一家。旅馆大楼紧挨着罗马大剧院遗址，站在窗户边就能够看到不远处的看台上，有很多猫趴在那里打瞌睡，甚至还能闻到猫尿的味道。

搬运工推荐马尔克斯住在三楼，因为那里的旅馆提供免费饭食。于是，马尔克斯随着憨厚的搬运工来到了三楼，看到前厅坐着十七个穿着短裤的英国男人。在那一瞬间，他们就像是在镜子之中倒映出来的一样，但是最让马尔克斯感到不安的是他们粉红色的膝盖。这种情形就仿佛是有人在他的耳畔低声轻语地警告他，直觉让他改变了入住这里的想法。

马尔克斯告诉搬运工，他要换一家旅馆。搬运工二话不说就带马尔克斯去了别的楼层。事实证明，马尔克斯的直觉很准确，因为在当天晚上，这个

第5章 历经千帆——前往欧洲从事"世界上最好的职业"

旅馆的所有客人,包括那十七个英国男人,都在吃过晚饭以后中了毒。

这是马尔克斯来到罗马以后经历的第一件事,而这个遭遇也为他的异国旅行故事《十七个中毒的英国人》提供了素材,只不过他将那个十七个英国人中毒的地点换了一个城市而已。

8月份的罗马虽然炎热而又孤独,却源源不断地为马尔克斯带来了新鲜的故事素材。在整个8月份,马尔克斯给《观察家报》写的通讯却只有两篇。其中有一篇就是关于教皇到卡斯泰尔甘多尔福镇避暑的事。马尔克斯对教皇的关注是显而易见的,一是因为他认为能够得到教皇的友谊是十分值得骄傲的事,二是他对教皇本人怀有很大的兴趣。在卡斯泰尔甘多尔福镇举行的谒见教皇的盛大典礼,马尔克斯也参加了。

马尔克斯站的地方距离教皇非常近,他能够清清楚楚地观察到教皇身上的每一个细节。他对教皇那双"仿佛用漂白剂洗过的"手印象非常深刻。从此以后,他的小说中常常会看到教皇的身影。

教皇第一次出现在马尔克斯的小说里,是在《格拉德大妈的葬礼》中。后来在马尔克斯的异国旅行故事《圣女》中也出现了教皇的身影,并且是以本名出现的。而《圣女》这篇故事也取材于他在罗马这段时间的经历。

那时,马尔克斯住在波尔赫塞镇的一座公寓之中。一天,有一个人找到他,他带着一个手提箱,柏木的手提箱看起来就像是一个装大提琴的琴盒。之后马尔克斯就和他的邻居拉斐尔·里维罗·席尔瓦——一位男高音歌手亲眼看见了柏木手提箱中的奇迹。

柏木手提箱里躺着一个已经死去了11年的小姑娘的尸体,令人难以置信的是,它却不像博物院中的那些干尸,尸体看起来那样鲜活,似乎只是在沉睡。小姑娘睁着明亮的眼睛,马尔克斯觉得有些不安,他觉得她一直在盯着他们看。小姑娘的皮肤看起来依然平滑,但是身上穿的衣服和头上戴的花冠却已经在岁月的侵蚀下变得有些破旧，她手中的那支玫瑰依然如同刚刚采摘下来一般娇艳。更加神奇的是，小姑娘的尸身轻得几乎让人感觉不到她的重量。

提着手提箱的人就是这个小姑娘的父亲。十一年前，他的女儿，也就是如今躺在手提箱里的小姑娘，离开了人世。不久前，他们给女儿迁墓，结果打开女儿的棺木时，看到了这惊人的一幕：他们的女儿安静地躺在棺木里，就像一个仍然活着的人，而她手中的玫瑰花鲜艳如初。所有人都觉得这是奇迹从天而降，为了让他能够来罗马谒见教皇，村民们甚至为了给他凑齐路费而募捐了一笔钱给他。

小姑娘的父亲告诉马尔克斯和席尔瓦，他来罗马的目的就是让教皇谥女儿以圣女的称号。

从马尔克斯见到他，一直到马尔克斯离开罗马，这位父亲一直都在为了这件事奔波。或许连他自己都没有想到，他会因为执着于这样一件伟大的目标而奔波一生。

当时的马尔克斯并未写出这个故事，因为这件事情的结局是不可预料的，而且事情本身就让人难以置信，如果将这个素材写成故事，那么就会让人感觉非常不真实。

不过马尔克斯和邻居席尔瓦之间的友谊却因为这件事情大大加深了。席尔瓦也是哥伦比亚人，他每天7点起床，然后爬上房顶开始练声。中午，他和马尔克斯一起在城里游玩，两人常常骑着一辆自行车去十字路口那边的冷饮店喝点冷饮。

马尔克斯刚来罗马的几个月，席尔瓦给了他莫大的帮助。马尔克斯因为工作的原因，需要去查询资料或者是与不同的人进行接触，但是他对意大利语一窍不通，而这个时候席尔瓦就成了他的翻译与向导。

不久之后,马尔克斯写完了罗马姑娘魏尔玛·蒙特斯遇害事件的长篇报道《世纪丑闻》。马尔克斯来到欧洲两个多月的时间里,因为语言、文化等问题的差异,写的新闻报道显得有些空洞,而这次有了席尔瓦的帮助,他终于恢复到从前的水平。文章从案件审理,到谋杀过程再现,再到搜捕疑犯、交代被害者的真实性格,无一不显示着马尔克斯的写作手法的成熟。

但是来到罗马之后的马尔克斯显然有些心不在焉,因为那颗想要从事电影业的心愈发蠢蠢欲动了。

电影梦碎——理想与现实的真实距离

1955年8月底到9月初,第十六届威尼斯电影艺术博览会正在举办。马尔克斯在这里进行了紧张的采访。这座水城已经有了一丝初秋的凉意,微风拂过,水上漂荡着的小船轻轻摇晃着,来自世界各地的代表团陆续来到这里。

电影节的气氛让他越来越渴望进入电影界,尤其是看了两个星期的电影之后,让他更加地沉迷其中。他向一位来自法国的年轻导演提议,他的下一部影片可以前往哥伦比亚取景。他甚至夸张地说,只要电影带有哥伦比亚的风格,并且可以使哥伦比亚的演员和技术人员因此得到培养,那么"哥伦比亚人一定非常愿意与意大利合作拍摄电影"。

之后,马尔克斯受邀前往华沙电影节。乘坐火车前往的他在9月21号的晚上来到了这一旅途的必经之地——维也纳,马尔克斯很快被这座城市迷住了。

这里就如同一片金色的森林,生活在这里的人热情而又快乐,这些都深深地吸引了他。然而更加吸引他的是来自于卡罗尔·里德这位英国导演的电影中的维也纳。走在电影拍摄地的马尔克斯仿佛感觉到了约瑟夫·科腾与奥森·威尔斯走在此地时的那份悠然和惬意。马尔克斯感觉到，虽然文学与他密不可分，但是他这次欧洲之旅所要寻觅的显然不是文学，而是电影。

这时，马尔克斯在一家维也纳的酒馆中，遇到了一个出生在哥伦比亚的女人。这个来自安第斯山区的女人名叫弗拉乌·罗维塔，她就是马尔克斯后来的异国旅行故事《占梦人》中主角的原型。

在离开维也纳的前一天夜里，马尔克斯和罗维塔来到多瑙河畔，两个人沿着河岸散步。罗维塔让马尔克斯尽早离开维也纳，因为她做了一个梦，这个梦告诉她，假如马尔克斯继续留在维也纳就会有危险。

于是迷信思想很严重的马尔克斯便搭乘了第二天早上的第一趟火车，离开了维也纳，并且决定永远都不会再来这里。

马尔克斯回到罗马，他想学习导演，并于10月底在阿根廷电影人费尔南多·比里的介绍下在电影实验中心注册并学习。

比里在罗马电影实验中心待了5年，他花了两年时间学习导演，后来成为塞萨雷·萨巴蒂尼与维托里奥·德·西卡的助手，也算是取得了一点小小的成就。

马尔克斯是在朋友阿尔贝托·萨拉梅亚的帮助下认识比里的。远在波哥大的萨拉梅亚写了一封举荐信，言辞恳切地向比里介绍了他这位迫切想要进入电影界的好友。马尔克斯将这封信带给了比里，后者看完信以后，热情地带着马尔克斯参观了电影实验中心，同时向他介绍了这里的一些基本情况，甚至还带他去见了日后会打交道的人。

很快，马尔克斯就和比里建立起深厚的友谊，渐渐地，他变得更加了解罗马这个城市了。他和比里两个人常常在西班牙广场大街的咖啡馆里一边喝着咖啡，一边聊电影。他们一起探讨拉丁美洲电影业将来的发展，并期待将来有一天能够在这一领域合作。几十年以后，他们的这一愿望得到了实现。

马尔克斯熟谙小说技巧，他知道只有一部好的剧本才能支撑起一部好的电影。他非常钦佩那些成功影片幕后的编剧，写作电影剧本也就变成了他最大的兴趣和追求，他也是为了研究剧本才来到这里的。但是罗马电影实验中心没有他所感兴趣的电影剧本专业。为了能听到有关于剧本的课程，马尔克斯报了导演专业。

但是电影实验中心的教学方法显然太过迂腐，没多久，厌烦的情绪就开始向马尔克斯袭来，他开始在课堂上睡觉，甚至干脆旷课不去听。这情形简直跟他当年学习法律专业时一模一样。

老师在课堂上讲了太多的理论知识，他们认为电影美学、电影社会经济史、电影语言理论才是对于一个优秀的剧本作家、一个成功的导演而言最重要、最有用处的知识。课程的内容越来越让马尔克斯感到失望，这不是他想学习的东西。

不过在这里对于他学习意大利语有利，七八周的时间里，他的意大利语水平就有了明显的提高。此外，他还在地下室里发现了自己感兴趣的事情，那就是跟罗莎多博士一起在电影资料馆中看一些早期的经典作品。罗莎多博士是一位很棒的剪辑课老师，她再三对她的学生们强调蒙太奇技法的重要性，因为在她看来，一个连蒙太奇技法都不懂的人，不可能成为一个优秀的编剧或者导演。马尔克斯对罗莎多博士的这一说法表示赞同，兴奋的他连续几周一直与罗莎多博士探讨电影故事的连续性这一问题。

在罗马电影实验中心学习的两个月里，正好导演阿历山德罗·布拉塞蒂正在拍摄《真可惜——他是无赖》，马尔克斯给他当第三助手。最初，马尔克斯因为可能有机会认识这部电影女主角的扮演者索菲亚·罗兰而感到非常兴奋。但是最终他却什么都没见着。因为在他当助手的那一个月中，他一直都在路口拽着一根绳子，因为他的工作就是为了防止有人为了看热闹而越过这道线，从而打扰到电影的拍摄。

马尔克斯感到他的电影梦破灭了。如果剧组的工作不是这样而是更加诱人一点，或许马尔克斯就不会对它感到失望，或许他会继续留在罗马电影实验中心学习。不过，那样马尔克斯的命运轨迹就将通往另一个方向。

浪漫巴黎的邂逅：与门多萨的友谊

在罗马电影实验中心的学习生活让马尔克斯感到越来越厌烦，于是他在1955年12月坐上前往巴黎的火车，离开了罗马。

马尔克斯抵达巴黎的时候，天已经黑了。大街上非常寒冷，但是马尔克斯却在这里看到了他在其他城市几乎看不到的情景。在他走过的每一个地方都看到有相互亲吻的恋人，而大街上的其他人仿佛都已经习惯了，从他们身边路过时并不会多注视一眼。而这些恋人所流露出的愉悦之情，也让马尔克斯不由得心生感叹：毕竟这里是巴黎啊！不愧是欢乐之都！

巴黎这座光明之城的地位在马尔克斯的心中变得高大起来，甚至超过了当初他的老师所评价的程度。因为当初在他看来，即使罗马这座有着千年艺术历史的城市，在对待爱情时，依然是带着羞怯而又需要掌握分寸的。

最初马尔克斯住在法国文化促进会中，不久之后他就搬到了佛兰德旅馆。这是一家看起来破旧不堪的旅馆，老板是拉克鲁瓦夫妇二人。住在这家旅馆的拉丁美洲人很多，比如尼古拉斯·纪廉以及普利尼奥·阿普莱约·门多萨。

第5章 历经千帆——前往欧洲从事"世界上最好的职业"

普利尼奥·阿普莱约·门多萨见到马尔克斯时，马尔克斯20岁，正在学习法律，已经读到二年级了，那个时候他刚刚有三篇短篇小说在《观察家报》上发表。门多萨的父亲是周刊《星期六》杂志社的社长，门多萨在少年时期的一些抒情散文就是通过父亲的关系在《星期六》上发表的。当还不到16岁的门多萨知道20岁的马尔克斯居然读过自己最早的文章时，还是有些惊讶。

那个时候的门多萨并不知道马尔克斯是《星期六》的忠实读者。中学时，马尔克斯就曾经办过一家报纸《文学报》，他在上面开辟了一个叫"哈维尔·加尔塞斯的抒情散文"的专栏，这个专栏就是仿照《星期六》副刊一个栏目的样式来的。所以在成为朋友之前，文学就已经慢慢将两人拉近了。

于是，在那个圣诞节的下午，在巴黎大啤酒杯酒吧里，他们对生活、文学以及报业进行了愉快的交谈。

当时与门多萨一起来的是阿图罗·拉瓜多和卡洛斯·奥夫雷贡，前者是一位作家，而后者是一位文学家兼数学家。他们三人正喝着啤酒聊天，忽然看到了穿着驼色大衣，长着卷曲黑发的马尔克斯。在马尔克斯的小说《枯枝败叶》出版之后，哥伦比亚的报界已经对他的形象很熟悉了，于是三人邀请他过来一起坐坐。

他们聊了很多，有小说，有福克纳，有以前做过的一些采访。最开始门多萨对马尔克斯的第一印象并不好，他觉得马尔克斯在说话时太过自负和傲气，他认为马尔克斯一定是因为早期的荣誉而冲昏了头脑，以至于沾染了目空一切的不良习气。

这种误解一直持续到第二天的晚上。这天晚上门多萨邀请马尔克斯一起去朋友家吃晚饭。一群年轻人在阁楼上喝着波尔多红酒，吃着美味的沙拉。壁炉里的火烤得他们暖烘烘的，他们分着吃了一只喷香的猪肘，气氛热烈。

愉悦的气氛让马尔克斯放下了假面具,抱起立在墙角的吉他,开始唱歌。这是他的一个朋友写的歌曲。

眼前热情而又活泼的作家让门多萨睁大了眼睛:这是一个他们从未见过的马尔克斯!看着面前自弹自唱的马尔克斯,他发现之前对他的印象简直是大错特错。

三天后,巴黎迎来了入冬以来的第一场雪。漫天的鹅毛大雪纷纷扬扬飘落,染白了巴黎的大街和屋顶。看到雪的马尔克斯欢呼着奔跑起来。这一刻,皑皑的白雪已经不仅仅是印在明信片上的图画,也不再是那些仙女故事中常见的场景,而是真实的、发生在他眼前的奇迹。马尔克斯伸手接住从灰蒙蒙的天空中飘落的雪花,它虽然冰冷却是那样美丽,就像小时候他拉着外公的手,被外公带去看到的冷冻鱼上面的冰块一样。

那一瞬间,马尔克斯的眼中迸发出来的光彩吸引了慢慢走在后面的门多萨,他忽然明白了,原来现在站在自己眼前这个欢呼雀跃、眼神明亮的人才是真正的加博!

"他真好!"门多萨想。

这就是马尔克斯与门多萨之间那场真挚友谊的开端。从此以后,门多萨就成为马尔克斯志同道合的好伙伴,在几十年的时间里相互扶持、不离不弃。

从那时起,到门多萨离开巴黎返回加拉加斯,马尔克斯都和门多萨在一起。两人一起游览了巴黎这座城市中的各个景点,一起去拜访他们新认识的朋友,那段时间里,两个人都过得非常开心。

门多萨此次回到委内瑞拉是要去《精英》和《时刻》的杂志社工作。马尔克斯送走了好友,忧愁袭上心头,因为《观察家报》停刊了。

之前得知这一消息时,马尔克斯正跟门多萨在咖啡馆里喝咖啡。当时他们一边聊天一边看《世界报》,忽然看到《观察家报》被迫停刊的消息,气氛在一瞬间有些凝滞，门多萨有些担忧地望了好友一眼，但是马尔克斯却表现得毫不在意，冲着门多萨摆了摆手示意自己没事，并说道："这没什么大不了的。"

其实，《观察家报》的停刊对马尔克斯的影响很大。之前报社一直都按时给马尔克斯寄钱，现在停刊了，钱也就没有了。而他之所以在门多萨面前表现得毫不在意，无非就是怕好友担心自己。

生活在巴黎——贫困潦倒中的坚守

马尔克斯拿不出房租来，不过好心的房东拉克鲁瓦太太却并没有将他赶走，只是让他搬到了八层的阁楼里。拉克鲁瓦太太告诉马尔克斯，等他以后有钱交房租了可以继续搬到楼下来住。

不久之后，马尔克斯的经济状况有所好转。因为《独立报》开始发行，这是一份用来代替《观察家报》的报纸。马尔克斯在新报纸上刊登了他的《法国的秘密进程》，这是长篇通讯，报社准备分17次连载。但是，好景不长，在收到了报社寄来的几次支票之后，支票就不再寄来了，马尔克斯甚至写信向报社诉说自己在巴黎的贫困生活，但是情况并没有得到改善。

不久，《独立报》宣布停刊。马尔克斯收到了报社给他寄来的机票，但是马尔克斯却没有回去，他将这张机票退掉，然后靠着这一点钱勉强维持生活。因为他想要留在这里将他的那篇关于匿名帖的小说写完。

他为这篇小说苦恼了起码有3个多月。前一年12月份在酒吧遇到门多萨的那天下午，马尔克斯就跟朋友们说要将匿名帖的故事写完。从他们家还居住在苏克雷镇时起，马尔克斯的脑中就一直萦绕着那些陈年旧事。虽然不再清晰，但是它就如同一把悬在死囚头上的利刃，随时都可能落下来。

20世纪40年代末期就开始有匿名帖出现在苏克雷镇，帖子的内容无非就是人们在相互指责、揭发。匿名帖在苏克雷镇蔓延，令人惶恐不安，人与人之间也不再互相信任，而是互相伤害，并且还常常出现一些流血事件。也就在那个时候，马尔克斯一家人搬离了苏克雷镇。

马尔克斯想写的不仅仅是匿名帖，还有一件发生在苏克雷镇的事。1940年年初，华金·维加在镇子上的乐队里工作，这个低音乐器演奏者的头被他情妇的丈夫砍了下来。

在1月份的一个夜晚，窝在房间里的马尔克斯带着他的设想开始了写作。炎热的气温、漂浮着牡蛎油的河流……他渐渐重现了这个村镇真实的面貌。他越写越顺，直到写了10页纸以后，马尔克斯才发现，如果写短篇的话并不能完整地将想法表达出来，于是他开始制订写作计划。这篇小说就是后来的《恶时辰》。

马尔克斯有个习惯——总在夜里写作。巴黎的冬天非常寒冷，对于出生在热带地区的马尔克斯而言，寒冷是一件非常可怕的事情，而且他的工作也会被打扰。所以每当他写作的时候，他就用厚厚的衣服将自己包裹起来，然后紧紧地靠着暖气。

未婚妻梅赛德斯的照片被马尔克斯摆到了桌上，这样他一抬头就能看到。他所居住的阁楼并不宽敞，屋顶倾斜而又低矮，不过他可以从窗口看到其他房屋的屋顶，这让他的心里稍稍得到了安慰。房间里也没有什么家具，只有一个小衣柜立在墙角，旁边摆着一张普普通通的床，床头旁有一个小床头柜，床头柜上有一盏小台灯，还有一张不算大的桌子，上面摆着马尔克斯用来写作的便携式打字机。打字机是红色的，这是他从门多萨那里买来的，只花了40美元。

　　每过一个小时都会有钟声传来,钟声来自不远处的索邦大学,似乎时间在它的催促下不断前行。马尔克斯沉浸在那个虚幻的世界里,仿佛时间都变得缓慢了许多。就这样,马尔克斯一边吸着廉价的香烟,一边用力敲击键盘,直到太阳从地平线上升起。卡车在运送垃圾,卖早点的小商贩热情吆喝着……熙熙攘攘的响动从窗外传进马尔克斯的耳朵里。直到这个时候,马尔克斯才会回到现实的世界,然后洗把脸,躺到床上开始睡觉。

　　通常情况下,马尔克斯会睡到中午时分,醒来之后去洗个澡,穿上衣服出门——当然还是他那身看起来非常标志性的打扮。他慢悠悠地下楼走到门厅,拉克鲁瓦太太正在抚摸她养的那几只猫,看到马尔克斯下来,就取出他的信交到他的手里。

　　马尔克斯向拉克鲁瓦太太表达了自己的谢意之后走到了街道上,他要去价格便宜的餐馆排队买饭。一股炒栗子的味儿在大街上飘荡,这种香甜的气味让马尔克斯感到十分愉悦,他迈着轻快的步子继续向前走着。街角传来的歌是乔治斯·布拉森斯的,那里排队买饭的人们都喜欢他的歌。当马尔克斯站到长长的队伍中时,弥漫在空气中的香甜气味已经被煮菜花的气味代替了。

　　吃过午饭之后,马尔克斯会四处逛逛,有时候去一些景点参观,有时候去拜访一些朋友。等吃过晚饭他就会回到他所居住的旅馆,不紧不慢地爬上8楼,回到他的小阁楼中继续写作。

　　窗外依然每隔一小时传来一次索邦大学的钟声,但是马尔克斯并不在意,他仍旧沉浸在他自己的世界中。

　　寒暑易节,渐渐地,天气开始变得炎热起来。

　　马尔克斯的这部关于匿名帖的小说取材于现实,语言也都是来源于现实的，他越写越多，终于，书中有一个次要的人物渐渐成长到需要走出这本书。于是马尔克斯便将他那500多页关于匿名帖的小说手稿捆了起来，然后为那个人物单独写了一篇小说，这就是《没有人为他写信的上校》。

当马尔克斯完成第一稿之时，巴黎炎热的夏天已经接近尾声，而马尔克斯拖欠的房租也越来越多。在巴黎的这段时间可以称得上是马尔克斯这一生中最为艰难的岁月。巴黎的天气由寒冷变得炎热，又从炎热转为寒冷，寒暑交替间几乎让马尔克斯如同自己笔下的人物一般耗尽了自己的热情。

在他的眼中，现在的巴黎已经与他刚来那会儿不一样了，它显得冷酷而又无情。情侣们依然旁若无人地亲吻着，然而他同时看到了很多衣着破烂的人在大街上走来走去。

因为几乎不懂法语，所以马尔克斯领不到就业证，而没有就业证就意味着无法在巴黎找到一份合适的工作。他在写作的同时，不断地思考如何生活。当初退掉机票所剩下的钱也已经基本花光了，当最后的一点钱也用尽之后，身无分文、饥肠辘辘的马尔克斯只好去大街上捡了一些废品来换一些钱。

不过，马尔克斯无疑是幸运的，虽然贫困潦倒，但是他总有长条面包可以吃，有葡萄酒可以喝，有时候还可以去朋友们那里煮一些意大利面来应急。后来他发现了一个很好的方法，显然和他同样山穷水尽的拉丁美洲同胞也发现了这种方法：肉铺的老板会在他们买牛排时送他们一根骨头，而这根骨头是熬汤的好材料，牛排吃完以后还可以继续喝骨头汤。而那些更穷困的人有时候有会把骨头借走，等他们熬好汤再还回来。

那个时候，马尔克斯当一名作家的理想没有动摇，他认为只要坚持一天，他的稿子就会增加一页，日积月累，他还是能够取得微小的胜利的，所以面对这样的生活他还是能够咬牙坚持下去的。然而当走投无路只能在地铁

第5章 历经千帆——前往欧洲从事"世界上最好的职业"

里乞讨之时，他才真正明白自己处在怎样严酷的环境之中。马尔克斯从未忘记过自己的人格尊严，但为了创作他能够接受无比贫穷的生活方式。当他乘坐地铁坐过了站，因为没有钱乘车返回而只能向一个法国人讨要法郎，那个法国人却不屑于听他解释的时候，无力的他才真真切切地感受到了自己内心深处的难堪与悲伤。

朋友与美酒——苦旅中的暖心慰藉

回想起那段艰难的日子，马尔克斯唏嘘不已，他还记得那时候的他无处可去，经常坐到地铁通风口边上的长靠背椅上，一坐就是一夜；他甚至还常常被当成阿尔及利亚人抓起来。

时间不知不觉间到了9月份。这个时候，早已返回加拉加斯的门多萨已经在《精英》和《时刻》杂志社工作几个月了。这天，他收到了马尔克斯写给他的求救信。于是他便将马尔克斯那篇和信一同寄过来的文章发表在了《精英》上，并用最快的速度将钱寄了过去。

与此同时，马尔克斯找到了一份在"梯子"夜总会唱歌的工作，这份工作还算体面。很多歌手在这里工作，有专业的也有业余的，不过他们都有一个共同的特点，那就是在巴黎没有固定的职业。

马尔克斯对于唱巴耶那托歌曲非常擅长，而且他还会弹奏吉他和吹奏六孔箫。不过马尔克斯在这里却不是独自表演，他的工作伙伴赫苏斯·索托是个画家，两人一起唱兰切拉民歌。马尔克斯在这里收入还算不错，差不多每天晚上都能拿到500法郎。

那个时候，马尔克斯几乎求助了所有能够求助的朋友。不过他求助的内容有时也会让好友感到莫名其妙，比如让好友赫尔曼·巴尔加斯给他寄描写斗鸡的书。马尔克斯想要的书专业性很强，但这一类型的书在市场上并没有，于是巴尔加斯向当时唯一能写关于斗鸡专业书籍的基克·斯科佩尔求助。几个月之后，马尔克斯就收到了他想要的书。

朋友们为了帮助马尔克斯渡过难关也想了很多办法，那个时候兑换美元并不容易，把钱夹在信件中寄给马尔克斯更是不容易。为此富恩马约尔、巴尔加斯、萨穆迪奥、奥夫雷贡几个人成立了一个小小的协会来帮助陷入困难的马尔克斯，并给这个小协会起名"援助加博朋友协会"，他们东拼西凑了些钱，想办法兑换了一张100美元的钞票。

但是想要确保马尔克斯能够收到这笔钱却没那么容易，于是几个人相约来到"世界书屋"商议对策。商议了很久都没有想出好的对策，后来书店的老板告诉他们，可以将明信片剖开，将钱夹在里面再粘牢。众人一听，立刻就采取了这个提议。一切都收拾妥当之后，他们在这张夹带了百元大钞的明信片上写了一些思念的话。然后他们几个人一起去邮局准备将这张明信片寄出。等几个人到了邮局之后，忽然想到马尔克斯并不知道他们是用这种方式给他寄钱的，于是匆忙写了一封信，和明信片同时寄给了马尔克斯。

邮局的速度并不快，马尔克斯每天都在盼望着朋友们的回信。一周之后，下楼吃午饭的马尔克斯从拉克鲁瓦太太那里拿到了朋友们寄来的明信片。马尔克斯果然没有发现隐藏在明信片里的玄机，他看到明信片上写的那些不痛不痒的思念、祝福的话，不由得骂了两句，因为这些对现在的他而言毫无用处。气愤之下，马尔克斯抬手就把这张明信片丢到了垃圾箱里。

吃过午饭，马尔克斯在外面逛了一圈之后回到了旅馆，坐在门厅的拉克鲁瓦太太叫住了刚准备上楼的他，并交给他一封信。马尔克斯拆开一看，赶忙奔向垃圾箱,好在他运气不错,那张明信片还安安静静地躺在那里。

虽然信来得晚了一些,但马尔克斯还是收到了来自朋友们的信。不像是他笔下那个可怜的人物,等了几十年都没有等到他期待的那封装有抚恤金的航空信。

最初,马尔克斯以为他可以将脱离了"关于匿名帖的小说"之后的那个角色的独立故事写成一部喜剧,但是后来他却发现他错了。因为他在等待朋友们的回信之时深深地体会到了这一切,这是一种隐藏在希望之下的悲哀。也正是因为这样,住在狭小阁楼里的马尔克斯终于在这一年懂得了什么才是一个作家真正的使命和愿望,而它们更不会因为饥饿而被扼杀在摇篮里。

但是这本小说的出版却遇到了难题,他找了几家出版社,但是没有出版商愿意出版。没办法,马尔克斯将稿子分别寄给了几个在不同地方的好友。然而朋友们也遇到了同样的情况,虽然当地的出版商人都表示不想承担风险,但是他们认为稿子很有趣,如果自费出书他们会非常欢迎。但是自费的价格对于当时的马尔克斯而言无疑是一个天文数字——那几乎赶得上他一年的房租。

不过拉克鲁瓦太太从未向住在阁楼里的马尔克斯要过房租。在拉克鲁瓦太太的眼中,马尔克斯与那些整日喝酒唱歌的人不一样,他每天写作,所做的事情一定是有意义的。

时间一晃到了年底,马尔克斯的一位朋友资助了他,他终于有钱将拖欠的房租交给拉克鲁瓦太太了。但是当拉克鲁瓦太太看到马尔克斯拿出的12万法郎时,却觉得太多了。她只收了一半,并让马尔克斯以后手头方便了再来交剩下的房租。马尔克斯非常感激,他想他会永远记得这个善良的房东太太,以及时常围绕在她身边的那几只矫健的猫咪。

离开了佛兰德旅馆之后,马尔克斯搬到了塔奇娅·金塔娜的住处,它位于阿萨斯大街。这段短暂的恋情，相当于拉了身陷困境之中的马尔克斯一把。新的住处相对舒适，金塔娜也是一个豪爽而又活泼的女人，于是马尔克斯终于稍微安心了一些，他开始专心创作。

时间很快就到了1957年。在一次争吵中，金塔娜指责马尔克斯整日写作却颗粒无收，不如转行做别的。这显然触及了马尔克斯的"逆鳞"，之后他对金塔娜的热情就淡了下来。而金塔娜也很快明白了，在他们两人之间横亘着一条巨大鸿沟。

在这段时间里，马尔克斯多了很多朋友，有来自拉丁美洲的，也有法国本地人。5月份，门多萨乘坐飞机来到巴黎，见到了马尔克斯和他的新朋友聚会的场景。

门多萨后来回忆说，那时候的马尔克斯交了12个看似放荡不羁但实际上忠厚老实的法国朋友，他们的谋生方式五花八门，但是每到周五，他们总会相约到切鲁比尼大街聚餐。不过，马尔克斯并不会将他们带到他和金塔娜住的地方，只有来自拉丁美洲的几个好友才有这样的荣幸可以受邀前往他们的住处参加聚会。门多萨说，当时他们几个人总是带着一些吃的或者是喝的前去赴约，他们喝着酒，吃着油汪汪的杂烩米饭，一起聊天、庆祝。

随着美酒下肚，马尔克斯拿起吉他，边弹边唱家乡的歌曲。在这一年半的时间里，马尔克斯在巴黎学会了很多，对不同品种的奶酪进行分辨，对他而言已经是小菜一碟了，他甚至能够听懂巴黎的黑话，还能够从那些偏僻的角落之中找出那些专家。这种对巴黎了如指掌的状态，让门多萨感到惊讶万分。

显然，饥饿没有打倒马尔克斯，反而让他变得更加从容和睿智，让他的意志变得更加坚定。看到这样的马尔克斯，门多萨也就放心了。这一年的夏天，他和马尔克斯两个人一同踏上了旅途，去其他国家游历。

异国情怀：邀朋友来一场说走就走的旅行

马尔克斯还住在佛兰德旅馆的时候，比亚尔·博尔达常常去巴黎探望他，两个人经常促膝长谈，导致马尔克斯一直以来都很想去德国参观。而门多萨的到来，让马尔克斯的这一想法有了实现的机会。

门多萨买了一辆雷诺4型敞篷汽车，车不大，不过刚好合用。于是门多萨开着车载着自己的妹妹索莱达和马尔克斯驶上了通往德国的公路。他们参观了位于海德堡的大学城；参观了歌德出生的城市——位于美因河畔的法兰克福，并在这里拜访了爱德华·科特·拉姆斯——一位来自哥伦比亚的诗人。

之后，三人开车接了比亚尔·博尔达一起前往柏林。这是一次短短的不足两周的旅行，但是对于马尔克斯而言，这次的德国之行让他收获颇丰。

8月份，马尔克斯和门多萨几人准备前往莫斯科。之前马尔克斯还在罗马当记者的时候就想去莫斯科参观，但是一直没有机会。但是这次马尔克斯的运气显然不错，他的朋友——德里亚·莎帕塔民间艺术团的团长邀请他和门多萨作为艺术团的成员一同前往莫斯科。

艺术团是受邀前去参加活动的，这次正好路过巴黎，恰好艺术团中的风琴手和萨克斯手出了些临时状况无法跟随艺术团参加演出，于是马尔克斯和门多萨就代替了这两名艺术团成员。虽然是临时顶替，但是马尔克斯显然很适应他这个角色，毕竟他唱歌很不错，而且还会弹吉他和吹奏六孔箫。

艺术团从巴黎出发，前往德国柏林。在柏林的比亚尔·博尔达也加入艺术团中随他们一同前往莫斯科。柏林之后的下一个落脚点是布拉格。从巴黎到布拉格的这段旅程对于马尔克斯和门多萨而言就是一种痛苦的折磨，火车上人挤人，他们只能站着，挨着厕所的门。想躺下睡觉就是一种奢望，他们只能是交替靠在对方的肩膀上睡一会儿。

布拉格是一个安宁而又平和的城市，甚至可以与巴黎相媲美，作家卡夫卡就出生在这里。马尔克斯看到人们脸上都洋溢着愉快的微笑，就说明他们对自己的生活感到非常满足。

布拉格之后的旅程终于没有那么劳累了。他们终于有了座位，可以坐下来聊天，有时一群人还会在车厢里一起跳舞。

经过一个小村庄时，热情的人们对他们表示了极大的欢迎。马尔克斯还收到了一个老奶奶送的一把当地出产的梳子。不过最有意思的是发生在一个德国小伙子身上的事情。村里有个姑娘骑了一辆自行车，这个小伙子见到以后夸了几句，淳朴的姑娘当即就要将自行车送给他，小伙子连连摆手拒绝了姑娘的好意。要知道在当时，这样的自行车在当地算是一件奢侈品。但是万万没想到，当艺术团的人上了火车准备离开这里的时候，那个姑娘将自己的自行车扔到了火车的车厢中，而那个德国的小伙子被自行车砸了个正着，让人哭笑不得。

马尔克斯在旅途中还常常参加艺术团的排练——作为一名鼓手，仿佛他真的是艺术团的一员。他常常夸赞莫斯科美味的鱼子酱，以至于艺术团的其他成员对于鱼子酱非常向往。不得不说他们的运气非常好，抵达莫斯科的那天，果然在餐桌上看到了他们心心念念的鱼子酱，而且数量充足，绝对能让他们吃个够。

一行人终于结束了这场漫长而又劳累的旅程，吃过饭以后，他们回房洗了热水澡，然后满足地睡去。

抵达目的地后不久，马尔克斯和门多萨几个人离开了艺术团，他们开始在这座城市游荡，了解人们的生活。这里无论是地铁、电影院还是酒吧、餐馆，都非常干净整洁。马尔克斯发现在这座城市生活的人都差不多：身高差不多，穿着打扮也并不新潮。但是他们热情、真诚而又豪爽。当时他们去一家冷饮店吃冰激凌，结果邻桌又给他们买了许多冰激凌，还给了他们许多糖果和饼干；他们去剧院看戏剧，出来时在门口遇到了一个姑娘，热情的姑娘还往他们当中一个小伙子的口袋里塞了25卢布。他们看到一个穿得有些寒酸的小伙子带着他的女朋友去一家看起来很高档的餐厅吃饭。这里的日常生活看起来稍微有些糟糕，大概是因为他们日常的生活用品比较缺乏的缘故。

在莫斯科待了一段时间后，马尔克斯和门多萨又跟随一个西方观察家团队来到匈牙利，在这里待了半个月之后，返回了巴黎。

让漂泊的友情找到归宿

1957年10月，马尔克斯还在写他的新文章，这时有一个访客来到了巴黎，他就是吉列尔莫·安古洛。这位"不上相的摄影师"出生于安蒂奥基亚省的一个普通家庭，他的爱好就是在世界各地游览。

这时候，马尔克斯和安古洛还只能算是笔友，两人是由罗德里戈·阿雷纳斯·贝坦科特介绍认识的。两人通信多年，但是见面却还是第一次。

最初，安古洛跑到波哥大寻找马尔克斯。但是，当安古洛来到波哥大以后，朋友却告诉他马尔克斯被报社外派出去了。安古洛没有见到马尔克斯，有些失望。回去以后，他写信给马尔克斯，两人约定1956年夏天在罗马电影实验中心见面。很快就到了约定的日子，当安古洛兴冲冲地来到罗马电影实验中心时却发现马尔克斯早已经去了巴黎。两人再一次失之交臂，安古洛无奈地再次通过书信与马尔克斯约定了下一次见面的地方——柏林。但是没想到，这一次还是没有见到，因为安古洛没办法进入德国境内。无奈之下，安古洛只好回到了罗马。不过这一次马尔克斯托人给安古洛带来了一份《没有人给他写信的上校》的原稿抄本，还捎来了口信，约定在巴黎见面。

当安古洛按照两人约定的时间来到马尔克斯在巴黎所居住的佛兰德旅馆时，却被房东拉克鲁瓦太太告知马尔克斯还没有回来，因为马尔克斯的游历时间延长了。还是没有见到马尔克斯的安古洛有些沮丧，但是他这次决定留下来等马尔克斯回来，他不想每次都找不到自己的这个朋友。

安古洛拜托拉克鲁瓦太太租给他一间便宜的房子，好心的房东安排他到8楼的阁楼。这里依旧是每天都能听到来自索邦大学的钟声，空气中的那一股煮菜花的味道从未散去。安古洛为了让自己不那么无聊，每天都去隔壁的电影院看老电影。

秋天很快就降临了这座城市。这天下午，安古洛睡得正香，房间的门突然被人打开，睡梦中的安古洛被吵醒，他坐起来，看到了一个清瘦的人站在门口，他裹着一件看起来非常暖和的大衣，脖子上系了一条毛线围巾，眼神看起来很迷茫。在互相看清楚对方的脸以后，站在门口的人用一种疑惑的语气问道："您在我的房间里做什么？"

安古洛这才反应过来，他站起身，迎接他的这位终于归来的好友。在多次的失之交臂之后，两人第一次面对面站在了一起。从此以后，安古洛与马尔克斯的现实友谊就不仅仅局限在书信的来往，而是能够听到声音、看到行为举止的心与心的交流。

在11月份马尔克斯前往伦敦之前的那段时间，他和安古洛每天下午都会见面，两人一同前往卡普拉德饭馆，和一些朋友在这家价格十分便宜的饭馆中吃晚饭。然后两个人在拉丁区的大街上漫无目的地闲逛。有时候他们会找

第5章 历经千帆——前往欧洲从事"世界上最好的职业"

到鲁伊斯与埃尔南·比耶科,四个人聚在一起谈天说地、喝点酒、唱首歌,非常愉快。

巴黎这座城市对于马尔克斯而言虽然美丽,但同时也是吝啬而又虚幻的。

马尔克斯之所以会来伦敦,就是想在这里学习英语,然后继续写他的"关于匿名帖的小说"以及新闻报道,其实这就和他当初刚到罗马和巴黎的想法基本一致。之前和门多萨的旅行让他明白了学习英语很重要,而且就学习英语而言没有什么比前往英语的发源地居住更好的方式了。

在伦敦,马尔克斯一直将自己关在旅馆的房间里。表面上来看,马尔克斯是来学英语,但是事实上他是在写从"关于匿名帖的小说"中衍生出来的几个短篇故事。而"关于匿名帖的小说"本身则是在箱子里——它被一条五彩斑斓的领带捆着。

马尔克斯几乎很少出门,只有周末的出门次数比较多,因为周末在海德公园的演讲者之角会有人们来演讲。伦敦给马尔克斯留下的最为深刻的记忆就是海德公园中拥挤而又嘈杂的人群,以及秋日里那温和的阳光。

马尔克斯原本打算靠着他投给《独立报》的系列报道所获得的稿费在伦敦凑合着生活一段时间,但是事与愿违,他的稿件没有被刊登出来。只有刚升为《时刻》杂志编辑部主任的门多萨刊登了马尔克斯的两篇报道。

没有钱,马尔克斯在伦敦的生活过得自然不好。不过他很乐观,在巴黎的日子都咬牙坚持下来了,在伦敦还能更差吗?意外的是,在冬天即将到来之际,马尔克斯收到了门多萨的电报,告诉他《时刻》杂志社想聘用他当编辑,并为他提供去加拉加斯的机票。

马尔克斯再三考虑之后决定接受这份工作,于是8天以后,他带着那为数不多的行李,乘坐飞机飞往达迈克蒂亚机场,并于1957年的圣诞节前抵达了加拉加斯,门多萨正在这里等着他。

门多萨当天就带着马尔克斯去参观了杂志社。从第二天开始，马尔克斯就和门多萨在一起工作，准备《时刻》的年终专刊。他们两人住在同一个居民区，门多萨每天早晨都会开着他的小汽车来到马尔克斯居住的公寓门口接他一起上班，深夜两人下班之后再将他送回家。

第6章
笔耕不辍

——穿梭于生活与工作中的激进革命者

马尔克斯来到加拉加斯没多久,这里长达6年的独裁统治就结束了。

他和门多萨在确认了这一消息之后立刻赶到杂志社召集了编辑和工人们,大家加班加点地将第二天要出版的杂志编写完成。马尔克斯和门多萨两人更是通力协作,共同完成了一篇社论与一篇通讯,并刊登在《时刻》杂志上。

在没有向社长申请的情况下,门多萨和马尔克斯就吩咐工人们将这一期的杂志印了10万册,这个数量与以往相比多得有些可怕,第二天却在极短的时间内就被人们抢购一空。而《时刻》杂志在加拉加斯也一跃成为家喻户晓的杂志。

从那时起,马尔克斯就有撰写一本描写独裁者小说的想法,他开始搜集各种资料,并且常常向门多萨讲述他从资料中看到的那些稀奇古怪的事。

而在马尔克斯的新小说刚刚萌芽的同时,他的爱情也结出了累累硕果。

爱情硕果——源自青葱年少时的情感寄托

1958年3月，正在与朋友喝酒的马尔克斯瞄了一眼自己手腕上的表，猛地站了起来："坏了，我要错过飞机了！"说罢，他拿起搭在椅子扶手上的外套就要向外冲。

"加博，你要去哪儿？"门多萨问他。

"我赶着去结婚！"丢下这句话，他一阵风一样地离开了。

门多萨和其他人目瞪口呆，半天没有回过神来。

马尔克斯和他的妻子梅赛德斯·拉凯尔·巴尔恰·帕尔多相识于少年时代。马尔克斯开始追求梅赛德斯时，梅赛德斯只有13岁，刚小学毕业，而马尔克斯也不过上中学五年级，两人是在学生舞会上认识的。马尔克斯对梅赛德斯一见钟情，他很直接地告诉梅赛德斯他想要娶她。马尔克斯还告诉梅赛德斯的父亲："我将来要娶的人我已经知道是谁了。"不过梅赛德斯最初并没有把马尔克斯的话放在心上，也没有过多地关注他，虽然马尔克斯对此自信满满。

梅赛德斯的父亲是阿拉伯人，经营着杂货铺和药店，这是父辈所留下的传统，他一直秉承这一点，无论漂泊到何处，在何处定居，从未忘记过。他们家就如同马尔克斯家一样，常常四处漂泊。

在苏克雷镇的时候，梅赛德斯家与马尔克斯家的关系一直非常好。梅赛德斯的父亲开着一家药店，而马尔克斯则是在报社工作，马尔克斯在闲暇之余总是去药店找梅赛德斯，并且带着他的六孔箫为她吹奏乐曲。在这个小镇的几年是马尔克斯和梅赛德斯距离最近的一段时间，之后马尔克斯因为职业

第6章 笔耕不辍——穿梭于生活与工作中的激进革命者

的流动性而四处奔走,而梅赛德斯一家也搬到了巴兰基亚。梅赛德斯偶尔给马尔克斯寄去书信,虽然两人的通信并没有很多,但是每一封信中都饱含深情与宁静,他们相爱已久,也从不怀疑他们之间会缔结美满的婚姻,使得他们在行事之时就如同一对已婚多年的夫妻一样。

不过,时间与距离从未成为两人感情之间的阻隔,反而使他们的感情更加稳固。虽然马尔克斯在婚前有过女友和一些荒唐的行为,但是梅赛德斯在马尔克斯心中的地位却始终没有变过。即使是在最艰难的那段巴黎之旅时塔奇娅·金塔娜向他施以援手,也丝毫没有动摇过梅赛德斯的地位,距离越远,反而让马尔克斯对她更加思念。从巴黎离开之时,马尔克斯就告诉塔奇娅·金塔娜他要回去与未婚妻结婚了。马尔克斯知道,不应该再让梅赛德斯这样继续等待自己,这是非常不负责任的行为。而且欧洲的这段岁月,让他清楚地明白,并不是所有的女人都像梅赛德斯一样。

之后马尔克斯就到了加拉加斯,在好友门多萨的帮助下找到了一份工作。马尔克斯在《时刻》杂志社工作了三个月后,便迎来了他与梅赛德斯的婚礼。

马尔克斯请了假,然后乘坐飞机来到了巴兰基亚。

马尔克斯与梅赛德斯在3月21号上午11点举行了婚礼,两人十几年的爱情长跑终于结束了,他们将开启人生的新旅程。

教堂里,双方的亲人以及朋友簇拥着新人。此时的马尔克斯无疑是庄重的:他的一身西装是深色的,领带打得非常漂亮而且标准,然后他就那样严肃而又沉默地等待着他的新娘的到来,期待的神情中带着一丝焦急。终于,穿着蓝色礼服的梅赛德斯挽着父亲的手臂走了过来。

婚礼结束之后,亲友们原来打算进行长时间的庆祝,但是马尔克斯只有4天的假期,于是,在第二天,这对新人便搭乘飞机离开了巴兰基亚,前往加拉加斯。途中，马尔克斯告诉梅赛德斯，今后他有两个打算，一是继续写《家》，二是在自己40岁的时候创作出一部杰出的作品。梅赛德斯对此深信不疑。是的，她从来都不会怀疑马尔克斯的决心，因为她知道自己的丈夫有着坚忍的意志，他勤奋且努力，对于文学的强烈渴望以及自身卓越的才华一定会让他得偿所愿。而梅赛德斯也最终成为对马尔克斯的成功做出最多贡献的那个人。

飞机降落在加拉加斯机场，热情的门多萨一家接待了他们。在之后很长的一段时间里他们都在一起用餐。要知道，那个时候马尔克斯居住的小公寓里甚至没有什么像样的生活用具。后来马尔克斯终于将生活用具置办齐全了，梅赛德斯也开始尝试着做饭。

门多萨后来回忆，当时梅赛德斯的烹饪技术实在令人不敢恭维，甚至可以用糟糕来形容。鸡蛋不会煎，好不容易煎出来还不可口，更不用说煎肉排了；蒸出来的米饭是糊的，焦煳的气味连邻居家都能闻到。不过梅赛德斯的学习能力是毋庸置疑的，失败了几次之后她便做得很好了，并且将简陋的家打理得井井有条。

为了革命：演绎出一曲不同寻常的"在路上"

婚后的生活总是充满了希望。虽然马尔克斯对于写作异常执着，但是他知道自己还需要养家。不过此时的他还是幸运的，因为他还有一份在《时刻》杂志社的工作。但是马尔克斯在两个月之后便失业了。

事情的起因要从理查德·尼克松访问加拉加斯说起。尼克松在5月13号来

第6章　笔耕不辍——穿梭于生活与工作中的激进革命者

到了加拉加斯，但是当他乘坐的汽车驶入加拉加斯市区时，人们用石块、唾沫对他进行了攻击。《时刻》杂志的社长认为应当像其他杂志社那样对此次所发生的袭击事件道歉，于是破例写了一篇社论。但是马尔克斯和门多萨非常不赞同这样的行为，于是他们在发表这篇社论的时候，将社长的名字排在了文章的篇首，这样的行为惹怒了社长。

社长让助理去叫门多萨和马尔克斯到他办公室里，门多萨先过去了，两人不等马尔克斯来就吵了起来，门多萨干脆利落地甩门而去——不干了。在他下楼的时候，遇到了正在上楼的马尔克斯。

门多萨看到马尔克斯，立马叫住了他。"小加博，"门多萨摊了摊手，"刚才我让那家伙滚了。"

马尔克斯看了他一眼。"这没什么，那我也走了。"然后转身下楼，"不干了，不干了。"

之后马尔克斯和门多萨叫了梅赛德斯出来庆祝，两人在小餐馆里跟梅赛德斯叙述了事情的经过，惹得梅赛德斯大笑不止。

之后的一段日子，马尔克斯的时间完全是自己说了算。除了能够继续写短篇小说外，马尔克斯也终于有时间可以陪陪梅赛德斯了，两人手牵着手在海滩上漫步，去看电影。马尔克斯也在这段赋闲在家的时间常常与萨尔迪奥小组中的那些年轻的作家们一起去喝喝酒、聊聊天，探讨一下文学，这使得他们之间的友谊更加稳固了。

对于一个刚刚成家的年轻人而言，长时间赋闲在家显然是不行的，毕竟他不能一直依靠门多萨的接济过活。于是他来到米格尔·安赫尔·卡普里莱斯的报刊联合体，希望可以找到一份工作。之前在巴黎之时，马尔克斯曾经15次投稿这个联合体中的《精英》杂志。卡普里莱斯却让他去《委内瑞拉影像》当主编，这可以说是卡普里莱斯的报刊联合体中最不正经的杂志，杂志上刊登的照片多为演艺界的妙龄女郎，而且衣着暴露、搔首弄姿。

为了养家糊口，主编这个工作他觉得还不错，只要别让他亲笔给这本杂志写什么稿子就可以。

1958年的最后一天，马尔克斯的朋友邀请他和梅赛德斯去家里参加新年派对。派对的气氛非常热烈，等马尔克斯和梅赛德斯回到家时已经凌晨3点钟了。他们家住在6楼，两人走到电梯口发现电梯坏了，于是只能走楼梯。等到两人气喘吁吁地回到家里正准备洗澡休息时，外面忽然一阵喧闹声，各种声音响成一片。原本喝得微醺的两人一下惊醒了，他们对视了一眼，决定下楼看看情况。

到了楼下，两人才知道原来又有一个独裁者下台了。得知这一消息的马尔克斯立刻找到了门多萨，两人就像其他拉丁美洲的人所做的那样，在阳台上高兴地庆祝了拉丁美洲这一新的开始。

1月18号，杂志社一天的工作告一段落，马尔克斯收拾好办公桌准备下班回家，这时有人来通知他，邀请他作为记者前往哈瓦那。

马尔克斯立刻打电话给门多萨，然后简单收拾了自己的行李，当晚就和门多萨一起登上了飞机。这是一架双引擎的"鼓动"飞机，飞机里的环境并不好，马尔克斯坐在飞机上战战兢兢地问飞行员："真的能够飞到目的地吗？"飞行员安慰道："放心，一定可以的，相信我！"飞机晃晃悠悠地到达了目的地。

整个城市依然还沉浸在胜利的喜悦之中，马尔克斯和门多萨就这样带着同样的心情走遍了这座城市。之后目睹对索萨·布兰科的审判，审判给两人留下了极其深刻的印象。而马尔克斯更是从这一次的经历中得到了启发，《族长的秋天》就是从这时候开始构思的。

4天之后，马尔克斯和门多萨返回加拉加斯，两人兴致勃勃地准备继续为

第6章 笔耕不辍——穿梭于生活与工作中的激进革命者

拉丁美洲的新历史贡献自己的一份力量。

马尔克斯白天在《委内瑞拉影像》杂志社工作,晚上回家修改自己的作品或者是从事新的创作。而门多萨则在2月底回到了哥伦比亚。门多萨之所以回去是由于两方面的原因:一是自己在国外待了太长时间,思乡情绪让他迫切地想回去看看;二是受到了卡普里莱斯的报刊联合体中排外现象的影响,他只能负责《精英》这本杂志的技术事务。门多萨回国后,马尔克斯知道自己也不会在这里待太久,他考虑去墨西哥发展他一直想要从事的电影事业。当然还有一个重要的原因就是阿尔瓦罗·穆蒂斯在那里。

而回到了哥伦比亚的门多萨一时之间还没有找到固定的工作,于是便当了一名自由撰稿的记者,零零散散地发表了一些文章,在《街头》和《万花筒》这两本杂志上常常看到他的文章。

4月份的一天,马尔克斯接到了门多萨的电话,他告诉马尔克斯电话里没法详谈,让马尔克斯尽快回到哥伦比亚。最后他只告诉马尔克斯是一家通讯社让他俩去工作,一个当社长,一个当主编,给他们开的工资是一样多的。

于是马尔克斯抓紧时间处理了手头上的工作,然后带着梅赛德斯回到了哥伦比亚。两人下了飞机,看到门多萨正在波哥大的金色机场等着他们。回去的路上,马尔克斯才知道究竟是什么样的通讯社,他感到兴奋极了,做了十几年的记者,终于能够表达自己的思想见解了!这家通讯社,就是拉丁美洲通讯社。

门多萨收到的第一笔经费足足有10万美金,于是他和马尔克斯选择了繁华的第七大道作为办事处。之后两人每天都在这里忙碌着。其中最艰难的工作是让拉丁美洲通讯社的消息为哥伦比亚的报界所接受。尽管阻力重重,两人却一直依靠自己的一些小手段和人脉关系来做这件事,只不过随着形势日趋紧张,工作也就越来越难做了。

当幸福来敲门——名利双收与初为人父

马尔克斯的年纪虽然不算大，但各方面的发展却不错：作为一名记者，他非常优秀；作为一名作家，他有非凡的才华；而且固定的工作也给他带来了丰厚的报酬，让他和梅赛德斯衣食无忧。

依然清瘦的马尔克斯和以前一样穿着土里土气的毛衣和牛仔裤，不过在正式场合他会换上一身深色的西装，搭配的领带也会选择一些看起来比较庄重的颜色。他还是时常吸烟，氤氲的烟雾笼罩在他的身上，他的右手手指上有一层尼古丁留下的痕迹。

梅赛德斯将她的头发剪短了，她还有几个月就要分娩了，波哥大的寒冷天气让她不得不整日裹着厚厚的围巾。梅赛德斯是一个沉着而又睿智的女人，她正派、和蔼而又聪慧，周围的人都对她赞不绝口。

这个时候，马尔克斯是一个幸福的人。他的幸福显而易见，即使波哥大整日阴雨绵绵，即使他厌恶过分讲究的穿戴，即使他曾经总是运气不好，也无法掩盖如今这溢于言表的幸福。

在这里，马尔克斯第一次拥有了属于自己的一套宅院。它位于查皮内罗大院之中，屋里的家具显得非常体面，墙上还挂着一幅画，这是他的好友阿莱汉德罗·奥夫雷贡给他画的。

他的新书房布置得十分简洁，书也没有放多少，因为以前的很多书都被他放到别的地方了。每天晚上马尔克斯都会坐在这里写作。他的书桌旁边堆积着很多被他废弃的纸，这些纸的颜色已经有些泛黄了。马尔克斯不能容忍自己的稿纸上有一丁点儿错误，只要出错他就必须扔掉这张纸，然后换一张

第6章 笔耕不辍——穿梭于生活与工作中的激进革命者

新的。他的这种习惯早在写《枯枝败叶》时就已经养成了。

8月中旬，各国举办图书节，这是马努埃尔·斯克尔萨的倡议。参加图书节的每个国家都要选出10部文学作品，并以最为严格的标准印刷，每部1万册，然后将其推向市场。这位秘鲁小说家为了他的这一主张在拉丁美洲四处奔走，受到了各国的欢迎。他因此很快富裕了起来。

马尔克斯的《枯枝败叶》也是在这个时候重印的。作为一名小说家，马尔克斯这时也总算是有了一些名气，在国内也能称得上是颇受欢迎了。而这也是他第一次参加签名售书活动，同他一起参加活动的是《观察家报》副社长爱德华多·萨拉梅亚·博尔达。当初，正是这位副社长发表了马尔克斯的第一部短篇小说。

不过这些都不如他第一个孩子的出生更能让他感到幸福。

8月24号，梅赛德斯生下了他们的第一个孩子，一个体格健壮的男孩，马尔克斯给他取名罗德里戈。很快，马尔克斯和梅赛德斯夫妻二人最好的开心果就成了这个刚出生不久的儿子，不久之后罗德里戈也成为他的教父门多萨和教母苏珊娜的开心果，因为罗德里戈实在是太可爱了，他们总是被他逗得大笑不止。

罗德里戈的洗礼是由卡米罗·托雷斯施行的。

卡米罗·托雷斯是唯一一个与马尔克斯关系密切的神父。两人是在大学的时候认识的，那个时候托雷斯还沉迷于诗歌，也正是因为诗歌他们才有了交集。那时候他们有一个四人文学小组，除了他们两人，还有路易斯·比亚尔·博尔达与贡萨洛·马里亚诺。后来不知为何，托雷斯突然迷恋神学，不顾家人的阻拦去了神学院。毕业之后，他又去了比利时留学学习社会学，那段时间，他们曾经的四人文学小组成员恰巧都在欧洲。留学归来以后，托雷斯去了国立大学教社会学。

马尔克斯再见到托雷斯是1959年，那时候托雷斯已经是一名全职神父了，他一心帮助那些无依无靠的穷人。后来托雷斯与马尔克斯时常走动，马尔克斯不时地邀请托雷斯来家里吃午饭，而且托雷斯也参加了几次马尔克斯与朋友们周末的聚会。

再后来托雷斯的思想有了很大的变化，他不再是一个醉心于慈善的神父，而是变成了一个激进的革命者。马尔克斯猜测可能是他遇到了什么事或者是目睹了什么事，才使得他的思想变化如此之大。

其实最初让门多萨担任罗德里戈的教父，托雷斯并不赞成，因为门多萨并不是信徒，也就谈不上虔诚，不过后来门多萨还是成为了罗德里戈的教父。

罗德里戈的出生给大家带来了太多的欢声笑语。马尔克斯和门多萨常常会在通讯社工作到半夜才回家，这个时候还是个小婴儿的罗德里戈已经沉沉睡去。但是回到家后这两个人看到熟睡的罗德里戈以后，常常会笑嘻嘻地把他弄醒，等孩子醒了以后再逗他玩。他们弄醒孩子的方法千奇百怪，梅赛德斯每次都会对他们打扰孩子睡觉的行为提出抗议，但是每到这个时候，马尔克斯就会做出一副无辜的表情，可怜兮兮地对妻子说："亲爱的，我们这两个爸爸就要经受不住折磨啦！"

《格兰德大妈的葬礼》——由现实与魔幻编织的经典之作

马尔克斯在1960年的新年到来之前写完了他的短篇小说《格兰德大妈的葬礼》。

第6章 笔耕不辍——穿梭于生活与工作中的激进革命者

那个时候，拉丁美洲所发生的一些事情令马尔克斯感到非常失望，同时他也发现了一些奇特的事件，仿佛哥伦比亚的历史并不是一直前进的，而是在原地打转。从各种意义上来看，《格兰德大妈的葬礼》这篇短篇小说是马尔克斯向着《百年孤独》所迈出的非常关键的一步。

小说的内容十分简单，实际上都不能将其称为一个故事，它的内容就像这篇小说的标题所写的那样简单。

马尔克斯将一个地区、一个家族的记忆以及那里的神话、历史相融合，塑造了故事中各种各样的人物形象。

马孔多92岁的族长格兰德大妈被当地人看作是这个世界上最有钱有权的人。这片地区附近的6个镇子的土地都属于格兰德大妈，水、街道，甚至是天上的云彩、炽热的阳光都是她的所有物。如果这个国家的人要使用属于她的街道，政府就需要向她支付一大笔钱。

她贪婪、无知而又粗俗，但是在她的土地上生活的人们都对此视而不见。因为在她的这片土地上，她有着绝对的权力。她甚至曾经给过她喜欢的医生特权，让他有权利禁止其他医生在当地营业。

后来她生了重病，并在临死之前以口授的形式立下了遗嘱。她用了三个小时的时间列出她所有的有形的财富，然后她又列出了那些属于她的无形的精神财富。通过这些遗产，足以窥见格兰德大妈在各个领域的影响力。

格拉德大妈的离世让人们有些不知所措，因为没有人想到像她这样的人也会死，人们甚至都不敢相信眼前所发生的这件事。

格兰德大妈的影响力实在是太大了，她的葬礼隆重无比，各界有头有脸的人物纷纷前来参加，甚至连总统与罗马教皇都来了。

从小说中能够看出这种情况是由于当年的殖民者所造成的。最初殖民者封赏给格兰德家族的人三块封地，然后早期的格兰德家族依靠这些土地，加上不避血亲的婚姻，不断累积着大量的财富。这也是格兰德家族能够统治这一地区长达两个世纪的原因。

格兰德大妈从未成婚，也没有自己的孩子。她所有的家业都是自己一个人挑起来的，而她的权威是通过他的侄子来实施的——他一直揣着枪"执法"。而她的遗产继承人也是她的侄子和侄女。

小说很多次提到奥雷里亚诺·布恩迪亚上校，这也表明在格兰德大妈所处的社会中不稳定的因素还有很多。而布恩迪亚上校及其家族也就是《百年孤独》中的主角及其家族。

最初格兰德大妈的死讯传到总统耳朵里时，坐在汽车中的他感觉到这整个城市都陷入了沉寂。等回到办公室，他看到他的部长们的神情比平日里更加严肃和苍白，而且身上也已经穿好了丧服。

与此同时，有很多乞丐正裹着报纸躺在附近已故总统的雕像下睡觉，但并没有人在意他们。很显然，对总统而言，乞丐是没有任何影响力的，可是格兰德大妈的影响力则不容小觑。一直以来，格兰德大妈的一生都在想方设法地保证自己的地盘"社会安宁"。她是一个有着雄厚的实力、呼风唤雨的人物，甚至她还可以左右总统大选。总统对格兰德大妈就如同对待那些女英雄一般，为她举行了9天的国丧。他们甚至发表演讲表示这次葬礼一定会办好，他们决心办出世界新水平。

所有媒体都对格兰德大妈的死讯进行了报道，消息铺天盖地传遍了全国，然后传到了国外，惊动了罗马教皇。当教皇看到报纸上刊登的照片之时，他认出了格兰德大妈，主教们也认出了她，于是教皇决定来参加她的葬礼。

来参加葬礼的人越来越多，各地的达官贵人、选美皇后甚至连布恩迪亚上校等一干人都来了。当然，布恩迪亚上校抛下家族的百年宿仇来参加这场葬礼也是有目的的——让总统补发亏欠了他们60年的抚恤金。

在小说的最后，格兰德大妈的死亡也意味着一个新时代的开始。她所拥有的权力和财产都被分散开了；教皇不再管俗世的这些事儿；而总统可以按照自己的想法来做出正确的判断；选美皇后也能够按照自己的意愿嫁人生子。在没有格兰德大妈的日子里，人们终于能够在曾经属于格兰德大妈的领地里随心所欲地搭建帐篷了。而这一切都是因为那个唯一有足够的权力制止他们的人已经开始腐烂了。

马尔克斯在讲述这个故事时，是从民间流传的角度开始的，并通过他的加工与夸张手法，让这个民间故事变成了一个传说，变成了一种现实的声音。这种声音响亮而又令人醍醐灌顶，其内容也不是一些暴力行为的描述，而是一些最为基本的现实情况。这就好像是这一周一直都是星期一，人们过了一天又一天，却发现这一天虽然即将过去但其实一直都未曾过去。

《没有人给他写信的上校》：让平凡的生活多一点勇气和力量

在通讯社工作的这段时间，马尔克斯依然没有忘记他想要从事的电影行业，他甚至考虑过辞去通讯社的工作，回到巴兰基亚创办一所学校，就像罗马电影实验中心那样。

1960年9月，巴兰基亚艺术中心的阿尔瓦罗·塞佩达·萨穆迪奥邀请马尔克斯作为波哥大电影俱乐部的代表前来对哥伦比亚电影俱乐部联合会成立的事情进行商讨。同马尔克斯一起参加讨论的还有埃尔南多·萨尔塞多·席尔瓦，他是这个电影俱乐部的创始人。

一群人在艺术中心里讨论了一天一夜，最后终于达成了共识，敲定了原则与章程，执笔的是马尔克斯和阿尔贝托·阿吉雷。

讨论结束之后，阿尔瓦罗邀请马尔克斯和阿尔贝托第二天到他家做客，他要请他们吃鲷鱼。于是第二天，马尔克斯和阿尔贝托在酒店里等阿尔瓦罗来。两人左等右等都没有等来阿尔瓦罗，于是干脆先在这里吃了午饭。

两人一边吃饭一边闲聊。谈及家庭情况时，马尔克斯告诉阿尔贝托，梅赛德斯打电话告诉他家里的水、电、煤气都已经欠费，如果再不交钱就会被停供。

阿尔贝托看出了马尔克斯的窘境，于是他在午饭后对马尔克斯说："加博，《没有人给他写信的上校》这本书我想出版。"阿尔贝托做出这个决定不只是为了帮助马尔克斯渡过眼前的难关，更是因为他在出书方面一直都是艺术大于利益的。他在两年前就读过《没有人给他写信的上校》，并且非常喜欢，那时候它还只是刊登在一本名叫《神话》的杂志上。各方面的原因都让阿尔贝托认为自己应当向马尔克斯提出出书的建议。

马尔克斯听到阿尔贝托的建议之后，并没有立刻答应，而是惊讶地看着他道："你疯了吗？你难道不知道现在在哥伦比亚什么书都卖不出去吗？当年《枯枝败叶》第一次出版的时候的样子你应该还没有忘记吧？"

"我当然记得，但是对这件事我坚持自己的意见。"阿尔贝托固执地说，"而且我还要先给你预付一部分版税。"

马尔克斯听了阿尔贝托的话没有再坚持，他知道梅赛德斯在波哥大遇到了困难，而且虽然当初他跟一家秘鲁出版社签订过《没有人给他写信的上校》这本书的出书协议，但事实上他们基本上是不会出版这本书的。于是考虑再三之后，马尔克斯还是接受了好友的建议。阿尔贝托也十分痛快地付给

第6章 笔耕不辍——穿梭于生活与工作中的激进革命者

了马尔克斯这本书版税的四分之一——200比索。

距离马尔克斯与阿尔贝托签订口头协议已经过去了1年。这天,阿尔贝托打来电话,告诉马尔克斯《没有人给他写信的上校》已经出版了。这本书在评论界博得了一致好评,无论是国内还是国外的文学批评家,都对其大加赞赏。但是,即使这样也无法掩盖它惨淡的销量:2000册的印量只卖掉了800册。

《没有人给他写信的上校》讲述的是一位70多岁的上校,他的儿子已经离开了人世,身边只有患有严重哮喘病的妻子和一只儿子留下来的斗鸡。尽管他家徒四壁、贫困潦倒,他却对未来充满着自信和天真的期待,用了56年的时间等待一份他可能永远都等不到的属于他的抚恤金。

每周五他都去等待曾经的诺言得到兑现,但是每每都会倍感失望。即便这样他还是坚持自己的尊严,儿子留下的斗鸡他一直养着,等待这只"全省最棒"的斗鸡能够赢得比赛,因为赢得比赛之后他可以拿到五分之一的提成。于是他没钱时就以斗鸡的分红来赊账;没饭吃而太过饥饿又怕邻居知道所以通过煮石头来对自己的窘迫进行掩饰;甚至连自己妻子治疗哮喘的药都被医生贴上了免费的标签。山穷水尽的时候,上校就是靠着逃避现实和一丝虚无缥缈的期待与幻想,熬过一天又一天。

上校和妻子的生活越来越难熬,他们把家里几乎所有可以卖的东西都卖掉了,最后能卖的只剩下他们家的挂钟、一幅画,以及两个人的结婚戒指。上校的妻子有很多次都想卖掉这只斗鸡,这样就能给上校买一双新鞋子,还能买些吃的回来。但是上校却不愿意,他觉得下周五就能够收到寄给他的那封航空信了,或者是等到1月份的斗鸡大会,他的斗鸡赢得了比赛,他们就能拿到钱了。

在生活面前,一切都显得那样无可奈何,上校的坚持也逐渐被蚕食掉。

无论是上校小心翼翼地将挂钟包好拿出去换钱，还是为了卖掉斗鸡而与人讨价还价，读者都能够从中感觉到一丝绝望，似乎生活再残忍一些，就可能会变成压倒骆驼的最后一根稻草。

寡淡的生活在大量的对话之中全部展现了出来，上校与妻子甚至不知道自己会不会在拿到钱之前先饿死，他们的对话中透着一股辛酸，却又带着一丝幽默。

在无情的时间面前，上校的战友们相继离世。上校忍受着悲痛，每天被贫穷所困扰着，忍受着饥饿，为了那一点渺茫的希望。他活着就是为了等待，等待那封不知道何时会寄给他的航空信。但是也正是因为等待才支撑着他继续活下去，虽然他等来的是一次又一次的失望。

也许彻底的绝望反而更好，但是生活却非要将人玩弄于股掌之中，不动声色地将人吞噬干净。上校生活的世界被乌云所笼罩着，但是有时候也会露出一丝阳光。上校有一个不离不弃的妻子，有在他付不起医药费时能够给他赊账的医生，有在他没米下锅时帮助他饲养斗鸡的人。这些对上校来说，都是能够冲破乌云的阳光，是上校能够对未来抱有一丝期待的底气。

对于两人的处境，上校的妻子早就看透了，所以她才会说出幻想与尊严不能当饭吃的话来。在无法填饱肚子的情况下，她只希望能够吃上一顿饱饭，穿上一身像样的衣服。但是很显然她不是一个只会抱怨而让自己生活在苦难之中的人，她能够不使用新的布料就将衣服缝补好，比如把衣服袖子的布改成领子，用后背上的布料做成新的袖口，等等。她尽自己最大的努力去让自己和丈夫穿得体面一些，会在丈夫出门前提醒丈夫梳头发，也会认真思考是否应该种一些玫瑰。

上校的等待或许过于偏执，但是他也是一个乐观正直有些浪漫且不会坐以待毙的人。上校不是一个脆弱的人，困境没有击倒他，没有让他一蹶不

第6章 笔耕不辍——穿梭于生活与工作中的激进革命者

振,反而让他变得更为倔强。他对未来抱有希望,他真心实意地相信自己能够活着等到属于他的那封信的到来,并在这种生活中坚守自己的本心。奇迹没有出现在上校的生活中,但是他的身上总是散发着一种勇气,让他可以与生活抗争。

这篇篇幅不算长的小说从头到尾都没有对贫穷的可怕之处进行过分夸大的描述,也没有刻意对痛苦进行渲染,只是用一些琐碎的生活细节来进行简单的陈述:仅剩的一些混着铁锈的咖啡末、几十年前的漆皮靴、破了洞的雨伞、石灰剥落的墙面……字里行间里所流露出的那种无可奈何的感觉让人的心揪起来。

寡淡的生活在小说的最后出现了一丁点与众不同,而这一点不同才更真实。"'那我们在这些天里吃什么?'她揪住了上校的睡衣领子使劲摇晃着说道:'你说,我们吃什么?'上校活了75岁,他觉得自己头脑清醒,内心无比坦荡,没有什么事可以难倒他,然后淡定地回答道:'吃屎。'"

这是一个时代强加在上校身上的悲哀,很少有人能够像他一样在这些平淡逝去的光阴中一直保持着勇气和力量,大多数人都会被时间磨平了棱角。

上校肯定不会真的去吃屎,但是同样的,他也不会停止日复一日的等待,他会一直相信那个持续了56年的谎言,他会继续生活下去,固执而又顽强地生活下去。

马尔克斯说过,当初他写《没有人给他写信的上校》的灵感来源有很多。

一是很多年前在巴兰基亚的鱼市上,马尔克斯曾经看到过一个沉默中带着焦虑的男子,他在等待一艘船的到来。

二是记忆中外公等抚恤金的场景。那时候,每到周四他都跟着外公去邮局。后来,他在别的地方也看到了许多像外公一样等信的士兵们,也许那封信永远都不会寄来。

三是当时混乱的社会状况。

四是马尔克斯当年看过的一部叫作《风烛泪》的电影，这是一部由意大利人维托里奥·德西卡所导演的电影，他非常喜欢这位新写实主义导演。这部影片所讲述的是一个退休的议员，他的退休金非常少，只能勉强度日。于是他常常去参加一些请愿活动，希望能够争取到更多的退休金，然而却总是被无情地驱赶。他孤身一人，只有一只小狗陪着他。因为交不起房租，他被房东赶出了门。但是即使是在贫穷的压力下他也倔强地不肯去乞讨，对生活感到无望的他想要结束生命，最后却被他的小狗唤起了继续活下去的希望。

五是马尔克斯当年在巴黎的经历。在巴黎的时候，他穷困潦倒、饥寒交迫，他知道那种痛苦、绝望却又带着一丝期待的滋味，所以在他笔下的上校身上，是能找到属于他的一点点影子的。

一次短暂而又独特的美国之旅

1960年9月底，阿根廷游击队长马塞蒂来到波哥大担任拉美通讯社新任社长，决定将马尔克斯派到一个新地方常驻。不过，在动身去新地方之前，马塞蒂先让马尔克斯去哈瓦那对通讯社的运作情况进行详细的了解。于是马尔克斯便独自乘坐飞机去了哈瓦那。

三个月的培训之后，马塞蒂建议马尔克斯前往加拿大。马尔克斯知道自己肯定不会在现在的岗位上待很久，因为到了12月底，他就回到了波哥大。

回波哥大之前，马尔克斯还抽时间去墨西哥探望了穆蒂斯。穆蒂斯刚刚被释放，从莱昆贝里监狱出来以后，他的精神还算不错。距离上一次见面

第6章 笔耕不辍——穿梭于生活与工作中的激进革命者

已经有5年的时间,马尔克斯很是感慨。在穆蒂斯的家中,两个人聊了很久,谈论了很多事情。马尔克斯也是在这个时候开始考虑自己今后是否要定居墨西哥。

回到波哥大的马尔克斯带着妻子梅赛德斯和儿子罗德里戈准备前往加拿大的蒙特利尔。

1961年的1月初,马尔克斯带着家人来到了纽约。他在这里等他和家人的签证,原本打算拿到之后便马上前往蒙特利尔。但是不知道是何原因,马尔克斯的签证一直没有办下来。无奈之下,马尔克斯只好先留在了人手空缺的纽约。

马尔克斯在美国待了将近6个月,其中大部分时间都逗留在纽约。他在这里过得非常艰难和紧张。他和同事常常受到威胁,以至于上班期间身边总是会放着几根铁棍。骚扰电话更是接连不断,甚至有人用家人来要挟他们离开美国。不过马尔克斯却依然白天去办公室里工作,晚上回到居住的旅馆修改《恶时辰》。

后来,马塞蒂被逼辞职。马尔克斯对这些钩心斗角感到深深的厌恶,不过他没有立即辞职,而是决定先看看情况,等事情平息之后再辞职。

门多萨在5月底来到纽约,而马尔克斯也在门多萨到来时向新任社长递交了自己的辞呈。离任时,马尔克斯希望通讯社能够为自己和家人购买机票,并且给自己一笔钱作为离职补贴。但是这位新任社长却说马尔克斯离职是自己主动要求的,并不是他们解雇他的,而且他们聘用马尔克斯时是在哥伦比亚,马尔克斯想要的这些可以去找波哥大的办事处帮忙解决。

听到新任社长的话,马尔克斯瞬间就明白了,他们只是在欺骗他,因为当时波哥大的办事处根本没有负责人。

6月中旬,马尔克斯带着梅赛德斯和儿子,前往新奥尔良,他们乘坐的是灰狗长途巴士,这个时候马尔克斯的手里只剩下200美元。过了几天,已经在新奥尔良的马尔克斯收到了门多萨寄过来的150美元。

前往新奥尔良的这段旅途令人烦闷，一眼望不到尽头的道路，显得空旷而凄凉。马尔克斯在这段旅途中感受到了严重的歧视。他们一家在蒙哥马利一晚上都没有找到一家旅馆睡觉。每一家旅店的老板都告诉马尔克斯他们的旅馆里已经住满了，没有多余房间，只因为他们认为马尔克斯一家人是墨西哥人。

巴士终于开到了新奥尔良。这一路上，马尔克斯及家人的吃的都是汉堡，喝掺杂着大麦芽的牛奶，长时间重复的饮食令他们感到厌烦。于是当马尔克斯收到了门多萨寄给他的150美元以后，立刻带着家人去了一家高级餐馆用餐。

马尔克斯一家人在长途巴士上颠簸了整整两个星期才来到拉雷多市，这里是美国与墨西哥的边境。经过了短暂休息之后，他们坐上了前往墨西哥的火车。

虽然这趟旅途算不上愉快，不过马尔克斯在美国南部的这些城市里也并非完全没有收获。在这段旅程中，马尔克斯看到了约克纳帕塔法郡的原型。约克纳帕塔法郡是威廉·福克纳笔下常常出现的地方。很多年前，马尔克斯还在巴兰基亚时就对这里非常向往。他从福克纳小说中了解到这片土地，现在他又长途跋涉地来到这里。从这里他知道了福克纳笔下那些凄惨的故事究竟有多么真实，也为他几年之后描写《百年孤独》中的那场有去无回的旅行打下了基础。

后来马尔克斯在给门多萨的信中写道："我们已经安全抵达墨西哥城。这次有趣的旅途让我明白了福克纳所描述的环境是如此真实，而且我还发现无论发生什么样的情况，出现什么样的变化，罗德里戈都可以灵活地应对，并很快地适应。"

第7章
百折不挠
——文学巨匠与电影的不解之缘

  进入电影界是马尔克斯从年少时期就怀有的梦想,虽然之前在罗马电影实验中心的学习没有让马尔克斯满意,但是他并没有因此就放弃进入电影界的想法。

  他之所以来到墨西哥,一个很重要的原因就是想要从事电影业。最初,马尔克斯一家生活艰难,为了生计,他只好从事一份自己并不感兴趣的工作。不过好在后来上天还是眷顾了马尔克斯,他在朋友的帮助下,认识了很多当时的电影界人士。怀着对电影事业的热爱,怀着改变墨西哥电影平庸现状的想法,马尔克斯一直努力着,并最终如愿以偿地融入了这些电影人的圈子之中。

  最初他只是帮助朋友进行剪辑,其间他发现对一个优秀的编辑而言,懂得剪辑的技术也是一件非常重要的事情。

  马尔克斯与这些新朋友的友谊日益加深,这让他心情舒畅并对未来充满了期待。之后,他终于得到了真正进入墨西哥电影界的机会。不过,当他真正进去之后才发现现实与想象之间的差距之大。

"再见，我的朋友！"——永远的大师海明威

1961年7月2号，马尔克斯和妻子梅赛德斯带着儿子抵达墨西哥，此时他身上只剩下20美元。这是一个星期天的傍晚，晚霞漫天，来火车站接他们的是阿尔瓦罗·穆蒂斯。当马尔克斯看到这位老朋友时，他也看到了马尔克斯，他的脸上立刻露出了熟悉的笑容，就像5年前在波哥大时马尔克斯见到的那样。

5年前，穆蒂斯在埃索哥伦比亚公司工作，并担任这家公司的公关部经理。他非常热衷于保护艺术家，并常常资助他们，比如帮助没有名气的诗人出版诗集，为有困难的朋友购买机票，为一些困窘的画家举办画展，等等。那时候穆蒂斯的手里掌握着公司的大笔资金，于是便自作主张地挪用了一小部分。后来他的这一举动被公司发现，总裁训斥了他，他给出的解释太过荒诞以至惹恼了总裁，因此被告上了法庭。幸亏有朋友的帮助，穆蒂斯才从官司中脱身来到了墨西哥。

穆蒂斯是一个非常有魅力而且适应能力极强的人，他来墨西哥没多久就融入了这里的生活。但是好景不长，就在穆蒂斯在文学与友谊的海洋中徜徉之时，他被抓了起来，还要被引渡到哥伦比亚。在他被捕的这段时间里，穆蒂斯的朋友们四处奔走，最终还是让他留在了墨西哥，之后穆蒂斯就在莱昆贝里监狱里过了15个月的牢狱生活。直到一年半之前，穆蒂斯才被释放。这一场牢狱之灾让穆蒂斯吃尽了苦头，也让他受尽了残酷的刑罚。对生命和文学的热爱，以及朋友们慷慨无私的友谊，支撑着他度过了这一段黑暗的日子。

穆蒂斯为人热情，他对待朋友从来都是毫无保留而又真诚的。他将马尔克斯一家人带到旅馆中，这里距离他的公司很近，他们能够随时见面。之后，马尔克斯一家人又在穆蒂斯的帮助下住进了瑞南街的一个小公寓之中。

多亏了穆蒂斯的帮助，马尔克斯一家的生活才没有太过凄惨，但是他们的生活依然艰难。这对夫妻甚至连张像样的床都没有，所谓的"床"是两个床垫摞起来的，只有儿子有一张小床。除此之外，家里的家具就只有两把椅子和一张桌子。

4号这天早晨，胡安·加西亚·彭瑟给马尔克斯打来电话，这是他在纽约认识的朋友，一个墨西哥作家。彭瑟告诉马尔克斯，2号那天早上7点30分，海明威用一把霰弹枪在美国自杀了。马尔克斯震惊了，他紧紧地握着话筒难以置信地瞪大了眼睛。他还记得第一次见到海明威时的情形。

1957的春天，天上飘洒着蒙蒙细雨，马尔克斯正在巴黎的圣米歇尔大街上溜达，忽然看到了路对面的海明威，海明威正在和他的妻子玛丽·威尔希散步。马尔克斯看到他头上戴着一个棒球帽，上身穿了一件苏格兰格子衬衣，下身的牛仔裤洗得有些旧了，但是很整洁。身材高大的海明威鼻子上架了一副金边眼镜，虽然他已经59岁了，但是走在那些大学生之中却还是显得非常有活力。

马尔克斯内心非常激动，在一时之间，兴奋的情绪让他有些不知所措："我应该走上前对他进行采访，还是仅仅向他表达自己对他的崇拜呢？"马尔克斯纠结了一小会儿，最终选择了第三种方式。因为他还不能熟练地使用英语，而且他也不知道海明威能不能听懂他的西班牙语。还有一点，就是他在见到了这位他十分喜爱的大师后，产生了一种发自内心的腼腆与羞涩。

于是马尔克斯将手拢在嘴边，兴奋地站在原地冲着海明威喊道："大——

师——"海明威听到马尔克斯的喊声，立刻望过来，手举得高高的向他挥了挥手："再——见——我的朋友！"他用的是西班牙语，虽然他讲得并不熟练，但还是让马尔克斯兴奋不已。他觉得这次相遇，似乎让他的生活发生了一些不为人知的变化。

但是，令马尔克斯万万没想到的是那第一次的相遇，也是他最后一次见到海明威。对他而言，海明威和福克纳都是他重要的文学导师，他怎么也不敢相信，海明威真的就这么死了。

放下电话，马尔克斯立刻写了一篇文章——《自然死亡的男子》，这是他到墨西哥以来所写的第一篇文章。马尔克斯在这篇文章中做出了预言，他说海明威在文学史上一定会超越很多伟大的作家，因为他的文字技巧是那样的丰富，他对人性心理的了解是那样的透彻。

7月9号，墨西哥的《新闻报》上刊登了马尔克斯的这篇文章。而这也是马尔克斯头脑中新时代的开始。

初到墨西哥的几天往往会因环境问题而水土不服，马尔克斯很幸运，但是他的妻子梅赛德斯显然没有这么好的运气，她刚到这里就患上了痢疾，严重的病情让她深受折磨。

妻子痛苦的样子让马尔克斯非常难过，但是初来乍到，他又没有工作，更没有钱。在很长的一段时间里马尔克斯都没有找到工作，他甚至已经开始期待在某一天会有一个好心人给他介绍一份工作。

马尔克斯一家如果想要长期住在墨西哥就需要拿到当地的居住证，但是内政部却迟迟不发放。无奈之下，马尔克斯和梅赛德斯不得不每天花很多的时间到内政部去排队，风雨无阻。他们希望能够遇到内政部工作人员心情好的时候，能顺利地拿到居住证。

而拉丁美洲通讯社欠马尔克斯的工资依然拖着迟迟不给，马尔克斯除了等待毫无办法。他给门多萨写信,也在信中自嘲:"假如再这样过几天,我想我就只能去重新写一遍《没有人给他写信的上校》了。"

一个书生,还是一个务实的工匠

墨西哥是一个美丽的城市,这里有各种各样的文化活动,马尔克斯的朋友们对他也十分慷慨,但是他却开始经常性地发呆。穆蒂斯察觉到了马尔克斯的失常反应,他知道这是一个人在面对一个新的城市以及面对一种新文化时常有的反应。

马尔克斯来自加勒比海岸,他有着如同大海一般开阔的胸怀,但是对墨西哥这座城市的文化显然比较封闭。马尔克斯的朋友都是一些西班牙人或者是西班牙人后裔,这让他感觉自己无法融入这座城市中,这种想法困扰着他,使他感到十分孤独。

最初,马尔克斯选择来墨西哥有很大一部分的原因是他想要从事电影行业。但是,当他来到这里时却发现,这座城市电影界的圈子实在是太过封闭了,他想仅靠自己挤进去无异于天方夜谭。这一点显然加重了他心中的苦闷。

穆蒂斯发现马尔克斯身上的异常之后,决定带着好友去加勒比海。一个空气清新的周六早晨,穆蒂斯开着他那辆红色的福特载着马尔克斯出发了。同行的还有弗朗西斯科·塞万提斯,这是一位年轻的诗人,才23岁。塞万提斯是跟着两人去看海的,因为他长这么大还没有去过海边,一路上十分兴奋。

马尔克斯胸中的烦闷在见到大海时一扫而空。"我当然会留在这里！"他开心地对穆蒂斯说。于是，马尔克斯就留在了墨西哥这座城市。

很快，梅赛德斯又怀孕了，预产期是来年4月份。马尔克斯非常开心，并且信誓旦旦地跟梅赛德斯说，这次生的一定是个女儿，他甚至连名字都想好了，就叫阿蕾罕德拉。不过，这样一来，马尔克斯一家的负担也更重了。

马尔克斯每天都出去找工作，但同样每天都无功而返。一天晚上，他回到家里，梅赛德斯知道他依旧没有找到工作，却不得不告诉他，他们现在已经没有钱吃饭了，甚至孩子的牛奶都没钱买了。

听梅赛德斯说完，马尔克斯抱起儿子，让他坐在自己的膝盖上，郑重地向儿子发誓，一定会找到工作让他们全家脱离现在的窘状。马尔克斯的儿子只有两岁，他懵懵懂懂地好像没听懂，又好像是听懂了，因为他睡前虽然没有牛奶喝了，但还是没有哭闹就睡着了。

马尔克斯第二天一大早就给穆蒂斯打电话，拜托他帮自己找一份工作。穆蒂斯一口答应下来，他利用自己在生意上的一些人脉关系为马尔克斯联系了几个工作，并通知马尔克斯去面试。

9月26号，马尔克斯提前半小时就到达了与阿拉特利斯特约好的酒吧，因为鞋子开裂，他不得不早早过来，以免在人前失礼。阿拉特利斯特是一个实业家，他从事的是家具制造业，做得非常成功，最近他刚刚进军新闻业和电影业。其实，马尔克斯想借机进入电影界。但是没想到，阿拉特利斯特提供给他的工作却与电影无关，而是请他担任《社会事件》与《家庭》杂志的社长。

《社会事件》专门报道流血事件，而《家庭》则是一本女性杂志。

其实，阿拉特利斯特之前就已经看过马尔克斯写的新闻报道，那是穆蒂斯给他的。在他看来，马尔克斯实在是太优秀了，这样有才华的人肯定是

第7章 百折不挠——文学巨匠与电影的不解之缘

不会来这种刊登通俗内容的报社工作的。穆蒂斯宽慰道:"您可不能这么看他,他虽然是一个书生,但是您要把他当成一个非常务实的工匠才对。"

事实也确实如此,为了家里的生计问题,马尔克斯只是稍做犹豫就接受了阿拉特利斯特提供给他的这份工作。不过他也向阿拉特利斯特提出了两个要求:一是不公开他的名字;二是签发东西之时不要找他。

阿拉特利斯特答应了马尔克斯的要求,然后满意地离开了。马尔克斯看着阿拉特利斯特走远之后,才站起身来向酒吧门口走去,他那开裂了的鞋子随着他的步子噼啪作响。

回到家后,马尔克斯抱起儿子,问他有没有什么想要的东西。小男孩认真思考了一下,告诉他自己想要一个球。马尔克斯点点头,出去买了一个漂亮的球回来。

马尔克斯很快就对《社会事件》与《家庭》这两本杂志进行了整改。马尔克斯的商业眼光和才能是显而易见的,而且在这一行业里他的经验也非常丰富,之前在委内瑞拉时,也曾经做过编辑,对他这份工作得心应手。

在《家庭》这本杂志上,他刊登了很多实用性的东西,比如毛衣编织的方法、刺绣、菜谱等;在《社会事件》这本杂志上,除了刊登一些看起来骇人听闻的犯罪报道和凶杀推理的案件之外,还在里面添加了一些外国文化的报道、连载的名人传记、短篇的侦探故事等。在马尔克斯的努力下,两本杂志渐渐摆脱了其原本庸俗的定位,变得生动有趣,销量因此而节节攀升。在第二年年初,《社会事件》的发行量已经比之前的发行量足足多了一千本,而且还隐隐有上升的势头。

当时在同一个工作大楼中,还有另一本杂志也在运作着,这是一本标榜高雅的杂志,叫作《赶时髦》,然而它的销量却很差,整个编辑部之所以还能够继续运营下去,靠的就是马尔克斯主持的这两本杂志。马尔克斯还因此抱怨说，是他养活"你们这群高雅的人"。

　　马尔克斯的工作渐渐稳定了，同时家里的生活也得到了很大的改善。4月份，他给门多萨写信说："我的老板有一个很大的办公室，里面铺着上好的羊毛地毯，他还有两个随身的秘书。我经常想，如果他不是个非常罕见的天才，那就一定是个疯子。我现在依然不是富豪，不过我也已经搬家了，新家距离我的办公室很近，不到3条街的距离。我打算过几个月买辆车，大概会买一辆奔驰吧……离生产还有10天，梅赛德斯还在不断长胖。不过她已经准备好等身材恢复之后去买很多洋装和鞋子了。"

　　4月16号，马尔克斯和梅赛德斯的第二个孩子出生了，不过并不是马尔克斯期待已久的女儿，而是个儿子。早先取的名字用不上了，马尔克斯只好重新给孩子取了名字，叫作贡萨罗。而哥伦比亚语言学院也在这一天决定将小说竞赛的头奖授予马尔克斯的《恶时辰》。

　　事情要追溯到上一年的9月份，正是波哥大埃索石油公司赞助的埃索长篇小说奖的投稿时间。穆蒂斯告诉马尔克斯他们收到的173篇作品中没有一篇看起来是能够得奖的，于是鼓动马尔克斯报名参加这次比赛。于是马尔克斯就将早就被他扔到一边的稿子翻找出来进行了修改，并在截止报名的前一刻交上了自己的作品。

　　马尔克斯给这篇小说起名为《这个狗屎不如的镇子》，但是后来自己觉得这个名字实在是有些不像话，于是最终稿子寄过去时注明：无题。就像穆蒂斯所说的，他的小说果然被评委会相中，并将头奖颁给了他。之后这篇小说的名字改为《恶时辰》，它文字简洁，风格明净，可以说是马尔克斯的作品当中最像电影剧本的一本小说。

　　头奖的奖金足足有3000美元，它就像是一场及时雨，让马尔克斯拮据的生活一下子变得宽裕起来，他先是买了衬衣和睡衣送给了穆蒂斯；然后用这笔钱买了一辆车,不过不是他心心念念的奔驰车,而是一辆欧宝的白色汽车;最后还付了医院的账单。

马尔克斯在给门多萨的信中写道:"这辆车可以称得上是我这辈子最特别的一个玩具,我经常半夜醒来,走到窗边看它是不是还在那里。"

峰回路转——打破写作"瓶颈"后的再次"绽放"

到墨西哥的这两年,马尔克斯几乎没有什么作品问世。

他后来对自己那时候的状态分析时说:"写了很多书以后,我感觉自己好像走进了一条死胡同,我在那里拼命地寻找出路,哪怕是一条缝隙也好,我想要从那里逃脱出去。我很熟悉能够为我指明道路的作家,无论他们所指的道路是好还是坏,我还是有一种在原地打转的感觉。但是我很清楚自己并没有才思枯竭,我有很多东西想要写,却找不到一种心仪的写作方式,那种既让人觉得有诗意又具有说服力的方式。"

后来有一天,阿尔瓦罗·穆蒂斯下班以后来找马尔克斯,他不是空手来的,而是带了一大摞书。马尔克斯住在7楼,穆蒂斯来到他们家时累得气喘吁吁,他把书塞到马尔克斯的怀里,大声冲着他喊道:"你读读这些好好学习一下吧!"

书的作者是墨西哥的作家胡安·鲁尔福。

马尔克斯当晚读的是《佩德罗·巴拉莫》,他被深深吸引了,兴奋地读了两遍才意犹未尽地上床睡觉。

第二天他告诉穆蒂斯:"这本书太棒了!我上一次感到如此激动还是在

十几年前我窝在波哥大的学生公寓阅读卡夫卡的《变形记》的时候!"然后他立刻又读了穆蒂斯带来的另一本书《燃烧的荒野》,这本书同样震撼了马尔克斯。

一直到年底这段时间,马尔克斯都没有再去读其他人的作品,他觉得读了胡安·鲁尔福的书以后,其他人的书在他心中的分量都不够了。

其实,马尔克斯最初接受阿拉特利斯特提供的工作,目的也十分明确,就是为了养家糊口。但是事实上,马尔克斯也有自己的小心思。那个时候,他认为能够表达自己想法的最好方式就是通过电影,所以他非常希望阿拉特利斯特能够将他调到电影相关的部门去工作。于是他努力地办刊,赚取更多的利润,但是他这样做反而让阿拉特利斯特舍不得将他调离这里了。

阿拉特利斯特还有个毛病让马尔克斯心累不已,那就是拖欠工资。尤其是最开始马尔克斯一家生活还比较困难那会儿,阿拉特利斯特常常忘记给他发工资。其中有一次,阿拉特利斯特连续三个月都没有给马尔克斯发工资,马尔克斯不得已只得去找他讨要工资,而阿拉特利斯特却只是告诉他工资肯定不会少了他的,并叫他安心。然后阿拉特利斯特带着马尔克斯上了汽车,到了一家土耳其浴室。

在那里,阿拉特利斯特开了张支票给他。但是浴室里水汽蒸腾,等马尔克斯拿着支票走出门去之后,支票上的字迹都变得模糊不清了,没办法,马尔克斯只得拿着这张模糊不清的支票返回了浴室,并请阿拉特利斯特赶回更衣室重新给他开了一张支票。

马尔克斯在1963年4月份写了一个剧本《死亡时刻》。他将剧本拿给了阿拉特利斯特。阿拉特利斯特看过之后表示马尔克斯以后可以在家里专职写剧本了,他还是会像以前那样给他发同样数额的工资。

但是没想到,在夏天到来之时,阿拉特利斯特却要和马尔克斯解约。之后马尔克斯在穆蒂斯的介绍下去了一家名叫沃尔科·汤普森的广告公司,并很快就得到了一个可以进入电影界的好机会。

当时,阿尔瓦罗·穆蒂斯有一个关系不错的朋友,他是墨西哥电影界的一个权威人物,他的名字叫作马努埃尔·巴尔巴扎诺·彭塞。彭塞是一个非常有侠义心肠的人,在穆蒂斯被关在监狱的15个月里,彭塞依然给他发着工资。正是因为彭塞的这种性格,让他的身边有着一大群优秀的作家、电影人和画家。

彭塞也对胡安·鲁尔福的作品非常喜爱,并且想将胡安·鲁尔福的一篇名为《黄金斗鸡》的短篇小说改编成影视剧本并搬上银幕。所以他迫切需要一个编剧,这个编剧要跟他一样喜爱胡安·鲁尔福的作品,于是穆蒂斯就将马尔克斯推荐给他。

马尔克斯兴高采烈地辞掉了广告公司的工作,开始对《黄金斗鸡》进行改编。过了几个月,巴尔巴扎诺·彭塞看到马尔克斯改编完成的剧本后十分满意。

他对马尔克斯说:"这真的是一个完美的剧本!除了一点小小的瑕疵——对白不是墨西哥话,而是哥伦比亚话,如果改成墨西哥话就更好啦!"

而这时候,卡洛斯·富恩特斯为马尔克斯提供了很大的帮助。富恩特斯在欧洲待了很长的一段时间,才回来没多久,正巧他来找巴尔巴扎诺·彭塞,于是马尔克斯就与这位墨西哥年轻的作家见了面。其实马尔克斯和富恩特斯两个人早就已经互通书信并且也读过对方的作品了。

巴尔巴扎诺·彭塞非常高兴,他知道小说想要改编成电影并没有那么容易,但是他非常庆幸自己找来的这两个编剧都像他一样深爱着胡安·鲁尔福的作品,尤其是卡洛斯·富恩特斯在那个时候已经成名许久。但是富恩特斯对帮助修改剧本这一事情却没有立刻答应下来,这让马尔克斯难以置信,因为在他的认知里，富恩特斯是一个慷慨、热情而又爽快的人。

卡洛斯·富恩特斯比马尔克斯小一岁，但是他这个时候已经是一位非常有名的作家了，不仅仅是在墨西哥，在全世界也享有很高的声誉。在认识马尔克斯之前，他就已经出版了很多部小说。比如被公认为引领拉美小说潮流的《净土》，以及被认为比《净土》更为伟大的长篇小说《阿尔特米奥·克罗斯之死》。

富恩特斯满腹经纶，外表英俊，行为举止充满魅力，是一个非常乐于助人的人。他走遍了大半个世界，法语和英语都说得十分流利，他的脸上时刻都挂着迷人而又亲切的笑容，整个人都透着一种自信。

与富恩特斯相比，马尔克斯感到十分惭愧，他虽然也是拉丁美洲的一个优秀的作家，但是他的作品只在暗处流传。除了自身的技艺以及爱情和友情，他可以说是一事无成。他性格内向，口才也不好，在一些场合常常显得格格不入。

或许是因为两人早先互通信件时，马尔克斯给富恩特斯留下了落落大方、无拘无束的印象，所以当他们两人见面以后，马尔克斯的拘束、扭捏让富恩特斯产生了一点小小的失望，这就使二人之间形成了一种僵持的局面。不过这次会面所带来失望很快就过去了，不久之后富恩特斯和马尔克斯就成为了好友并结下了深厚的友谊。而两人的友谊正是从《黄金斗鸡》的改编工作开始的。

马尔克斯后来回忆当时的情景时说："那时候我们常常与导演加瓦尔东争论剧本，大概有五个月的时间都在做这件事，但是争论来争论去，剧本的事情依旧没有任何进展。"

在马尔克斯和富恩特斯携手合作之下，《黄金斗鸡》的最终剧本是非常贴合原作的。但是导演加瓦尔东却是一个年老的商业片导演，他的想象力

第7章 百折不挠——文学巨匠与电影的不解之缘

不够丰富而且坏毛病也不少,总是对着剧本一会儿改改这里,一会儿改改那里,把马尔克斯和富恩特斯改编的《黄金斗鸡》改得面目全非。不仅如此,他还常常反反复复地折腾,让人非常崩溃。最后,马尔克斯和富恩特斯都烦闷透顶,于是两个人直接将剧本堆到了导演面前,并且告诉他:"你随意吧,想怎么改就怎么改!"

最终,被修改得无法辨认的剧本所拍成的电影票房惨淡,看过电影的人对电影的评价也都非常低。

不久之后,马尔克斯又与富恩特斯合作对《佩德罗·巴拉莫》进行了改编。但是,这部电影依然以失败告终。

虽然连续两部电影都失败了,可是马尔克斯依然斗志高昂,他从这两部电影的失败之中获益匪浅,也总结了许多经验。

1964年10月,他转让了自己的短篇小说《咱们镇上没有小偷》的影视改编权。同时他参与了电影的拍摄,并在这一过程中表现得十分积极。那时候他在剧组里当剪辑,也经常会去充当一下群众演员,并且乐此不疲。之后,这部影片在第一届实验电影竞赛中斩获摄影奖和改编奖。初期的成就使得马尔克斯非常开心,他似乎看到了光明的未来。

年底,他将自己之前的剧本《死亡时刻》重新修改,并拍摄成电影。这是他自己创作的第一部电影剧本,通过这个剧本能够看出马尔克斯在电影界所寻求的东西。但是两年之后电影上映之时,却以惨败收场。

除此之外,马尔克斯参与撰写的剧本还有很多,比如《我生活中的洛拉》《危险的游戏》等。

在马尔克斯看来,最完美的表达手段就是电影这门第七艺术,因此在1963年的下半年到1965年这段时间,他一直醉心于电影剧本的创作。

马尔克斯在拉丁美洲电影发展史上留下了浓重的一笔,并为此做出了重要贡献。而在此之后，马尔克斯的大部分精力又重新回到了文学创作上，但是对拉丁美洲电影的发展，马尔克斯依然时刻关注着。

从大编剧到"迷途知返"的小作家

进入电影圈之后，马尔克斯的生活水平有了明显的提高。现在的他不仅是一个优秀的编剧，还是一个广受好评的广告人。

手头宽裕的马尔克斯带着妻子梅赛德斯搬了家。他们搬离小公寓来到了圣安赫尔因小区。他给门多萨写信，告诉门多萨："这栋房子很不错，不仅带着院子，而且还有一间大大的书房，同时还有很多间客房，电话也有，住在这里非常舒适，最重要的是这周围的环境非常安静。"

不过比起邻居来，马尔克斯可能还是贫穷的。但是他从来不会去为了掩饰这些而去穿一些十分夸张的衣服，而是打着领带，身上穿着笔挺而又整洁的衣服，这让他看起来非常有精神。

进入电影圈之后，马尔克斯的交际圈也明显扩大了很多，他认识了更多有名的制片人和导演，也认识了许多知名的作家和艺术家，还有在当时备受人们追捧的帅气的男演员和漂亮的女演员。但是，这样的生活依旧不能让马尔克斯感觉到快乐。

马尔克斯觉得表达故事最好的方式就是电影，所以当年他想方设法地走进了这个圈子。但是在这个圈子里待久以后，他发现一个编剧不能随心所欲地创作，就无法在其中起到太大的作用。因为电影这种表现形式的干扰因素实在是太多了，不仅受到制片人、导演的喜好与兴趣的影响，赞助商也会因为利益问题而横插一脚。不仅如此,当下观众的想法和喜好也是必须考虑的因素之一。最后,因为拍摄条件有限,电影拍摄和制作出来之后本身就会带着一定的缺憾,所有因素加起来,导致电影最终呈现出来的样子与最初的设想会有很大差别。

几十年之后,富恩特斯还记得当时他们两个人坐在一起长吁短叹的样子。

"这活还怎么干!我真的要受不了啦!"富恩特斯郁闷地向马尔克斯抱怨道。

"可不是嘛!"马尔克斯露出凶狠的表情,"这编剧真是当不下去了,这活儿简直是在跟文盲一起干!太憋屈了!我要回我的哥伦比亚去!"

"哎,加博,消消气。"富恩特斯拍了拍马尔克斯的肩膀,安慰道,"我们来做这个工作的初衷是为了赚钱写小说,这一点可别忘了呀。你要记住,加博,你要写的不是这些剧本,而是大部头小说!"

不过,在电影圈的工作显然对马尔克斯的构思方式造成了极大的影响,而且还占用了他大部分的精力和时间。于是,在完成了许多故事大纲以及3个剧本之后,马尔克斯毅然决定不干了。因为他发现,电影编剧所带给他的只不过是一块小小的绿洲而已,而他真正想要的却是广袤的大草原。此时他明白,电影并不是他之前所认为的那种"尽善尽美的形式"。

而电影为自己带来的启发以及限制,马尔克斯在后来做出过总结。他说:"我曾经认为,电影所带来那种视觉冲击力用来表达故事最恰当不过了。我被这种感觉牵着走,在《百年孤独》之前的所有作品都受到了这种感觉的影响。那个时候我总是想要将布景、角色、对话等呈现出最细微的效果,指出镜头观点是我最喜欢做的事情。但是,当我真正接触到电影这个行业的时候,却发现我以前的想法太过简单了。我在这里了解到很多,知道了有些事是能够做到的,也有一些事是无法做到的。对其他的叙事元素而言,电影所具有的力量是远远超过它们的，但是这样的优点在某些时候也会带来一种局限性。这个惊人的发现让我意识到，也许只有小说本身才真正地具有无限的可能性。而只有当我摆脱电影的思维模式之后，才能从小说创作的瓶颈中走出来。"

如果马尔克斯甘心当一个平庸的作家，那么截止到1965年，他所取得的成就已经到达了一个巅峰。在哥伦比亚，马尔克斯是一个有名的小说家和记者；在墨西哥，马尔克斯是一个电影编剧；在整个拉丁美洲，他的作品已经开始受到人们的广泛关注。他已经从贫穷中摆脱出来，住上了明亮宽敞而又舒适的房子，穿上了质地良好而又时髦的衣服，还穿梭于各种场合。不过富恩特斯家的开放式茶会，才是马尔克斯最喜欢的。在这里，马尔克斯可以延伸自己从文学、电影、新闻工作中所获得的快乐。不同于墨西哥其他文人的西装革履，马尔克斯常常穿着他的毛线外套，那是一件黑白方格图案的外套，因为质地的原因还常常会起静电。不过马尔克斯却对这件外套视若珍宝，他认为这是他的护身符，而且从他在罗马学习电影那段时期就已经开始这么想了。

从罗马学习电影开始到现在已经10年了，他不仅对电影感到了失望，还感觉自己的写作进入了一个瓶颈阶段。他常常向朋友们抱怨自己现在没有什么可以写的了。为此他常常写信给门多萨："现在我把镇静剂夹在面包里吃，就像我夹在面包里的奶油一样，可是我依然失眠，每天睡觉的时间不超过4个小时。我希望我可以重新开始……我现在没有在写什么，就像你所看到的，这两个月来，我每次坐在打字机前面都不知道应该如何开始。我感到很害怕，尤其是一想到我可能会无法再写出什么，而且也没有什么方式赚到更多钱的时候。我已经不知道该怎么说了，兄弟。我想我完了，我已经是屈服于命运的一个可怜虫了。"

第7章 百折不挠——文学巨匠与电影的不解之缘

马尔克斯的不安与压力很多人都看在眼里。乌拉圭的文学批评家埃米尔·罗德里格兹·蒙内卡尔曾经说，马尔克斯的状态就像是一个"栖息于地狱中受尽折磨的灵魂"。许多人都认为马尔克斯已经才思枯竭了，但是作为最了解马尔克斯的人和他最为亲密的好友，穆蒂斯并不这么认为。后来谈起当年的情况时，他说："很多人说加博以后写不出什么了，但是我从来都不相信这种论调。加博天生就是一个作家，只不过在那几年他要消化很多东西：一是需要用时间来化解的墨西哥综合征；二是与鲁尔福的作品相关联的事物；三是他还在领悟电影为他带来的知识。"

而这时，却有一项荣誉"砸"到了他的头上。事情要从1965年的6月份开始说起。一天，一个叫作路易斯·哈尔斯的美国人来拜访富恩特斯。哈尔斯对9位拉丁美洲小说界最为成功、最具有说服力的作家进行采访，因为他正为创作一本名为《我们的作家》的书做准备。这9个人分别是豪尔赫·路易斯·博尔赫斯、米格尔·安赫尔·阿斯图里亚斯、阿莱霍·卡彭铁尔、若昂·吉马朗埃斯·罗萨、胡安·卡洛斯·奥内蒂、胡安·鲁尔福、胡里奥·科塔萨尔、马里奥·巴尔加斯·略萨、卡洛斯·富恩特斯。

富恩特斯在接受哈尔斯采访时，向哈尔斯推荐了马尔克斯。他告诉哈尔斯，虽然马尔克斯还没有太大的名气，但是他的作品却让他有足够的实力被收录进《我们的作家》中。

哈尔斯听了富恩特斯的建议之后认真读了马尔克斯的小说，他感到非常惊喜，立即去找马尔克斯，于是原定的9位作家也就变成了10位。

当哈尔斯找到马尔克斯之时，马尔克斯正跟随导演拍摄《死亡时刻》这部电影。两人的访谈是在一家老旅馆中进行的，在这里，马尔克斯向哈尔斯讲述了自己的生平和作品。不过他却没有提及自己的写作计划，直到1965年11月份给哈尔斯的信里才提及了《百年孤独》以及它的内容和创作过程。

"我感到非常满意。5年了,没有写出一部作品啊,但是这一次我的灵感却像泉水一样喷涌而出,完全不需要对词句进行斟酌。"

就这样,马尔克斯的墨西哥综合征痊愈了,鲁尔福的精髓也学到了,然后他就从电影这个"歧途"上返回了。

第8章

不平则鸣

——造就《百年孤独》的"大魔术师"

马尔克斯曾经一口咬定《百年孤独》开始创作的时间是1965年10月,但是事实上在9月份,马尔克斯已经完成了不少。或许是因为他在摆脱了许多困难以及缠身的事务之后已经是10月了,才导致他记错了时间。他开始创作的时间大概是在7月中旬。因为他同出版代理人签订的那份如同玩笑一样的代理期为150年的授权书上,注明的日期是7月7日,而那个时候,马尔克斯还没有动笔写《百年孤独》。

对电影业以及广告业感到厌倦的马尔克斯在朋友的鼓励之下决定继续他的创作。马尔克斯写作的时间很长,也有着很多大出版商朋友,作品也足够优秀,但是因为名气不够响亮,所以即使是作为他朋友的那些出版商也不敢随便帮他出书。而《我们的作家》恰巧为马尔克斯创造了一个契机。因为被收录进这本书也就意味着他在拉丁美洲的杰出作家中占有一席之地,同时为他的作品提供了一个很好的展示平台。于是马尔克斯便把握住了这个机遇,并以此激励自己沉下心来创作《百年孤独》。

最壮丽的百年大陆史诞生的背后

在马尔克斯打算沉下心写《百年孤独》的那段时间，为了补充写作材料他去了一趟巴兰基亚，顺便探望一下居住在那里的亲人。原来他打算在那里待上一个月，但是仅仅过了一个星期的时间他就返回了墨西哥城。因为在那个时候，小说的脉络就已经非常清晰了，但是他仍然有一个非常重要的问题没有得到解决。于是，马尔克斯决定带着妻子梅赛德斯和两个儿子到阿卡普尔科度假。

白色的欧宝汽车里，梅赛德斯在陪着两个孩子玩耍，马尔克斯开着车。忽然，一句话出现在他的脑海中："许多年以后，奥雷里亚诺·布恩迪亚上校站在行刑队面前，准会想起父亲带着他去见识冰块的那个遥远的下午。"

这句突然出现在脑海中的话语就如同黎明前出现的第一道光芒，一切的黑暗和雾霭在它的面前都烟消云散。马尔克斯终于为他那部从18岁起就不断构思的小说找到了开头的第一句话。

此时的马尔克斯不再犹豫，他立刻踩刹车，兴奋地告诉了梅赛德斯，然后他们掉头返回了墨西哥城。一部伟大的作品从此踏上了旅程。

马尔克斯到家之后就立刻钻进了书房。马尔克斯的书房是用木板隔出的，位于客厅的尽头，他将它称作"黑窝"。书房只有两米半宽、三米长，却有一扇窗户能够看到外面的庭院，光线十分充足。虽然不大，里面的东西却很齐全：一个摆满了书的书架、一张柔软的长沙发、一张不算大的木桌，书桌上放了一台打字机。这是属于马尔克斯的小天地。

而家里其他的地方就属于梅赛德斯了。他们居住的这所房子是一个二层小楼，带着一个独立的小院子，院子里种着两棵枝繁叶茂的白蜡树。他们还

第8章 不平则鸣——造就《百年孤独》的"大魔术师"

有一个花园,两个孩子每天放学回来都会在草坪上玩耍。

几个月之前,马尔克斯租下了这里。这里位于郊区,房屋掩映在一丛丛茂盛的植物中,站在屋内远远地还能看到神秘的火山,空气也非常清新。其实这么大的房子对他们家的经济状况以及人口来说的确是有些大,但是对马尔克斯来说,这里却足够僻静,非常适合他想要的隐居式生活。

马尔克斯坐在打字机前开启了自己的这段新的旅程。他穿着一套蓝色的背带式的连体衣。而他之所以会这样穿,首先是因为这样的衣服比较舒适,其次是因为他写作过程中需要思考时,往往会拿着颜料在门上涂画或者是拿起螺丝刀拆卸、安装门锁。

不过,马尔克斯封闭起来写作的计划没过几天就失败了,因为电影和广告的事务实在是太多了。这些事情对马尔克斯造成了严重的干扰,而将他的创作激情削弱了不少,这使他感到十分头疼,因为此时的他根本无心关注电影和广告,他满脑子都是自己的这部小说。

于是马尔克斯找到上司辞掉了自己的工作,从电影团体中脱离出来,并告诉他团体中的那些人他要开始闭门创作,以后就不会经常见到他了,因为他这次打算全力以赴。

梅赛德斯在马尔克斯创作期间给了他无限的支持,她一个人努力支撑着这个家。最初,马尔克斯打算用6个月的时间来完成这部作品,然后他给了梅赛德斯5000美元——这是他这些年来的积蓄,用以维持家庭生活,他希望在这段时间内不受到任何打扰。

梅赛德斯拿到这些钱后仔细筹划,以确保这些钱能够支撑他们一家人的生活。然而6个月之后,马尔克斯的作品并没有完成,家里也到了山穷水尽的地步。无奈之下,马尔克斯将他的白色欧宝汽车开到典当行换了一笔钱,没有了代步工具的马尔克斯每天只能走路回家了。

把钱交给梅赛德斯之后，马尔克斯再次投身于写作之中。这些钱并不多，几个月之后便又花光了。不过这一次梅赛德斯并没有告诉马尔克斯这一情况，她知道无论如何也不能再打扰马尔克斯了。于是她默默地去典当行当掉了自己所有的首饰，然后又陆续地当掉了家里的电视机、收音机、电冰箱……最后只剩下了做饭用的厨具、吹头发用的吹风机、马尔克斯书房里取暖用的小电暖炉。然而这些不过是杯水车薪。即使是这样，她也从来没有断过马尔克斯写作用的稿纸。梅赛德斯的人品让房东菲利普先生以及肉铺的老板科乌杜列尔先生非常感动。房东答应梅赛德斯房租可以缓交，而肉铺老板也同意梅赛德斯在买肉的时候赊账。他们就这样用自己的善良为马尔克斯的巨著做出了自己的一份贡献。

梅赛德斯一个人承担了生活中一切繁杂的事务，凭借她的坚强和无畏为马尔克斯扫清了后顾之忧。等马尔克斯最终完成大作，他们的负债金额已经达到了12万比索。

后来马尔克斯回忆当时的情景说，只顾埋头写作的自己简直是一直冒着"谋杀妻子"的危险。

最开始，马尔克斯是在晚上写作，就如同他办报时期一样。后来他改为白天写作，因为孩子白天要上学。早上吃过早餐，马尔克斯送两个孩子去学校，回来之后大概8点半，他就坐在书桌前开始创作。中午两个孩子放学回来吃饭时，马尔克斯就会停下。等吃过午饭，他会出去走一走，逛一圈之后再回来写。到晚上8点的时候他才会从书房中走出来。

后来，马尔克斯的两个儿子回忆当时的情景，说他们的父亲每天埋头写作，他那个烟雾缭绕的小书房看起来就像个魔窟一样。

马尔克斯的创作是有现实作为支撑的，即使是类似于神父升空这样的魔幻故事也不例外。他会根据自己的需要随时找来各种各样、不同类型的资

第8章 不平则鸣——造就《百年孤独》的"大魔术师"

料，比如关于航海者的文章、研究炼金术的文章、在中世纪时期所流行的疫症的记载、一些描述战争的书籍、一些疾病的研究论文等，甚至还有好几本菜谱和一套《大英百科全书》。

不仅如此，他还查阅了很多其他资料，仅仅是为了知道如何去分辨一只虾的雄雌，知道香蕉的质量怎样。他为了搞明白梵语而反复查阅字典，又因为一种没有人懂的西印度群岛上的方言而将故事中的一个人物舍弃掉。他为了确认4个孩子能不能搬动7214枚西班牙古金币而计算了它们的重量。他没有在那些有关中世纪的资料中找到消灭蟑螂的16种方法，所以最后删掉了很多故事，甚至还因此更改了其中一个角色的性格。而且他不仅自己查资料，还会在和朋友们闲谈时向他们提问。

马尔克斯的朋友常常过来看他，阿尔瓦罗·穆蒂斯和他的妻子卡门·米拉克莱以及赫米·加西亚·阿斯科特和他的妻子玛利亚·路易莎·艾利奥两对夫妇便是常客。他们往往会在晚上过来，这时候两个孩子已经睡了，几个大人一边喝着威士忌，一边聊天。他们谈话的中心就是马尔克斯正在创作这部的小说，而马尔克斯也会向他们讲述他最新完成的部分，询问众人的想法。

随着小说故事的深入，朋友们也渐渐被这些奇妙的故事迷住了，他们迫切地想要知道之后会发生的事情，尤其是玛利亚·路易莎·艾利奥。

有一次，他们一起去参加一个座谈会。结束之后，阿尔瓦罗·穆蒂斯和他的妻子卡门·米拉克莱邀请大家去他们家吃饭，米拉克莱准备给朋友们做她拿手的海鲜饭。一路上，马尔克斯都在滔滔不绝地描述小说中的故事，大家都有些哭笑不得，只有路易莎一直都在认真地听着，甚至主动要求马尔克斯多讲一会儿。

在听到马尔克斯讲述那个升空的神父时，路易莎问："升空是真的吗？他真的能做到？"这时她露出一个疑惑的表情。

"他喝的是西班牙式的热巧克力，不是茶。"马尔克斯回答道。

路易莎恍然大悟："原来如此！"

"那你喜欢这本小说吗？"马尔克斯问路易莎。

"当然！你写得好极了！非常棒！"路易莎马上回答道。

"这真是太好了！"马尔克斯立刻说道，"那这本小说就献给你了！"

最初，穆蒂斯并不想这样零散地阅读，他一直是想等着马尔克斯写完之后再看。

马尔克斯常常打电话让他帮忙找一些资料，征求他的意见。虽然马尔克斯有时候也很迷信，觉得一本书假如还在创作的话不能对外透露太多，但是他总是想找人聊聊，不然就会感到郁闷，而穆蒂斯就是一个很好的聊天对象。马尔克斯每天要讲很多，穆蒂斯后来就起了兴致，甚至在听完马尔克斯对他讲述的内容之后，还会四处给他的朋友讲述，并且会进行补充和修改。穆蒂斯的朋友在听了他的讲述之后也会向马尔克斯讲一遍，而马尔克斯也会仔细考虑这些补充和修改，并且常常会接受这些建议。

马尔克斯将第一稿拿给了穆蒂斯，穆蒂斯看完后哭笑不得地打电话给马尔克斯："你也太滑头了，加博。你跟我说的那些跟你写的差别也太大了。大家都笑话我，说我是个说假话的骗子。"

《百年孤独》——一场用小说演绎的"魔术"

《百年孤独》这本书与马尔克斯之前所创作的那些作品之间有着很大的不同，这一次，恐慌的情绪萦绕在马尔克斯的心中，让他有些不知所措。他

第8章 不平则鸣——造就《百年孤独》的"大魔术师"

觉得头脑有些混乱,不知道接下来应该做什么,怎样才能做好……

这种状态一直持续到第一章即将结束,这时剧情已经进行到了在森林中的何塞·阿尔卡迪奥·布恩迪亚看到了一艘船,那是一艘白色的西班牙帆船,上面覆盖着满满的尘埃。但是接下来要如何,马尔克斯还没想好,他甚至以为自己会再次卡在瓶颈。没想到在此之后,他的思路又变得清晰起来。

马尔克斯的朋友们被他的魔力感染,对他的作品十分着迷,这让马尔克斯在高兴的同时又担心自己会过度骄傲。而他之所以会有这种担心多半是由于他的父亲埃利希奥——他从来都不认同儿子的想象力,甚至觉得马尔克斯这是在编制一个谎言,并对此嗤之以鼻。

马尔克斯在和门多萨围绕这部作品进行谈论时说:"直到现在,我一直都行进在十分平稳的路上,我的所有创作都没有太过冒险。"他一边说着,一边将手放到桌面上,伸出两根手指向前走了两步,就像人在走路那样。然后他继续说道:"可是,对于这样的情况我却并不甘心,我想,现在我应该去边缘走一遭了。"他将手指挪动到桌子的边缘走了两步。

"我的书中有这样一个场景:一个被枪打死的角色,他的血慢慢地四散流淌开,一直到流淌到他母亲的面前。其实不仅仅是这一个片段,我的这一整本书都是这个样子,当然遣词造句,我会细细地斟酌。"他顿了顿,继续说道,"我的这本书,就像是博莱罗舞曲,我可能会因它而一夜成名,也可能会因为它而头破血流。"

马尔克斯的不安其实是很明显的,他其实很想去掉父亲给他戴上的这顶"骗子"的帽子,但是他怎么也无法做到。

马尔克斯其实有些羞涩胆小,他对演讲多多少少有些恐惧,不过为了宣传他的作品,他还是接受了来自墨西哥外交部文化局的邀请。是的,他想知道除了身边朋友之外,其他人如何看待他的作品,所以在他的要求之下,原本应该演讲的他，要在这里朗读他的作品。

演讲大厅的舞台上灯光明亮，台下一片漆黑，马尔克斯无法看清观众们的表情，他就坐到了舞台中央，开始了他的朗读。整个演讲大厅显得非常安静，只有马尔克斯充满张力的声音。周围的寂静让马尔克斯有些慌张，他停了一瞬，望向漆黑的台下，他看到前排几个人眼睛睁得大大的，绷直的身体微微向前倾。马尔克斯这才安心地继续读完手里的作品，因为他知道，观众们被他的故事吸引了。

当马尔克斯朗读完他的作品走下舞台时，梅赛德斯第一个上前拥抱了他。而她的脸上的表情让马尔克斯了解到他的妻子对他的爱究竟有多深，他知道，在他写作的那段时间里，梅赛德斯承受的压力有多大，但是她却始终坚持着。这所有的一切，都让马尔克斯认识到他的书没有走错方向。

这一刻，现场所有的人都被马尔克斯征服了。而马尔克斯的心情也快乐得直冲云霄。

写作的过程有欢乐也有痛苦，而最让马尔克斯感到痛苦的一段就是奥雷里亚诺上校即将死亡的那一刻。

马尔克斯在这个角色中倾注的自我体验实在是太多了。

他外公的影子在奥雷里亚诺上校身上随处可见：他们所参与的战争都以失败告终；他们都认为保守党和自由党做弥撒的时间不同是它们之间唯一的区别；他们都在战争期间生了很多私生子，而之后他们的妻子在招待这些私生子时都很热情；他们都躲过了两次生死攸关的危机，保住了性命；他们都在战争结束之后待在房间里做金制小鱼，做成之后再熔掉重新制作。

奥雷里亚诺上校的身上除了马尔克斯外公的影子，还有他自己的影子。

奥雷里亚诺的眼睛在刚出生时候就已经睁开了，并且好奇地向四处张望；而马尔克斯小时候就是这个样子。奥雷里亚诺爱的女孩儿雷梅黛丝是一个冷静而又坚强无畏的人，她身上体现出来的责任感超越了她的年龄，在面对困境时她也显得波澜不惊；马尔克斯爱上妻子梅赛德斯的时候，梅赛德斯只有13岁，她也是一个无所畏惧而又冷静坚强的姑娘。奥雷里亚诺和马尔克斯都将他们各自爱的女孩儿娶进了家门。

就是这样一个融合了马尔克斯外公和他自己的角色，最后在10月份的一个雨天死去了，死在那个潮湿到人都要发霉了的下午。

对奥雷里亚诺在去世前所看到的那些情境，马尔克斯用一种怀旧抒情的语调来进行描写。而那些情境是马尔克斯自己的回忆，是他幼年时与外公在一起看的马戏表演。

这一段写完时正是下午两点钟，马尔克斯从书房里走出来。他想找梅赛德斯，最后他在卧室看到了她，不过她正在睡午觉。马尔克斯没有吵醒妻子，只是安静地躺到了妻子的身边，然后开始小声哭泣。

外公去世的时候马尔克斯没有哭，因为那时候他并不知道这个消息。外公去世一个多月后，他才得知这个消息，那个时候他已经哭不出来了，自己现在应该把当时欠外公的眼泪还给他。而他没有考虑过自己的死亡，什么时候离开这个世界、以何种方式离开这个世界他都无法预知。不过他知道，在他直面死亡之时定会回忆起自己幼年时期和外公在一起的欢乐时光，而现在，他应该把以后无法流出来的眼泪预先补偿给自己。

梅赛德斯午睡醒来之后，夫妻俩去了赫米·加西亚·阿斯科特家里，他的妻子玛利亚·路易莎·艾利奥，那个马尔克斯的忠实书迷看到脸色苍白的马尔克斯问道："天呐，加博，你这是怎么了？"

"就在刚刚，我杀死了奥雷里亚诺上校。"憔悴的马尔克斯回答道。

捕获了一头最完美的"狮子"

18个月的时间过去了,马尔克斯的这部作品终于完成了。

后来,马尔克斯告诉门多萨他当时完成这部作品时的情形:"上午11点,这本书结束了,非常突然,但是又非常自然。我想告诉梅赛德斯,但是她出门了,我不知道应该打电话给谁。那个时候我感到非常迷惑,我不知道自己接下来应该做什么,于是我试图找些事情来做,好让自己能够支撑到下午3点。"

就在马尔克斯考虑要做些什么时,一只蓝色的猫跑到了他的书房里。这让马尔克斯吃了一惊,随即他又惊喜地想到,蓝猫代表了好运,这部小说说不定能有一个好的销量。

但是过了几分钟,他的两个儿子提着油漆刷子进了屋,马尔克斯看到蓝色的油漆沾满了他们的衣服和手。那一瞬间他有点儿沮丧,原来蓝色的猫是这么来的。这样的话他那本新书的命运又无法确定了。

过了几天,他的一个英国朋友邀请他参加他们的家庭聚会。

在聚会上,朋友问他:"嘿,加博,听说你的新小说完成了?"

"如今在我手上的是一部小说还是一千克纸,其实我也不确定。"马尔克斯说道。

虽然嘴上这么说,马尔克斯还是希望这本自己费尽心血完成的小说能够有一个好的出路。但是因为马尔克斯之前的默默无闻,所以在很长一段时间里都没有出版商识货。

于是他给门多萨写了一封长长的信:

第8章 不平则鸣——造就《百年孤独》的"大魔术师"

"在这些年里,我拖着疲惫不堪的身躯不停地工作着,就像是一头牲口一样。写作是我唯一喜欢的事情,但是靠它却无法养活我。我感到自己的未来之路一片渺茫。事实上,我的决定往往非常冲动,甚至是无法抵抗的,所以为了使我能够继续写我想写的东西,我必须将事情安排妥帖。请相信我,不管这中间发生多么戏剧化的事情,都不是我事先知道的。

"你对《百年孤独》第一章的评论让我感到非常的开心,我之所以想要出版也是因为这个原因。从哥伦比亚回来以后,我把写出来的东西重新读了一遍,然后忽然就觉得丧失了所有力气。我的探索旅程中充满了危险,出现灾难或许和成功的概率是一样的。我想知道别人是如何看待我所写的东西,于是给基耶尔莫·卡诺寄去了第一章;我还给那些要求极高、专业性极强、非常挑剔的人读了其中的某一章;我所读的是雷梅黛丝上到天堂的那一章,这是一个非常冒险的举动,结果我发现反响居然很好。

"我尝试在回答你问我的关于我怎样写书的问题上不带一丝一毫的谦逊。其实,在我17岁的时候,我就尝试写《百年孤独》了,不过那时候我给它起的名字是《家》,所以严格来讲,我第一次尝试去写的小说就是《百年孤独》。但是,这个故事对那个时候的我来说还过于沉重,所以我在写了一段时间之后还是放弃了。

"从此以后,我经常想这个故事,我在心里反复揣摩,以便可以对这个故事使用最为简单、有效的方式进行描述。而我想说的是,假如有一个题目一直纠缠着你,而且在你的脑海中停留许久,当它爆发出来的那一刻,无论面临怎样的风险,都一定要坐到打字机前。"

无论之前经历了多少苦难,马尔克斯总算是捕获了一头最完美的狮子。

1966年8月上旬,马尔克斯和妻子梅赛德斯一起去墨西哥城的邮局,他们打算将《百年孤独》的书稿邮寄到南美洲出版社。南美洲出版社位于阿根廷的布宜诺斯艾利斯，在对书稿进行称重之后，邮局的工作人员给出了82比索的价格。

马尔克斯和梅赛德斯面面相觑——他们只有50比索！不死心的夫妻二人找遍了全身，发现他们的确只有这些钱。无奈之下，马尔克斯和梅赛德斯只能将490页书稿一分为二，寄出了半部《百年孤独》。等回到家，夫妻二人却发现，他们在慌乱之余寄出的书稿居然是后半部。

不过很快马尔克斯就收到了来自南美洲出版社的帕科·波鲁阿的回信，信中还附带了邮资，波鲁阿兴奋地表示他迫不及待地想看到前半部。于是马尔克斯和梅赛德斯赶到邮局寄出了《百年孤独》剩下的前半部文稿。

10月份，马尔克斯托正要前往布宜诺斯艾利斯的好友阿尔瓦罗·穆蒂斯带走了一份完整的文稿，因为马尔克斯担心上次的文稿会丢失，于是这份完整的文稿将会被直接送到南美洲出版社。

阿尔瓦罗·穆蒂斯到达布宜诺斯艾利斯后，第一件事就是打电话给帕科·波鲁阿，告诉他自己带来了《百年孤独》的原稿。

波鲁阿兴奋地告诉他："之前已经收到了！这本书写得真的太棒了！你认为呢？"

两人又聊了一会儿后，约好在穆蒂斯住的饭店见面。波鲁阿见到他时说："嘿，你有没有发现，这真的是一部非常杰出的作品！作家本人是如何优秀才能写出这样一部这样完美的作品！"

穆蒂斯和波鲁阿围绕《百年孤独》展开了热烈的讨论。当波鲁阿听完穆蒂斯对马尔克斯的介绍以后，他更加相信这部作品中包含了某种让人无法抗拒的力量。

对波鲁阿来讲，与穆蒂斯的谈话更加证实了自己之前对马尔克斯的看法。穆蒂斯对马尔克斯的生平和作品非常熟悉，而他也用自己的热情感染了他身边的许多朋友以及南美洲出版社的其他人。就这样,波鲁阿为《百年孤独》的出版创造了非常良好的舆论环境,让很多人都对此书充满了期待。

盛名带着绚烂的光辉从天而降

《百年孤独》出版于1967年5月30日。这是《百年孤独》的第一版,按照当时的标准是一本书印3000本,在最初,南美洲出版社也是这样打算的。但是经过一番考虑之后,南美洲出版社决定印5000本,不过最后印刷时,出版社毅然决定印8000本。这个印刷量让马尔克斯忐忑不已,因为按照他前几本作品的销量来看,8000本很可能会出现积压的状况,他甚至为此写信给出版社。但是出版社却告诉马尔克斯,他的小说非常精彩,绝对不会积压。他们还告诉马尔克斯,他们非常有信心在半年之内卖完所有书。

结果,事情的发展还是出乎所有人的意料。《百年孤独》在出版后的第一周就卖掉了1800本。等到第二周,8000本书就售罄了。许多人跑到书店购买《百年孤独》,却发现已经断货了。

在这样的情况下,南美洲出版社的工作人员急忙又加印了1万本。用光了所有纸墨的出版社没想到这1万本书也很快就被抢购一空。《百年孤独》在阿根廷引起了巨大轰动,继而很快席卷了整个拉丁美洲,之后的整整两个月的时间里人们都在讨论这本书,但是人们却无法在书店里买到。

1967年8月16日,马尔克斯前往布宜诺斯艾利斯,与他一同前往的还有他的妻子梅赛德斯。

凌晨3点,马尔克斯带着梅赛德斯走下飞机,迎接他们的人——南美洲出版社的帕科·波鲁阿与托马斯·埃洛依·马蒂尼斯。"我看到他们走过来，加博穿着一件格子花呢的外套，实在让人一言难尽。走在他身边的女人非常美丽，她那双东方人的眼睛炯炯有神，让她看起来就如同尼罗河畔缓缓走来的埃及皇后纳芙蒂蒂那样让人感到惊艳。"马蒂尼斯回忆当时的情形时是这样说的。

布宜诺斯艾利斯的街头让马尔克斯感到眼花缭乱。这与他印象中的发展中国家有着很大差别，甚至可以说完全不像。于是他产生了一种现在就去草原吃烤肉的想法，后来在波鲁阿和马蒂尼斯的劝阻之下他才放弃这个念头。

来到布宜诺斯艾利斯的几天，马尔克斯和梅赛德斯一直都过得很平静。似乎没有人注意到他们的到来，尽管街头报刊亭的《头版新闻报》以及许多其他杂志的封面上都印着他的形象。

后来马蒂尼斯回忆当时的情景说："起初这里的人们都不认识他，那个时候他还带着梅赛德斯在这座城市里四处游玩，他为了能去卡里诺公园和妻子谈情说爱还向我借了车。"他还说他们夫妇在布宜诺斯艾利斯度过了"不公平的两三天"。

终于，在第三天清晨吃早饭的时候，马尔克斯在一个妇女的装得满满当当的菜篮子里看到了他的《百年孤独》。那本书安静地躺在红艳艳的西红柿与绿葱葱的莴笋上。此时的他终于知道了自己的作品究竟有多么受人欢迎。"那天好像是星期四，早晨我带着他们夫妻两人在圣菲和苏伊巴查大街的街角吃早餐。正吃着早餐，他忽然拉着梅赛德斯的手站了起来，带着她冲到了大街的中央，然后搂住梅赛德斯深情一吻。"马蒂尼斯回忆道。

这天晚上，马尔克斯和梅赛德斯去剧院参加一部作品的首发仪式，后面跟着马蒂尼斯。在他们走进剧院时，大幕还没有拉开，嘉宾们早已入座，剧院里的灯光显得有些昏暗，不过却有一个追光灯随他移动着。就在他们夫

第8章 不平则鸣——造就《百年孤独》的"大魔术师"

妇打算就座的时候,有人冲马尔克斯喊道:"好极了!"继而开始鼓掌。马尔克斯顿时一片茫然,然后听到旁边传来一句话:"为了你的作品!加西亚·马尔克斯!"原来是旁边的女子在向他解释之前的人鼓掌的原因。而此时剧场里其他的人也都注意到了马尔克斯的到来,他们都站起身来为他鼓掌。那一瞬间,马尔克斯旁边的马蒂尼斯看到名誉带着绚烂的光辉从天而降,笼罩在马尔克斯的身上,并为他阻挡时间的侵蚀。

此时,后知后觉的布宜诺斯艾利斯居民才知道,原来马尔克斯来到了他们的城市。于是整个城市都陷入了狂欢之中,人们纷纷涌入书店买书,还有不少人给马尔克斯打电话。后来马尔克斯不得不带着妻子梅赛德斯换了一家旅馆居住——因为打电话的人实在是太多了。

似乎是在一夜之间马尔克斯就在这座城市里声名鹊起。不过那个时候的马尔克斯还是没有摆脱经济上的困境。马蒂尼斯曾经在一次采访中,回忆起当年签名售书的情形:那天是8月20日,早晨他去旅馆接马尔克斯去见《头版周刊》的编辑。在他迈进房间之时,看到坐在桌边的梅赛德斯神情非常沮丧,他询问之后才知道,原来是因为她买不起礼服来出席这样的公众活动。

后来《百年孤独》大卖,依据南美洲出版社和马尔克斯当时所签订的合同,马尔克斯应该获得的版税至少有7万比索,但是南美洲出版社总裁安东尼奥洛佩斯却只预付给他3万比索,除此之外还有3000美元的稿费。不过马尔克斯还是欣然接受了,他很知足。

不过他却加了一条要求:"我想要小票子。"他说。

这个要求让一旁的马蒂内斯百思不得其解:"要小票子?这是为什么啊?"他问到。

马尔克斯却没有解释原因,只是说:"我就是想要小票子,比索要面值50元的,美元要面值20元和10元的。"

这个要求很简单，安东尼奥·洛佩斯点点头表示没问题。

第二天早上，安东尼奥·洛佩斯来到了马尔克斯所居住的旅馆房间，他拎着两个大大的手提箱，里面装满了钞票。

"安东尼奥先生，您能否帮我把钞票摊开在床上呢？"马尔克斯彬彬有礼地对安东尼奥·洛佩斯说道。

马蒂尼斯清楚记得马尔克斯从床上抓起一大把钞票放在了早餐的托盘中，大约有六七千比索，然后从餐桌的花瓶中摘了娇艳的玫瑰，迈着轻快的步子走到梅赛德斯的面前，将玫瑰递给她，然后举着托盘殷勤地说道："亲爱的，现在你可以去买任何你喜欢的衣服了。假如钱不够的话，你回来以后告诉我，我再去写一本小说，保证比《百年孤独》还好。"

马尔克斯离开布宜诺斯艾利斯时，马蒂尼斯前去送行，此时马尔克斯夫妇的怀里抱着满满的鲜花。马蒂尼斯知道，从此以后，马尔克斯身上的光环会如同他的第二层皮肤一样，永远跟随着他。

盛极必衰——烟花散尽终寂寥

《百年孤独》所讲述的故事时间跨度有百年之久，借布恩迪亚家族七代人的经历和马孔多这个小镇从出现到消亡的这段历史，深刻地反映了整个拉丁美洲百年间的历史变迁。

布恩迪亚家族展示了他们孤独的生命姿态，他们的坎坷经历也充满了传奇色彩。而他们身上的这种深入骨髓的孤独感，就像是拉丁美洲大陆被世界文明排除在外而产生的愤慨。

第8章 不平则鸣——造就《百年孤独》的"大魔术师"

何塞·阿尔卡迪奥·布恩迪亚所居住的村庄很小,而且远离海滨。住在村庄里的人大多数是印第安人,不过何塞并不是印第安人,他是西班牙人的后裔。成年以后,他娶了表妹乌尔苏拉。婚后,乌尔苏拉一直都很害怕,因为她的姨母和叔父生出了长着一条猪尾巴的孩子,她害怕自己也会那样,于是拒绝与丈夫同房。也因此,每天晚上她都会穿上她那身特制的紧身衣。因为这个原因,夫妻二人受到了邻居普罗登肖·阿吉拉尔的嘲笑。

何塞气愤不已,于是找普罗登肖决斗。在决斗中,何塞的长矛刺中了他的喉咙,普罗登肖当场死亡。此后,普罗登肖的鬼魂经常纠缠布恩迪亚一家人。于是不胜其烦的一家人离开了这个小村子另寻安身之所,与他们同行的还有村里的一些年轻人。两年之后,一行人来到了一片滩地。因为他们受到了梦境的启示,于是决定定居在这里,并将此地取名为马孔多。之后的时间里,陆续迁居来了很多人,布恩迪亚家族的历史就这样开始了。

过了几年,马孔多的人口也多了起来,大约在300人左右。有一群吉卜赛人总是在每年3月份的时候来到这里,他们总是带来一些村民从来都没有见到过的新鲜事物,比如放大镜、望远镜等,甚至后来还带来了一座炼金试验室。而何塞从此之后便沉迷于炼金,整日待在炼金实验室中。他的小儿子奥雷里亚诺常常跟着他。

何塞的大儿子和父亲同名,也叫何塞,他爱上了一个吉卜赛姑娘,于是跟着吉卜赛人走了,不辞而别。乌尔苏拉四处寻找大儿子,找了整整五个月都没有发现大儿子的踪迹。但是她带回了一些想要迁居于此的人,并找到了和外界相联系的通道。

从此之后,马孔多开始变得繁荣。何塞和乌尔苏拉夫妇收养了一个女儿,并给她取名蕾蓓卡。但是没想到的是,蕾蓓卡居然患有不眠症,更可怕的是这种不眠症居然会传染。很快,病症从布恩迪亚一家人逐渐蔓延到全村，所有人都患上了不眠症，甚至丧失了记忆。不过，马孔多的村民们很幸运，老吉卜赛人墨尔基阿德斯来到了马孔多，为村民们配制了治疗不眠症的药水，治好了村民们的病。

布恩迪亚家的孩子渐渐长大，人口也多了起来，于是他们决定将房屋扩建，并将他们的门漆成白色。而这时候，新上任的镇长莫科特却下令让镇上的人将房子漆成蓝色。这一命令惹恼了何塞，于是他将镇长赶出了马孔多。不过后来两家人互相妥协，莫科特一家人得以重新在马孔多住了下来。

奥雷里亚诺与镇长莫科特的小女儿雷梅黛丝结了婚。但是婚后不久，雷梅黛丝就病死了。之后，奥雷里亚诺为了消磨时间，整天跟莫科特在一起打牌。那时候正是自由党和保守党竞选的时间，奥雷里亚诺倾向于自由党，而莫科特则更加支持保守党。

后来，保守党军队来到了马孔多，并占据这里的学校作为他们的司令部。他们四处抓捕自由党的人，并严厉搜查武器。一时间人人自危。奥雷里亚诺带着一队支持自由党的人冲进学校，并杀了占据学校的那些保守党军官与士兵。随后，奥雷里亚诺让他的侄子也就是何塞的儿子镇守马孔多，而他自己则离开了马孔多，投靠了梅迪纳将军的部队，很快就成了赫赫有名的奥雷里亚诺上校。

然而好景不长，在自由党与保守党的这场战争里，自由党输了，保守党抓住了奥雷里亚诺上校，并将他判处死刑。没想到在临刑之际，大哥何塞突然出现并救走了他。之后两人匆匆赶去军中解救梅迪纳将军。可是等他们到了军营时，却发现他们晚了一步——梅迪纳将军已经遇害了。大家认为奥雷里亚诺是担任加勒比海革命军司令的不二人选，于是纷纷推选他为新司令。而此时，他的大哥何塞却忽然死在了家中，死于枪杀，至于是自杀还是他杀无人知晓。

第8章 不平则鸣——造就《百年孤独》的"大魔术师"

后来,奥雷里亚诺带领着士兵们攻打马孔多,并俘虏了这里的守军司令蒙卡达。保守党人统统被革命法庭判处死刑。而奥雷里亚诺也在这时感到了对战争的厌恶。一年之后,自由党和保守党签订了和平协议。奥雷里亚诺用手枪自杀未遂,在他痊愈之后,便整日待在家里做金制小鱼,足不出户。

当年在外从军时,奥雷里亚诺跟不同的女人生了17个儿子。而这时,他的儿子都来到这里寻找他们的父亲,并且带来了先进的工业技术,然后他们就在马孔多办起了工厂。而他的侄孙则招来了一批新的工人,他们挖通河道,修建码头。渐渐地,马孔多有了电灯,并且通了火车,这个封闭的小镇开始渐渐变得现代化起来。

有一天,马孔多来了一个美国人,他吃了这里的香蕉之后,对这里的土地和气候条件进行了研究,然后就离开了这里。随后,马孔多的噩梦就降临了。在美国人走后不久,有许多美国技术人员带着家属来到了马孔多,他们在这里盖起了铁皮屋顶的房子,并将这里的土地用铁丝网圈了起来了。从此,马孔多变成了这些美国人的香蕉种植园。

这些在马孔多的美国人不仅张扬跋扈,甚至还草菅人命。奥雷里亚诺非常气愤,他想将他的孩子武装起来,然后赶走这群美国人。没想到,已经掌握了市政大权的美国老板布朗直接下令杀掉了奥雷里亚诺的17个儿子。奥雷里亚诺收到了镇长送来的花圈还有总统慰问的电话,但是这一切都无法缓解他的颓丧。从此,奥雷里亚诺就像以前那样,待在家里做金制小鱼,足不出户。他每做满17条小鱼便将它们融掉重新再做。后来有一天,奥雷里亚诺死在了一棵大栗树下。

后来香蕉种植园的工人们在工会的组织下举行了大罢工,军队对他们进行了残暴的镇压和屠杀,3000人死于屠刀之下,工人们的尸体被塞进火车运到了海边,然后被抛进了大海。之后的4年11个月零两天,马孔多的大雨就一直没有停过，直到这里再次变成了荒芜的田野。故事的最后，蚂蚁吃掉了布恩迪亚家族第7代那个长着猪尾巴的孩子，而马孔多也在一阵飓风中被席卷到天上，最后消失无踪，似乎从未在这个世界上存在过。

一百年的时间过得飞快，仿佛就在眨眼之间，马孔多从荒芜的田野变成小村落，再变成小镇、城市，人们蜂拥而至然后又像是海水退潮一般离去。无论是出生还是死亡，在这里似乎都变得轻率。孤独充斥着布恩迪亚家族的7代人生命中的每一个角落，他们拥有着相同的名字，相似的命运，似乎时间和命运都在不断地循环着。

实际上，书里的每一个人物都在进行着各自的战争，他们在自己的经历中不断挣扎，努力成长。无论研究炼金术还是做金制小鱼，或者啃食泥土，在这段长达百年的岁月里，这些看似冷漠的人其实都在用自己的方式去对抗宿命与孤独。

《百年孤独》展示了拉丁美洲的缩影，以及那些数不清的被遗忘的岁月。被时间遗忘才是这个世界上最孤独的事情。不知道在多年之后，是否还会有一架自动钢琴在这个世界的另一个角落里奏响一曲歌谣，曲调中传递着那来自加勒比海岸的遥远的孤独。

第9章
珠联璧合

——荣耀与孤独并存的文学生活

《百年孤独》的巨大成功在给马尔克斯带来名声的同时,也给他带来数不清的困扰和压力,这使他苦不堪言。除了每天要接到无数电话外,还会收到一些乱七八糟的信件,有表达自己崇敬之情的,有索要签名的,还有求爱的,甚至有一次梅赛德斯还从一封信件里发现了来信者的裸体照片。这让他们又气又恼,同时又感到无可奈何。他们知道,这种情况的出现不会是第一次,也不会是最后一次。

虽然今后的岁月里,马尔克斯要学会如何度过名声在外的日子,但是如今的生活实在是难以忍受。而且不仅仅是他们一家的正常生活无法进行,就连在学校上学的两个孩子都不可避免地受到了打扰。在这样不得已的情况之下,马尔克斯和妻子带着孩子来到了西班牙的巴塞罗那,在那里住了6年。

安静与荣耀无法共处一室

就像米切尔·蒙田写的"安静与荣耀无法共处一室",成名之后的马尔克斯再也没有了以往安静的生活,不胜其扰的他带着妻子梅赛德斯和两个孩子搬离了墨西哥,来到了巴塞罗那。

两个孩子被马尔克斯送到了这里的英国学校读书,他和妻子则在这里认识了很多新朋友。路易斯以及他的妻子拉蒂西雅·费渡其就是他们认识的一对夫妇。他们的孩子和马尔克斯的孩子年纪相仿,所以经常在一起玩耍。不过,路易斯家是三个女儿。

马尔克斯在这里再次见到了拉丁美洲的另一位著名作家马里奥·巴尔加斯·略萨。他们两人一见如故,相谈甚欢。略萨后来研究马尔克斯,《加西亚·马尔克斯:弑神的故事》就是他的博士论文。

除了新结识的几位好友,马尔克斯还认识了许多政教界重要人物,比如法国总统乔治·蓬皮杜、罗马教皇、智利外交官巴勃罗·聂鲁达等。

在巴塞罗那的那段时间,马尔克斯终于有时间安静地坐下工作了。马尔克斯也是从这时开始戒烟的。从18岁学会吸烟以后,马尔克斯就一直保持着这个习惯。他吸得非常凶——每天能吸几十根,那个时候伴随他写作的就是这一屋子的"毒烟"。而现在他戒烟了,伴随他写作的就变成了妻子梅赛德斯每天为他准备的一杯香浓的咖啡。

此时的马尔克斯已经摩拳擦掌,准备进行下一部作品的创作了。并非为了让自己的名声变得更加显赫,而是希望能够突破自我——这就是那部反小说《族长的秋天》创作的缘由。

第9章 珠联璧合——荣耀与孤独并存的文学生活

1971年的一天，好友巴勃罗·聂鲁达邀请马尔克斯夫妇第二天到巴黎与自己共进晚餐。

而马尔克斯在电话里对好友说："我只能坐火车去，你知道，我不能坐飞机。"

"可是这样你就赶不及吃晚餐了……"电话另一头的聂鲁达一听马尔克斯要坐火车来巴黎，沮丧的话中都带了哭腔。

马尔克斯很是愧疚，只好答应聂鲁达第二天一早乘坐飞机前往巴黎。

当马尔克斯和梅赛德斯来到巴黎之后才知道，原来聂鲁达获得了诺贝尔文学奖。聂鲁达在面对记者采访时，所说的第一句话就是："我想，最值得获得这个奖的人应该是加西亚·马尔克斯。"

马尔克斯这时候才恍然大悟，难怪聂鲁达在电话里支支吾吾地一定要他今天来巴黎共进晚餐。马尔克斯顿觉有些哭笑不得。

之后，一行人愉快地共进了晚餐。

第二天，马尔克斯独自一人悄悄地来到了当年居住过的弗兰德旅馆，他一生当中最穷困潦倒的日子就是在这里度过的。那个时候马尔克斯连一日三餐都无法保证，更别说是房租了。但是善良的老板和老板娘并没有将他赶走，而是让他一直住下去，直到马尔克斯离开巴黎。

马尔克斯站在曾经居住过的地方。眼前的旅馆看起来更加破旧了。老板娘拉克鲁瓦太太依然坐在门口晒着太阳织毛衣，一切看起来并没有什么变化，只不过现在站在旅馆门口的人，已经不是当年那个住在8楼的小记者马尔克斯了，而是功成名就的文学巨擘马尔克斯。

马尔克斯在门口站了一会儿就走上前去，将很多年前所欠的房租以及利息交给了门口的老板娘。旅馆每天都有很多人来，也有很多人走，老板也已经过世了，而和善的老板娘已经不记得马尔克斯了，但这是这么多年以来唯

——一个记得来补交房租的人,她激动地收下了这笔钱。

让老板娘拉克鲁瓦太太没有想到的是很多年过去之后,她再次看到了这个将欠款交给她的人,只不过这次是在报纸上——报纸上刊登的是马尔克斯刚拿到诺贝尔文学奖的消息。于是她去《世界报》的报社,请他们为自己刊登一则寻找马尔克斯的启示。她想将马尔克斯给她的这笔钱还给他,就当替她那已经离世的丈夫做了件大事——对世界文学做出一点儿贡献。得知这一消息后,马尔克斯专程回来看望拉克鲁瓦太太,并且带着她和她过世的丈夫最喜欢的一个好莱坞明星嘉宝。对当年拉克鲁瓦太太的收留,马尔克斯非常感激,因为她的善意他才没有在那样穷困潦倒的时候流落街头,也让他相信在这个世界上还是好人多。

征服死亡:在"离开之前"先改变世界

马尔克斯的好友阿尔瓦罗·塞佩达·萨穆迪奥是巴兰基亚小组中的一员,也是最为活跃的那个。但是不幸却降临到了他的身上,如今的他正饱受淋巴癌的折磨。淋巴癌的治疗过程非常痛苦,放射治疗在抑制癌症的同时,也会对人体造成一定伤害。往日这个活泼而又充满精力的人变得萎靡不振。马尔克斯来纽约看望他的时候,看到的就是这样一个面色苍白而又憔悴的病人。

阿尔瓦罗·塞佩达对于马尔克斯的到来,感到很惊喜。

"加博,你能来看我真的很高兴。"他说。

他的声音让马尔克斯吃惊,他有些担忧地望着好友,问道:"阿尔瓦

第9章 珠联璧合——荣耀与孤独并存的文学生活

罗,你最近感觉如何?"

"我感觉很好,"他冲马尔克斯眨了眨眼睛,"你不要听他们乱说,其实我的身体并没有什么大问题。"

虽然阿尔瓦罗这样说,但是在马尔克斯看来,好友身上的异常情况——声音几乎完全丧失了——其实非常明显。

"你的声音……"马尔克斯感到很难过。

"不用担心,加博。"塞佩达安慰他说,"这种情况是放疗的后遗症,只是暂时性的,过一阵子自然就好了。"

马尔克斯将信将疑地点了点头。

果然,塞佩达的声音在使用了减充血药物以后慢慢恢复了。一周之后,塞佩达因为放疗而消耗的体力得到了恢复,他又变得跟以前一样,像一个大哥般照顾着马尔克斯。马尔克斯在这里待了很长一段时间,这段时间里他和塞佩达一起聊天、一起吃饭,日子过得很舒心、快乐。

马尔克斯是带着希望离开塞佩达的,塞佩达的情况看起来还不错,而且他也从医生朋友那里知道最近这几年医学发展很迅速,有些淋巴癌是能治愈的。他希望下次再见到塞佩达时,他已经恢复健康了。

但是,事情的发展总是始料不及,马尔克斯回家后不久就接到一个电话,是阿莱汉德罗·奥夫雷贡打来的,他也是巴兰基亚小组的成员之一。奥夫雷贡语气沉重地告诉马尔克斯,塞佩达的病情急剧恶化,人已经快不行了。

马尔克斯不知道自己何时挂掉的电话,他就这样怔怔地呆坐了一整天,他想了很多——以前的、现在的和将来的事情。当他终于决定飞往纽约看望塞佩达时,却发现自己腿软得根本站不起来。

他支撑着起来收拾了行李。但是当他拿着自己的小行李箱打开家门时,看到街道上来来往往的车辆,看到向他驶来的出租车时,只觉得一阵天旋地转,手里的小行李箱也"啪嗒"一声掉到地上,他再也提不起勇气出门。他沉默地关上房门回到卧室里,将窗帘拉上,房间内顿时一片漆黑。马尔克斯将自己蜷缩到一个小小的角落里,然后将脸埋在膝盖间低声地啜泣着。

1972年10月12日,在纽约的塞佩达离开了人世。葬礼那天,马尔克斯没有去参加,他不敢去,朋友的离世给他造成了沉重的打击。第一次直面好友死亡的马尔克斯这才意识到,生命是多么脆弱。

马尔克斯写信给阿尔丰索·富恩马约尔诉说心中的苦闷。富恩马约尔是巴兰基亚的一位老大哥,平日里对他们这些人颇为照顾。马尔克斯在信里写道:"这件事真的很痛苦,唉,我第一次感到自己是如此一文不值,这种气馁而且灰心丧气的情况让我根本无法找到出去的道路。我想我向你诉说这些,于你于我都是有好处的。"

马尔克斯没想到,他很快就迎来了第二个朋友的死亡。

1972年9月11日,智利叛军轰炸了总统府,智利总统阿连德确认死亡,之后皮诺切特上台,智利再次陷入一段恐怖的统治之中。对此,马尔克斯非常愤怒,他甚至当时就给智利的新政府拍了一封电报,指责他们杀害了阿连德。对马尔克斯而言,这场政变就是一场巨大的灾难,也让他第一次认识到,比起文学,或许他在政治方面应该做更多的事。

12天之后,马尔克斯接到了聂鲁达离世的消息。当时聂鲁达住在智利,在一个位于太平洋海岸的名唤黑岛的小渔村中。他的死因并不明确,虽然当时他患有癌症,但是被毒杀的可能性却更大一些,尤其是他的妻子一直都不承认丈夫是因病而死。

在事情过去了38年之后,关于聂鲁达的死因被再次提起。卡门·阿拉亚·奥索里奥声称,是皮诺切特命人将致命的药物注射到了聂鲁达的身体里，才导致聂鲁达的死亡。奥索里奥是聂鲁达生前的私人助理兼司机。他还说皮诺切特之所以这样做，是因为担心聂鲁达的影响力太大，不利于他的统治。在民众的强烈要求下，法院再次开棺验尸。这一次尸检证实聂鲁达患有癌症，但是被下毒导致死亡的可能性也非常大。

这些都是后话，但那个时候的马尔克斯，却因为好友的接连死亡而坚定了投身于政治的决心。

荣耀的背后是王者的孤独

从马尔克斯开始构思起，《族长的秋天》历经17年的时间，终于在1975年3月份出版了。事实上，那个时期已经有很多这一类型的小说出现在拉丁美洲的市场上，比如罗亚·巴斯托斯的《我，至高无上者》、阿莱霍·卡彭铁尔的《方法的根源》等。

对于此种类型小说的出现，马尔克斯是这样说的："在拉丁美洲的文学史上，这是一个永恒不变的主题，并且还会继续延续下去。因为在拉丁美洲，独裁者是一种特有的人物，更重要的是，独裁统治的历史时期仍未结束。"在马尔克斯看来，在拉丁美洲从来都不会缺少独裁者，而且这些独裁者都是一样的昏聩而又嗜杀。

海地人称"医生爸爸"的弗朗索瓦·杜克利埃，觉得他的敌人变成了一条黑狗来躲避逮捕，就下令杀死了全国的黑狗。

巴拉圭的弗朗西亚则是将巴拉圭封闭了起来，只留下一两个港口进行对外贸易，而且还下令全国男青年到了21岁必须结婚。

萨尔瓦多的马丁尼斯非常迷信，他认为用红纸包裹路灯就能够防止麻疹的流行，于是下令将全国的路灯包起来。

委内瑞拉的胡安·维森特·戈麦斯总认为自己能够对未来进行预测，他甚至让人宣布他的死讯，然后再在众人面前突然复活。而且他还有一个非常奇特的爱好，那就是对牛有着非常强烈的占有欲。

马尔克斯在《族长的秋天》中塑造的那个独断专行的族长则是聚集了这些人拥有的共性，而且颇具魔幻主义色彩。对他塑造人物启发最大的就是委内瑞拉的胡安·维森特·戈麦斯。

书中所描写的那位族长究竟有多少岁？无人知晓。现在他死了，在他200多岁的时候。但是，没有人知道他的死亡是不是真的，因为没有人见过他。

族长曾经"死"过一次，但是那次不过就是一个假象。族长给替身穿上了自己的衣服，已经死去的阿拉贡内斯长得和族长几乎一模一样，人们都以为族长真的死了。他们高兴地敲锣打鼓来庆祝这一消息，甚至还冲进族长的府邸将尸体拖了出来。而真正的族长实际上是在暗中窥探，当他看到人们的行为之后勃然大怒，而后族长"复活"了，随即开始对人们疯狂屠杀。

这次他又死去了，但是这次死去的真的是族长吗？没有人知道答案。所有人都害怕这次也会同之前一样是个可怕的陷阱。书中通过多个人物的内心独白讲述了这一切，里面也包括这位族长自己的内心独白。

没有人知道族长的父亲是谁，或者应该说他没有父亲，因为人们所知道的一切都来自学校的课本，而课本上说族长的母亲是无玷受孕，并且她在怀孕7个月时就生下了族长。

几乎没人亲眼见过族长本人，至于他是如何登上宝座的也无人知晓，但是所有人的生活以及命运都被他掌控。日夜黑白都由他说了算，他规定现在是几点就是几点，他说今天是什么节日就是什么节日——没有一个人敢对他的话和他的做法提出异议。

族长拥有神奇的术法，无论伪装得多么巧妙的刺客他都能一眼看出；即使是毫无线索，叛逆者藏身的地点也会很快被他发现。而且他说哪棵树会结果，哪棵树就会真的立刻结满果实；他说哪些牲畜会成长，哪些牲畜就会真的立刻成长。只要他随手一指，这些不可思议的事情就会实现。曾经有一次某个地方在下雨，于是他命令雨水停止，然后到另一个地方去下雨，结果这里的雨水就真的停了，而另一个地方也的确开始下雨了。

族长还沉迷于女色，在他的府邸里有1000多个姬妾，以供他随时发泄。这些女人给他生了5000多个孩子，但是这些孩子却全部都是在其母亲怀孕7个月之时降生的。

族长还是一个非常迷信的人：因为听到头顶有黄头叫隼在鸣叫，他就会立刻中断刚开始的行程；因为他的母亲拿到一枚双黄蛋，他就会对公开亮相的时间进行更改；因为在梦里被一群面色惨白且带着诡异微笑的灰衣人追杀，就下令将对自己忠心耿耿的随从队伍解散——他的决定会受他所认为的预兆或者自己的梦魇的影响。

族长生性残忍，为人冷血而又多疑。他有无数的眼线，反抗的人被他抓住以后都不会有好下场。他不会立刻杀死这些人，而是将他们的骨头一节一节地敲碎，他们不会立刻死去，而是在巨大痛苦的折磨下活活疼死，然后被丢进河里喂着那些凶猛的鳄鱼……只要引起他怀疑的人，无论是否真有其事，他都会用残忍的手段将其杀害。

有一次族长遭人暗杀，他第一个怀疑的人就是他的亲信——阿吉拉尔将军。每次保镖节，族长都会宴请他的私人护卫队，而这一次的保镖节很快就到来了。宴席上，他告诉他的护卫们耐心等待，等阿吉拉尔将军到来之后立刻开席，并让护卫们先喝开胃酒。

阿吉拉尔将军一直未到，直到午夜时分，护卫们才看到了他们尊敬的将军——他躺在一个超大的托盘里被抬上来，被烤得焦黄并且散发出浓郁的香气，嘴里还衔着一棵荷兰芹，那棵荷兰芹看起来碧绿而又鲜嫩。护卫们在看到这一恐怖情形的瞬间都屏住了呼吸，不敢发出一丁点声音。

之后粉碎官开始分餐，等到每个人的面前都摆上了一份后，族长才愉悦地命令道："先生们，用餐愉快。"

族长有着不受任何约束的权力，他为所欲为，但是这也将致命的孤独带给了他。他生活在权力的深渊，那里幽深而黑暗，他与人群之间的距离也越来越远。

他每天所看的报纸是专门为他一个人印制的，上面刊登的也都是他想要看到的内容，这也是他与现实唯一的联系。他知道，一旦自己独自上街被人认出就一定会被撕成碎片，即使他权势滔天，即使他能够更改日月轮转。

他唯一能做的就是待在他的府邸里整日游荡——如同一个影子。他在迷宫一样的府邸中，从一个房间出来，然后进到另一个房间。游荡久了他都觉得已经不认识自己了，甚至还怀疑自己是一个镜子中的影子。

他铲除了所有反对他的人，他也因此成了一个孤独的人。他的年纪越来越大，也越来越感到孤单，他觉得在这个世界上，自己就是最孤单的那个人。

马尔克斯在概括这部小说时，只用了一句话——"它是描述权力的一首孤独的诗"。

长篇小说《族长的秋天》是马尔克斯继《百年孤独》后的第一本小说，在它出版之前，整个拉丁美洲的人都对它充满了期待。当时第一版就有50万精装本的惊人印刷量。

然而，人们对这本书的评价却是褒贬不一：有人对此书进行了高度赞扬，认为书中饱含的诗意及讽刺艺术精妙绝伦；有人则认为此书没有标点，语言过于粗俗，写法太过夸张，甚至整本书只分了6个自然段。

而马尔克斯显然很早就预料到会出现类似的评价。他说："我想在我的作品中，它是最具实验性质的一本书。这也是我所进行的一次非凡的艺术冒险，要知道，我一直对此有着浓厚的兴趣。"他还说："或许在你们看来这是一本小说，但对我、对拉丁美洲人而言，这是现实，是真实存在。"

谈到这些不受拘束的句子、叙述观点以及"多人称独白"时，马尔克斯表示自己对此感到十分满意，因为他觉得自己在这本书中真正做到了自由翱翔。

政治宣言——为一切不平事发声

进入20世纪70年代以后，马尔克斯在政治方面投入的精力逐渐增多。马尔克斯的观点和立场非常明确——通过新闻媒体来公开表明这一切。因为他知道，只有通过新闻媒体，他的声音才能够被世界上更多的人听到。

对于拉丁美洲的形势，马尔克斯有着预见性的分析。他认为智利正在踏上暴力的道路，假如他们还坚持现在的路线，那么在将来的某一天一定会遭到反对，而对抗这些反对的只能是暴力。而且，这一切无法避免。

果然，1972年9月，智利总统阿连德为了对抗叛军死在了总统府中。不过，由于军政府的铁血政策，暴力对抗的情况并没有出现，而那些有志之士，要么逃到了海外，要么被关进了监狱。而这一切都显示出马尔克斯对当时形势预见的准确性。

1974年，马尔克斯开始支持哥伦比亚的杂志《抉择》。他不仅经常投稿，更为杂志社提供了雄厚的资金支持以及一些建设性的建议。1975年，《抉择》杂志社被炮弹袭击，造成了严重的人员伤亡，杂志社内存放的许多资料和档案都毁于一旦。身在墨西哥的马尔克斯听到这个消息之后立刻公开发表声明，他不仅对这种暴力行为进行了强烈的谴责，甚至将矛头直指当时的哥伦比亚国防部部长，他认为部长马丘·雷瓦与这次袭击绝对脱不了干系。

同年，马尔克斯公开发表声明进行文学罢工，他声称只要智利那位独裁者在位，他就不会再动笔进行小说创作，而他的这一举动也引来更多人关注拉丁美洲的局势。在此之后马尔克斯为拉丁美洲的政治活动贡献了自己的全部精力。他在1975年到1981年的这6年内，没有发表任何一篇文学作品。

1978年，马尔克斯跟随巴拿马代表团来到美国华盛顿，出席巴拿马运河新条约的签字仪式。

当时，在拉丁美洲有一个被称作"人身保护令"的人权组织，这个组织的存在是维护革命者的基本权利，并为他们提供辩护。马尔克斯与他的朋友都参与了这个组织的人权运动，为了表示对这项人权运动的支持，马尔克斯还毫不犹豫地拿出了10万美金作为资金支持。

同一年，马尔克斯还谒见了西班牙国王，他此行的主要目的就是与西班牙国王讨论拉丁美洲的人权问题，而他也如愿以偿地就此与国王展开了讨论。

时间很快到了1980年。在这一年，已经苦苦坚持6年的杂志《抉择》由于严重缺乏资金而宣布停刊，这件事令马尔克斯感到万分遗憾，却又无可奈何。在此之后，马尔克斯每周一篇的文章基本都投给了《国家报》和《观察家报》。

1981年，拉丁美洲的局势变得更加严峻，马尔克斯在获悉自己会遭到暗杀以后，立即向驻哥伦比亚的墨西哥大使馆申请了政治庇护，墨西哥大使马上安排了飞往墨西哥的飞机，并保护马尔克斯和妻子梅赛德斯前往机场。马尔克斯在墨西哥受到了热情的欢迎——他刚一下飞机就被他的朋友和记者包围了。

之后，马尔克斯安心地在墨西哥居住下来。他仍旧对新闻工作非常上心，并且不遗余力地利用自己在国际上的影响力来开展他的政治活动。马尔克斯在讲述自己的观点时，表情始终坚定而自信。他是这样说的："我最宝贵的东西——政治责任感，正是新闻工作带给我的。除去写小说花费的时间，我剩余的全部时间都用来表达我对人与人的尊严的关心。"

他还说："在我看来，我们当中的每一个人，我们所做出的每一项行动，都应该对全世界、全人类负责。如果一个人能够想明白这一点，那么他就会拥有最高水平的政治觉悟。而我就是如此，我想我的每一个行动都可以称得上政治行为。"

《一桩事先张扬的凶杀案》——由偏见引发的血案

1981年1月，马尔克斯的《一桩事先张扬的凶杀案》出版，这是一部中篇纪实小说，小说主人公的原型是马尔克斯的朋友，其内容有对人性的思考，也有对现实的批判，更有一些不可思议的命运巧合。

6年前，马尔克斯因为智利统治者而宣布文学罢工，而这本小说出版之时那位统治者依然没有下台，有记者就此对马尔克斯进行了采访。

"败仗多了，作家的生活也变得丰富了。我与他之间的这场较量是我输了。但是我相信，我们一定会取得最后的胜利。"他顿了顿，继续说道，"通过这几年的经历，我得出这样一个结论：与其搁笔坐视不理，不如继续写出好书，这样效果才更加明显。"

马尔克斯在写《一桩事先张扬的凶杀案》这本小说之时，是以侦探小说的手法进行写作的。从被害人被杀开始，以及对事件发生时所发生的其他事，包括每一个人的动作、表情、话语等都进行了细致的描写。

圣地亚哥·纳萨尔是这部小说的主角。故事一开始，才21岁的圣地亚哥就被人杀害了。圣地亚哥在他所居住的这个小镇子中，可以称得上是一个大名鼎鼎的人物，但是他被卷入了一场少女失贞的事件之中。

姑娘的名字叫安赫拉·维卡里奥，她家境贫寒，是家里最小的孩子。而她要嫁的人巴亚尔多·圣罗曼则出身于显赫世家，拥有无数的金银财宝。事实上，安赫拉并不想嫁给巴亚尔多，但是她的父母却非要让她出嫁。

这场婚礼非常盛大，人们一直狂欢到午夜。然而这也是悲剧的开始。

安赫拉因为失贞而被退回了娘家，她的两个哥哥质问她，这件事是谁做的，而安赫拉毫不犹豫地说出了圣地亚哥的名字。

安赫拉的两个哥哥在知道名字之后立刻拿起刀，并且将他们要杀圣地亚哥的事情四处宣扬。无论是屠户、卖牛奶的夫妻、买牛奶的顾客，还是警察、镇长，人们都知道维卡里奥家的两兄弟要杀圣地亚哥这件事，而且这个消息迅速地扩散到小镇各个地方。但是兄弟二人平时为人胆小而且老实，所以小镇的人们都认为他们兄弟二人是在开玩笑，没有将他们说的话当真。

"告诉他，我们就在这儿等着杀了他。"维卡里奥两兄弟站在牛奶店门口说。

人们却讨论着："他们兄弟俩看起来并不是急着复仇，而是想找人出面

第9章 珠联璧合——荣耀与孤独并存的文学生活

阻止他们杀人吧。"

人们想要阻止，但是因为种种原因，都没有出面阻止。

之后小镇的居民收到了圣地亚哥死亡的消息。

这场凶杀案骇人听闻，但是维卡里奥两兄弟已经提前告知了大家。人们有的保持沉默，有的来不及阻拦，就这样，他们在看热闹或者是不相信的心态之下，沦为维卡里奥两兄弟杀人的帮凶。有很多人能够去阻止这件事情的发生，但是他们却都为自己的不作为找了借口。

书中的巧合可以说是无处不在。

杂货店的老板娘察觉到维卡里奥两兄弟并非在开玩笑，她找人去给圣地亚哥传递消息，第一个人假装去圣地亚哥家讨牛奶喝，然后将这个消息告诉了圣地亚哥家的女仆，可女仆却并未将消息带给圣地亚哥。第二个人来到圣地亚哥家时没有看到人，于是他将一封提醒的信从门缝塞了进去，可是并没有人看到——直到这场凶杀案过去很久之后才被发现。

圣地亚哥的朋友克里斯托知道了这个消息之后，发了疯一般四处寻找他，却怎么也找不到。谁也没想到圣地亚哥会在清晨6点多钟去自己的未婚妻家里。而未婚妻以为安赫拉失贞的事情是圣地亚哥做的，将圣地亚哥从前写给她的一盒子信塞到圣地亚哥怀里，说了一句"希望他们真能杀了你"，然后"砰"的一声将圣地亚哥关在了门外。她的父亲问清女儿事情经过之后，就开始跟圣地亚哥谈话。

"我从一开始就看出来了，对于我所说的事情他并不知情。"圣地亚哥未婚妻的父亲后来回忆当时的情形，"他当时的反应并不是恐惧，而是茫然。"圣地亚哥在最后那一刻才知道有人要杀他，却表现出了不知所措的茫然以及无辜者的慌张。

当他带着这种情绪从未婚妻家走出来以后，大街上的人们纷纷冲他喊叫着,有给他出主意的,有让他赶紧跑的……纷乱的声音让他觉得头脑发昏。然而已经来不及了,维卡里奥两兄弟挥舞着屠刀向他奔来。只差几秒,圣地亚哥就可以跑进家门,可是他眼睁睁看着大门在他的面前被狠狠地关上了。

厨娘的女儿告诉圣地亚哥的母亲,她在1分钟前看到圣地亚哥上楼了,圣地亚哥的母亲信以为真,但她透过门缝只看到了手拿屠刀的兄弟俩,并没有看到自己的儿子,于是她猛地关上门并拉上了门闩。她关上大门是想要保护她的儿子,却没想到这一举动却是将儿子拒之门外。

在这一刻,所有的巧合都堆积、重叠在了一起,这样的悲剧让人不禁扼腕叹息。这一切就像预审法官在预审案卷上写下的那句话:"宿命让我们隐遁无踪。"

在最后,马尔克斯将圣地亚哥的死亡拉长了:这个被砍了的青年头脑异常清醒地往回走着,他的肠子从肚子中流了出来,他用双手捧着它们,穿过邻居家。

"天呐,圣地亚哥,你怎么了?"

"他们杀了我,韦内小姐。"

疼痛和失血过多使圣地亚哥摔倒在地,然而他又立刻站起来了,他甚至抖落了那些粘在自己肠子上的尘土,之后他倒在地板上再也没有起来。

这样的描写看似好笑,却又无法真的让人笑出来。这是一个彻底的悲剧——一个无辜的人完全没有挣扎地在众目睽睽之下被杀死。

然而在对案件进行审理之时,没有丝毫的证据能证明玷污安赫拉的人是圣地亚哥。直至故事的结尾,马尔克斯也没有说明当初让安赫拉失贞的人究竟是谁,也不知道为何安赫拉会死咬圣地亚哥不放。或许她以为圣地亚哥有钱有势没人敢去找他麻烦,不承想自己的哥哥就这样轻易杀死了圣地亚哥,甚至连个解释的机会都没有给他。圣地亚哥的朋友相信圣地亚哥是清白的,

第9章 珠联璧合——荣耀与孤独并存的文学生活

因为在事情发生的那天晚上,圣地亚哥并没有任何反常的举动,但是他们给出的理由却无法作为证据。而小镇上的人们也认为,圣地亚哥是一个非常高傲的人,他和安赫拉就是两个世界的人,他注意到安赫拉的可能性几乎为零,所以玷污安赫拉的一定不会是他。

其实从马尔克斯的字里行间中能够看出,这是安赫拉嫁祸给圣地亚哥的。没人知道安赫拉这样做是何意图。而且还有更加讽刺的事情,从新郎巴亚尔多抛弃安赫拉的那一刻开始,安赫拉就爱上了这个她曾经没有感受到丝毫爱意的新郎。在之后的17年里,她写了无数的信寄给他,疯狂地表达自己对他的爱意,最终她只等来了一箱信。那是她曾经写给他的2000多封信,可是他却一封未拆。

这是一场虚无缥缈的爱情,似乎之前所发生的所有的罪恶都只是为了去成全它。

《一桩事先张扬的凶杀案》采用的虽然是侦探小说的写法,但马尔克斯自始至终都没有把它作为侦探小说来写。因为被害者、凶手以及杀人动机在最开始的时候就已经交代得一清二楚。马尔克斯要表达的是神秘的命运而不是这个案件——这段时间,命运捉弄着所有人。

马尔克斯对这场凶杀案所采取的选择并非"保密",而是"张扬"。这场凶杀案并不复杂,但是在马尔克斯的笔下变得纷繁而精彩。它就如一场对生命的考验,在这个小镇中生活的每一个人都要经历这个考验,而后发生不同的变化。

而书中所出现的巧合,如果有任何一个巧合出现不同的情况,那么这场凶杀案或许就不会发生。这场凶杀案所要表达的大概就是每个人都扮演着双重角色,人们在决定自己命运的同时,也决定着他人的命运,任何一个人都没有资格去谴责别人的冷血,因为或许在某些时候,你比他们更加冷血。

正如马尔克斯在书中所写到的这场被大肆宣扬的谋杀，也许最初维卡里奥两兄弟的行为中"表演"成分居多：他们想要捍卫妹妹安赫拉的名誉，于是去牛奶店等候圣地亚哥，而这里是所有人都有可能会来，唯独圣地亚哥绝对不会来的地方；在这里，两兄弟甚至还向老板娘宣扬他们要杀死圣地亚哥这件事情。而且之前他们还在磨刀的时候就将这件事告诉了很多人，只不过人们对这对胆小又老实的兄弟所说的话并不相信，只觉得他们是喝醉了说胡话。有一个人觉得事情不对头于是报了警，警察调查后报告了镇长，镇长认为两兄弟只是虚张声势，于是派人警告了他们一番并没收了他们手中锋利的刀。刀被没收了以后，兄弟俩又去磨了两把刀。这件事情神父也听说了，他认为这不是他的职责所在，但是可以去提醒一下圣地亚哥的母亲，然而他却因为"主教要来"而忘记了这件事。

事实上两兄弟并不是真的要杀死圣地亚哥，而是想让小镇所有的居民都知道他们"不堪其辱"。他们兄弟俩希望有人能够给圣地亚哥通风报信，希望有人去找警察出面阻拦，希望警察能够将他们拘捕起来，他们其实就是为了自己能够不那么难堪地从捍卫妹妹名誉的高台上下来。牛奶店的老板娘有一句话说得很贴切："让这两个可怜的年轻人从他们那可怕的承诺当中解脱。"但是，他们没想到会迎来这样一种情况——这个小镇上没有人真正地去阻止他们杀人。这让他们感到自己再一次受到了侮辱，那些观望事情发展的看客对他们的期待，使他们不得不动手，于是悲剧就发生了。

《一桩事先张扬的凶杀案》一经出版就被抢购一空。仅西班牙语印刷量就有两百万册，后来更是被翻译成几十种语言，传播到世界各地。在拉丁美洲，随便找一个书店就能够买到这本书。而马尔克斯也称这本书是他"最杰出的作品"。

王者的荣耀——诺贝尔文学奖的强势加持

1982年10月20日,斯德哥尔摩的朋友给马尔克斯打来电话,告诉他获奖的事情基本不会出现什么意外的状况,并再三叮嘱他最近要低调行事。

马尔克斯放下电话,与妻子梅赛德斯相顾无言,这个好消息让两个人都有点发蒙。过了许久,梅赛德斯才开口说道:"天呐,我们所面临的究竟是怎样一种情况?"之后两人聊了很多,一夜未眠。

21日的凌晨5点59分,马尔克斯接到了来自瑞典外交部副部长的电话,他告诉了马尔克斯获得诺贝尔文学奖的消息,并向他表示祝贺。

在马尔克斯接电话的时候,梅赛德斯就在边上忐忑地望着他,直到马尔克斯放下手里的电话。"怎么样?"她问道,语气中隐隐带着一丝紧张。

马尔克斯转头望向妻子,半晌才吐出一句话:"我完了。"

果不其然,这个消息迅速传遍了全世界,祝贺的电报和电话纷纷涌来,报社和电视台的记者也赶到了马尔克斯的家门口,试图在第一时间采访这位新的诺贝尔文学奖获得者。道路实在太过拥堵,警察为了防止事故的发生,只好在街道两头设了路障。

阿莱汉德罗·奥夫雷贡是马尔克斯的好朋友,在他接到消息赶到马尔克斯家门口时,也被眼前这种人山人海的混乱景象震惊了,他忍不住瞪着眼睛说:"天哪,小加博完了。"

之后,面带笑容的马尔克斯夫妇打开了门,请记者进去。记者走进马尔克斯家门以后,发现桌上摆着番石榴与黄玫瑰。

因为电话出现故障,而且维修人员迟迟不来维修,马尔克斯的母亲路易莎已经有三周没有与马尔克斯通电话了。在听到儿子获奖的消息之后，她的第一句话就是："这次他们总会过来修电话了吧？"

曾经看不惯马尔克斯只知道埋头写作而训斥过他的父亲也说："很久以前我就知道会有这么一天！"那种骄傲的表情仿佛之前痛斥儿子"你再这样下去就只能吃纸"的人并不是他，不过在这种时候也没有人去拆穿他那点儿小心思，所有人都沉浸在巨大的喜悦之中。

巴兰基亚的出租车司机们在听到这一消息之后，集体鸣喇叭以示祝贺。

有一位电视台的记者在波哥大街头随机访问路人，当他采访到一个妓女的时候，她说她从客户那里听说了马尔克斯获得诺贝尔文学奖的这个消息。而这一事件后来也被人们认为是给予马尔克斯的最高敬意。

自从"香蕉热"之后，阿拉卡塔卡这个加勒比小镇已经沉寂了许久。但马尔克斯获奖的消息却让人们纷纷走上街头，载歌载舞。马格达莱纳省长甚至专门租了火车，将许多人接到了这里。来到这里的人们首先看到的就是四处飘扬的彩带和挂满街头的如"马孔多的厄运已经过去"等这样的标语。一架载满了黄色纸蝴蝶的小型飞机从天空中飞过，撒下的黄色纸蝴蝶漫天飞舞。人们一边吃着鲜嫩的烤牛肉，一边喝着饮料，气氛热烈到了极点。

马尔克斯以及他的代表团于12月6日晚从波哥大包机前往瑞典。在飞往斯德哥尔摩的这架飞机里，不仅有马尔克斯的家人和朋友，还有哥伦比亚的政府官员和出版社的人，甚至还有一支70多人的乐队随行。

飞机经过了22小时的飞行之后，平安降落在斯德哥尔摩机场。有专门的人员将他们分别带往酒店。来到豪丽饭店的马尔克斯夫妇已经疲惫到了极点，几乎是躺下就睡着了。

半夜，马尔克斯从睡梦中惊醒，因为他突然想到每年安排给诺贝尔奖得主的房间都是同一间。他的脑子里过了一遍曾经在这张床上睡过的人：托马斯·曼、福克纳、阿斯图里亚斯……他顿时觉得惊慌失措，于是赶紧从床上爬了下来，然后躺在了沙发上。柔软的沙发让马尔克斯感到安心多了，很快他又再次进入了梦乡。

8日下午5点，马尔克斯来到瑞典文学院的演讲厅，并在这里发表了他的演讲。他的演讲持续了35分钟，当他的演讲结束时，观众们纷纷起立向马尔克斯致敬，掌声经久不息。

10日下午3点，马尔克斯夫妇正紧张地为接下来的颁奖典礼做准备。

得知马尔克斯获得诺贝尔文学奖时，他的母亲就担心马尔克斯会在拿了这个奖之后不久死去，于是几番试图让他不要领这个奖。但是马尔克斯坚定地告诉母亲，黄玫瑰会阻挡厄运、带来好运，他会用黄玫瑰保护好自己。

身着民族服装的马尔克斯走出了宾馆。在斯德哥尔摩的街道上、房顶上覆满了白雪，天气异常寒冷，马尔克斯的朋友们佩戴着黄玫瑰，紧紧簇拥着他走下宾馆的台阶。马尔克斯看着身边的朋友们，他很高兴他的朋友能够同他在一起，他想也许这就是他一生当中最值得纪念的时刻了。

后来，门多萨回忆了当时的情景，他说："那个时候街道上全都是摄影师，我站在加博的身边看到他那一瞬间紧张极了，然后就是扑面而来的张力。鲜花、闪光灯、红毯、四处晃动的人影，这是一场华丽的仪式。或许在那一刻加博听到了来自瓜希拉沙漠先祖的声音，他们告诉他荣耀与死亡之间并没有太大的不同。没错，因为在他穿过镁光灯和人群之时，我听到他突然嘀咕了一句："天哪，我感觉是在参加自己的葬礼！""

一身白的马尔克斯出现在音乐厅，很多人对此低声议论，因为在他们看来马尔克斯很像只穿了内衣就出门了。

瑞典文学院的拉尔斯·吉伦斯顿教授发言之后请马尔克斯上台，而瑞典国王将为马尔克斯颁奖。黄玫瑰被马尔克斯留在了座位上，他脊背挺得笔直,有些紧张地握着拳头向舞台走去,他感觉手心里沁出了汗水。

他站在舞台上等待着国王的到来。很快,身上挂满勋章的瑞典国王微笑着向他走来并与他握手,然后给他颁发了奖牌与证书。此时他依然很紧张,连身体都有些僵硬。他接过奖牌和证书之后向国王致敬,并向在场所有的贵宾以及观众们致敬。而他也受到了观众们的起立致敬,而且是典礼上最长久的一次致敬。

对马尔克斯而言,获奖带来的不仅是荣誉,还有苦恼。在《百年孤独》出版后,他的家几乎变成了一个公共场所,他的私生活也被人们"团团包围"。成为新闻人物不是他想要的生活,他也不愿意社交,对公开的宣传活动以及出版商的签名售书活动他也避之不及,更不用说去参加了。然而,即使是这样低调也还是不堪其扰。

获奖后他的名气更是翻了好几倍,他想要尽量去维持原来的样子,但是他却发现从斯德哥尔摩回来以后,人们看待他的眼光已经与从前不一样了。甚至马尔克斯身边的朋友都表现出了不同的行为。有的会因为马尔克斯还与自己联络而受宠若惊;有的觉得马尔克斯获奖以后变得傲慢且冷漠;还有的像从前一样对他,不过这样的人是极少数,至于他们的心里有没有其他想法就不得而知了。

名声在外的马尔克斯只能更加注意自己的言行举止,他不能再像以前那样说粗话,不能再任性地让人"滚开",只能保持庄重,不然就会将某些人心目中对自己那些美好的想象破坏殆尽,伤害到他们脆弱的内心。

以前,马尔克斯会上街散步或者进行一些室外运动。但获奖之后,户外运动只得变成室内运动,因为他走在大街上会有无数人找他签名;去餐厅吃饭也会有服务生带着他的书来找他签名。不过,最让马尔克斯感到恐惧的还是飞机场。因为在那里总会有人拿书本、航空杂志来找他签名,甚至还有人拿着纸巾来找他签名,这让他无比怀念自己作为穷小子的旧时光。

第10章
桑榆晚景
——被病魔阻断的创作之路

1983年一整年马尔克斯都没有进行新小说的创作，平日里他住在哈瓦那、卡特赫纳或者是波哥大，却没有回阿拉卡塔卡。直到临近年关，他才回去了一次，这也是他最后一次回到家乡。

从阿拉卡塔卡回来以后，马尔克斯写了一篇文章——《回到源头》。他在文章里写道："一个比这里还要容易被神明遗忘和抛弃的地方是很难想象的。人们的灵魂要怎样做才能不会因为想要反抗而感到左右为难？"

事实上，马尔克斯的这场返乡之旅就像他所意料的那样充满了矛盾。故乡是他笔下那个叫作马孔多的小镇的原型，也是让他得到启发写出《枯枝败叶》与《百年孤独》的地方。但是在这场旅行中，马尔克斯却感到自己与阿拉卡塔卡之间的关系被淡化甚至抹除掉了，就像他曾经抹除掉自己与《百年孤独》之间的关系一样。

之后的马尔克斯似有所感，他与父母的关系也渐渐得到了缓和。

请用一支玫瑰纪念我

1984年,马尔克斯再次回到了卡特赫纳。

这时候,马尔克斯与父母之间的关系也比从前亲近了许多。以前,在马尔克斯心中,他的父亲更像一个"继父",而扮演父亲角色的则是他的外公;母亲比较严肃,马尔克斯和她的关系也很疏离。现在,马尔克斯只要有时间就会在下午开车去探望父母,并陪他们聊天。他了解到父母相恋的故事,也了解到他们年少时的往事。

然而好景不长,12月13日,马尔克斯的父亲去世了,他和父亲的关系刚缓和不到一年的时间。母亲失去丈夫悲痛万分,马尔克斯也在此时开始关注死亡与爱情。

他想到了《睡美人之屋》中的一句话:"死亡是老年人所拥有的,爱情是年轻人所拥有的。人可以拥有很多次爱情,而死亡却仅有一次。"

于是《霍乱时期的爱情》诞生了。马尔克斯在小说出版之前对记者透露过书中所讲的内容:一对只有20岁的青年男女陷入热恋,却因为太年轻而无法结婚;当他们到了80岁,又因为年纪太大而无法结婚。

马尔克斯曾经表示,这本书的创作灵感来自父母的恋爱经历以及他多年前看过的一个报道。马尔克斯的母亲是上校的女儿,而父亲则是一位普通的电报报务员,马尔克斯根据他们两人的生活经历写就了一个跌宕起伏的爱情故事。而那篇报道讲的则是两个死于非命的美国老人。两个老人被杀时已经快要80岁了,他们每天都按照同一个活动表来行动:他们一起到餐馆吃饭,去宾馆约会……被杀那天两人乘船出去游玩,不承想却被船工抢劫,并被人

第10章 桑榆晚景——被病魔阻断的创作之路

用船桨活活打死。

"年轻人的爱情，我从父母身上看懂了；而老年人的爱情，我从那对老人身上看懂了。"马尔克斯这样说道。《霍乱时期的爱情》成为马尔克斯的小说中最受欢迎的一部。

女主人公费尔明娜的丈夫乌尔比诺医生的一位好友自杀身亡了，他检查完好友的遗体回家后，发现自己养的鹦鹉居然飞到了屋外的芒果树上。已经81岁的乌尔比诺医生想把鹦鹉抓回来，却不慎从树上跌落。躺在冰冷的水泥地上，乌尔比诺医生在临死前对妻子说："只有上帝知道我对你的爱究竟有多深。"

在乌尔比诺医生的葬礼上，费尔明娜看到了她年轻时的情人弗洛伦蒂诺。弗洛伦蒂诺颤抖着告诉费尔明娜，他等待了半个多世纪才等到了这个机会。

而费尔明娜则觉得自己被冒犯了，她甚至对弗洛伦蒂诺说："滚！别让我在你的有生之年再看到你！"回到房间的费尔明娜哭得很伤心，房间里的一切都令她触景伤情，她就这样哭泣着慢慢睡着了。然而第二天早晨，她却发现占据她思想的人居然是弗洛伦蒂诺。此时距离她当初拒绝弗洛伦蒂诺已经过去51年了。

弗洛伦蒂诺是个私生子，这位18岁的电报报务员，有一次去送一封电报，在离开时看到了一个正在读书的美丽少女，而少女也恰巧看向他。这一瞥就是他们爱情故事的开始。

13岁的费尔明娜是独生女，她的母亲出身于富裕之家，但在她很小的时候就去世了，她的父亲则是个暴发户。费尔明娜父母的婚姻受到她外祖父母的反对，后来她的父亲赚到了钱，就按照上流社会的样子买了别墅，并将费尔明娜送到名门小姐上学的地方读书。

弗洛伦蒂诺给费尔米娜写了许多情感炽热的情书，甚至为她创作了一首名为《花冠女神》的小夜曲，在他的心目中，费尔明娜就是他的"花冠女神"。费尔明娜也被他打动了，并开始给他回信。结果，费尔明娜的父亲知道了这件事后强行带走了女儿。他们先到费尔明娜的舅舅家居住了3个月，然后又陆陆续续去了很多地方。就这样过了一年半，费尔明娜的父亲以为，这么久的时间女儿一定已经将那个穷小子忘记了，但是他没想到的是弗洛伦蒂诺有着职业上的优势。当时的通信网络还算发达，在费尔明娜离开的这段时间里，弗洛伦蒂诺利用电报员这一职位上的便利一直与费尔明娜保持着联系。

父女二人回家后，父亲将家中事务的管理大权交给了刚满17岁的费尔明娜，而费尔明娜在那一刻也仿佛看到了前方的爱与自由。

费尔明娜对弗洛伦蒂诺的爱情显然掺杂着自己的主观幻想。再次遇到弗洛伦蒂诺的时候，她发现自己无法接受现实，她对自己说："天哪，我究竟为何会这样残酷地让一个幻影停留在自己心上这么久？"

回到家之后，她给弗洛伦蒂诺写了最后一封信："今天再见到您的时候，我发现我们之间所发生的一切不过是我的幻觉。"

4年后，21岁的费尔明娜嫁给了乌尔比诺医生。法国留学归来的乌尔比诺医生出身高贵，风度翩翩，而且心中怀着伟大的抱负。当时正值霍乱爆发，而乌尔比诺医生用了近一年的时间才控制住这场疫情。他和费尔明娜的相遇正是因为这场霍乱。

费尔明娜因为霍乱而接受了乌尔比诺医生的治疗，结果却发现只不过是误诊。于是两人相识，乌尔比诺医生很快就爱上了费尔明娜。

费尔明娜的父亲对乌尔比诺医生非常满意，准备撮合他们两人。而费尔明娜却开始对弗洛伦蒂诺感到愧疚，她很犹豫。不过她很快就向命运屈服了，因为她快到21岁了，这是她心中的一个秘密的界限。

第10章 桑榆晚景——被病魔阻断的创作之路

弗洛伦蒂诺珍守着对费尔明娜的渴望，他希望最终可以和费尔明娜走到一起，于是决心保持自己的童贞。但是当他拥有大量财富，登上人生巅峰时，却发现自己在空闲时间做得最多的事情就是和各种女伴厮混在一起：有游轮上遇到的少妇，有战争时期的寡妇，有诗歌节上结识的女诗人，甚至还有尚未成年的女学生。

而费尔明娜的婚后生活也并不舒心，直到婚后6年，她那个刻薄的婆婆去世之后，她才开始过上舒心的日子。但是没过多久，她就发现丈夫有了外遇。在她的逼问之下，乌尔比诺医生承认了，费尔明娜感到非常愤怒，于是离家出走了。她以为自己永远不会再回去了，然而两年之后她又回到了丈夫身边，只不过此时的她只想将丈夫亏欠她的那些讨要回来。

故事的结尾承接了开头。弗洛伦蒂诺在乌尔比诺医生死后开始重新审视自己对费尔明娜的爱情。他像以前一样写信给费尔明娜，他想通过自己的文字慢慢消除他们之间的隔阂，渐渐地，费尔明娜也向弗洛伦蒂诺敞开了心扉。

两人在前往马格达莱纳河的旅行中重坠爱河。长达11天的旅行即将到达终点，费尔明娜在看到许多熟悉的面孔之后开始不安。为了使这份重新焕发生命力的爱情不被干扰，弗洛伦蒂诺说服船长将其他游客打发走，并在船上升起一面代表着霍乱的黄旗。

船长就这样护送着费尔明娜和弗洛伦蒂诺之间的这份坚贞的爱情直到天荒地老。

就像小说的结尾所写的，船长问两人："我们这样来来回回究竟要走到何时？"

"一生一世。"弗洛伦蒂诺回答道。

《霍乱时期的爱情》中夸张的东西有很多，所描写的爱情故事却没有脱离实际。马尔克斯也在接受采访时说过，他其实并不喜欢人们将他的作品列为魔幻现实主义，他认为自己是一名现实主义作家。他的故事或许在表面上看起来夸张而又魔幻，但是事实上这些都是对现实的放大，所以才会让人感觉格外真实。

《迷宫中的将军》：一个名为迷宫的悖论

《迷宫中的将军》是马尔克斯在写完《霍乱时期的爱情》之后紧接着完成的小说，这部小说出版于1989年。

在很多年以前，马尔克斯的好友阿尔瓦罗·穆蒂斯曾经说，他想要写一本书来描写西蒙·玻利瓦尔。马尔克斯在读过他写的《最后的面孔》之后，认为故事讲述得非常棒，并对后续内容表示出强烈的期待。但是过了几年，阿尔瓦罗还是没有完成这部作品，最终他告诉马尔克斯他无法完成它。马尔克斯便将这个"猎物"收入囊中。

《迷宫中的将军》的主人公是西蒙·玻利瓦尔，他是拉丁美洲的解放者。小说情节围绕他沿着马格达莱纳河的最后一段旅程展开。玻利瓦尔幼年丧父，母亲也在他9岁时离世。法国启蒙运动伴随着他的成长，而他于青年时期也曾在欧洲游历。他决心从西班牙的殖民统治中将拉丁美洲解放出来。在他的努力下，很多地方都获得了独立，他的"解放者"称号就是由此而来。然而很多地方却渐渐开始各自为政。后来，担任大共和国总统职位的玻利瓦尔辞去了职务。他不幸染上肺结核，48岁时离开了人世。

马尔克斯为了寻找资料，查阅了无数文献，花费整整三年的时间。但

第10章 桑榆晚景——被病魔阻断的创作之路

是马尔克斯所写的这段经历并没有太多史料,因而他有着非常丰富的创作空间,这也是马尔克斯对历史人物进行的一次"纯小说式"的书写。

一天清晨,玻利瓦尔睁着眼睛,一动不动地漂浮在他的浴缸里,看上去就像死掉了一般。但是,他的贴身侍卫却知道玻利瓦尔这样代表了什么——他在思考,在自己的世界中遨游。玻利瓦尔知道自己在波哥大已经不受欢迎,所以很快便决定前往圣玛尔塔。1930年5月8日,他带着他的亲信们开始了这段旅程。

这场旅行是孤独的,死亡的迷雾一直笼罩在玻利瓦尔身上。曾经率领千军万马的玻利瓦尔一路上高烧不退,体重也只剩下44千克。指挥过无数战役的他如今身体却虚弱到这般地步,这使得他看起来既伟大又平凡。玻利瓦尔的一生都在战斗,可到了生命的最后时刻,却只能在梦中寻求一些并不存在的东西。他在这一刻体会到了孤独的滋味,却只能困在这座迷宫中孤独地死去。

书中,玻利瓦尔并不贪恋权力,所以为了国家的利益主动放弃了他的职务。但是他关注局势的发展,希望获悉各方传来的最新消息。他让自己的旧部服从新的政府,但是又在得知旧部开始对抗新政府之时,亲自为他们制订作战计划。当他意识到他的梦想完全不可能实现时,他的生命也已经走到了尽头。

玻利瓦尔一生的梦想就是解放拉丁美洲。他戎马一生,赶走了殖民者,却发现无法再向他的梦想前进一步。征服一个城市对他而言并不难,但是在这个城市中生活的人们却并不会遵从他的梦想,生活在同一片天空下。于是他失败了,只能孤独地开始他生命中的最后旅程。

玻利瓦尔在年轻时曾经说过:"我终将在贫困潦倒之中死亡。"而马尔克斯显然读懂了他,他知道像玻利瓦尔这样卓越的人所恐惧的不是贫困,也不是死亡，而是无可逃脱的孤独。

人们爱戴玻利瓦尔，他领导的一场场胜利在人们看来就像一个个传奇，虽然这些事情在玻利瓦尔看来并不那么重要。他的情人很多，却没有一个人能走进他的心里，甚至没有人能留在他身边，而这只是因为他认为爱情会让人"拥有两个灵魂"。爱情之所以会如此美妙就是因为这个，而玻利瓦尔却对此十分抗拒。爱情能够排解孤独，而他明明身处孤独的深渊，却不愿去久久地拥抱另一个灵魂。

"我如何才能从这迷宫之中走出去呢？"对于自己的迷宫，他感到无能为力。无论是哪一个征服者，都无法保证自己能够永远成功。

笔下生辉——隐藏在荒诞中的真相

马尔克斯的短篇小说集《梦中欢快的葬礼和十二个异乡的故事》出版于1992年。

马尔克斯开始写这些异国旅行的故事是因为他的一个梦。在梦里，他参加了自己的葬礼。奇怪的是，葬礼上他还与朋友在一起聊天。葬礼的最后，朋友们一个接一个地离开，马尔克斯也想离开，但是朋友却告诉他，他必须留在这里。最后，朋友们都走了，整个墓地只剩下了他自己。他惊醒之后恍然明白：死亡就意味着与朋友永远分离。于是，他就有了创作的想法。从1975年到1992年，他在不到20年的时间里陆续完成了十二篇奇特的故事。

这十二篇的体裁并不统一，但是每一篇都有各自的色彩。在马尔克斯所描绘的这些故事里，真实与幻想相互交织，现实与想象的界限变得模糊，跌

第10章 桑榆晚景——被病魔阻断的创作之路

宕起伏中陡然的峰回路转带来一种致命的吸引力。

《总统先生,一路走好!》所讲述的是一个流亡的、被诋毁多年的总统居住在日内瓦时所发生的故事。故事的开头写了一位坐在公园里发呆的老人,而早些时候,老人的医生告诉他需要做一次手术,这个手术的风险很大,也正是这场疾病让他懂得了什么是清贫。司机荷马发现这个老人居然是前任总统,于是试图从他身上"捞一笔钱"。但到了后来,司机和他那善良的妻子被这位昔日总统的朴素行为深深打动了,他们不仅愿意照顾这位老人,甚至还倒贴钱给他,并把他"当成大儿子来养"。前总统先生通过回忆,想到夫妻二人对他还是总统时候的印象和对他现在的印象,让这位昔日总统的生平过往也在此时一一地展现了出来。从这时候开始,老人又开始吸烟并且恢复了"咖啡占卜"的习惯。虽然他身体上的疼痛像以前一样再次缠上了他,他对此却没有多加理会,而是决定"坦然接受"。最后,这位昔日总统离开了这对夫妻,他回到故乡,并且在那里又重新找回了自我。

《圣女》讲述的是一个父亲希望自己的女儿能够得到"圣女"的称号而去求见教皇的故事。父亲马格里多认为他的女儿完全符合圣女标准,因为他那个7岁去世的女儿在11年后依然尸身不腐,仿佛只是睡着了一般,而且身体也变得非常轻盈。于是,他踏上了前往梵蒂冈的旅途。时间一晃就过去了22年,马格里多经历了5世教皇,但是仍没有为他的女儿争取到圣女的封号。但是,圣女的奇迹得到了剧作家、演唱家、旅馆老板等的认可,甚至最后连动物园的狮子都认可了。就这样,马格里多因为女儿不腐的身躯,在他自己浑然不知的情况下,"完成了加入圣人行列的事业"。

《睡美人航班》讲述的是"我"遇到了一位美丽的姑娘。因为遇到了特大暴雪,"我"的航班延误,等到航班恢复,"我"发现之前遇到的漂亮姑娘居然是我的邻座。在飞机抵达终点前,女孩一直都在睡觉。而"我"在那几个小时里欣赏着她的睡颜，想入非非。但是在美人醒来时，"我"的幻想便被打破了，甚至连跟美人说一句话的勇气都没有。

《占梦人》讲述的故事是聂鲁达体验博尔赫斯式的梦境。哥伦比亚卡尔达斯的弗里达小姐有11个兄弟姐妹。这是一个商人家庭，家里有个习惯，每天吃早餐时讲述一下自己晚上所梦见的内容，因为在他们看来，早晨记起的梦中有着很强的预见性。而弗里达小姐自幼年起就在这一方面显示出了天赋，长大以后，她便做了职业占梦人。有一次，她梦到聂鲁达梦见了自己，在同一天的下午，聂鲁达也梦到弗里达梦到了他。

《我只是来打个电话》这个故事中，女主人公玛利亚正在前往巴塞罗那的路上，原计划晚上7点之前赶到，结果途中她的车出了故障，无论如何也不可能按时到达了。她想给丈夫打个电话告诉他这件事情，于是她搭乘了一辆路过的汽车。汽车开到一个地方停了下来，这里看起来似乎是一个古老的修道院。玛利亚下车想要去打电话，却被这里的看守抓了起来。原来这里并不是修道院，而是一所精神病医院。看守并不相信玛利亚所说的"我只是来打个电话"，而是把她当成跑出来的病人。玛利亚在精神病医院中受尽暴力的虐待，最后终于联系上自己的丈夫，结果丈夫真以为玛利亚是一个精神病人，因为她在平日里脾气也是反复无常而且冲动易怒。故事的最后，玛利亚成了一个真正的精神病人，并在这所精神病医院中度过了她的余生。

《八月惊魂》是以第一人称来讲述的。"我"到一个古堡参观，而且据说这个古堡有鬼怪出没。"我"当晚睡在了古堡一楼曾经翻新过的卧室里，一夜安眠。没想到醒来时却发现自己身下的床单满是温热的鲜血，四处落满了灰尘——这是古堡主人生前的卧室。

《玛利亚·多斯普拉泽雷斯》讲述了玛利亚的奇怪经历，她是一个漂泊在巴塞罗那的老妓女。她做了一个梦，以为这个梦预示着自己的死亡。于

第10章 桑榆晚景——被病魔阻断的创作之路

是她找了殡葬业务员,希望为自己寻找一块合适的墓地,而这块墓地必须要在一个不会被海水淹没的地方。不仅如此,她还为此训练了自己的小狗,好让它在她死后能够到她的墓地里哭泣。最后,"她忽然意识到,原来自己在黑暗中所忍受的那些痛苦、所等待的这些岁月都值得,即使只为了经历这一瞬"。原来,她梦中的预兆是爱情,而不是死亡。

在《十七个中毒的英国人》里,老妇人普鲁登西娅·利内罗是一个虔诚的教徒,她想要瞻仰教皇,于是踏上了旅途。热情的她与一同乘船的人结下了深厚的友谊,然而在这艘船驶入港口时,他们之间"同舟共济的永恒情谊"结束了。因为她所看到的一切都让她感到厌恶和恐惧。当她走进一家旅馆时,她看到了十七个坐在靠背椅上的英国人,他们穿着短裤正在打瞌睡。她看到他们的膝盖是粉红色的,这让她感到强烈的不安。然后她就重新寻找了一家旅馆住下。等到了第二天,她看到一具具的尸体被抬了出去——正是那十七个英国人。而他们死亡的原因是因为中毒——他们吃了8月的牡蛎。

《北风》讲述一群来自瑞典的年轻人想要去卡达克斯,便纠缠一个漂亮男孩给他们带路的故事。男孩知道北风的恐怖,之前他好不容易逃脱,所以并不想再次前往,因为他感到非常不安,他觉得自己一旦前去,所面对的一定是死亡。但是,那群年轻人并不相信他,他们认为男孩是在胡言乱语,于是强行带走了他。刚开始的故地重游让他感到恐惧,他想要从那无可避免的死亡中逃脱,于是在那些疯狂的瑞典年轻人不注意时,从正在前进的车上跳入了万丈深渊。

《福尔贝斯太太的快乐夏日》讲述的是平日待人严格的德国主妇福尔贝斯太太,在夜晚到来时放纵享乐,过着她在白天抨击的那种生活。有一次,她那些不近人情的规矩激怒了"我们","我们"就想在她的杯子中放入毒酒。结果,第二天福尔贝斯太太死了。"我们"发现她的身上布满了刀伤,那很明显是在激情中受到的伤害。然而她在那时候"甚至没有叫",而是用她那优美的嗓音朗诵席勒的诗句,显然她头脑清醒,因为她知道这些是"她的快乐夏日之中必须付出的代价"。

《光恰似水》讲的是成绩优秀的两个孩子要父母兑现承诺给他们买一艘划艇,但是他们现在住在公寓里,这里不像他们在西印度时候那样,家里有一个用来停船的棚舍。父亲说等回到西印度就买,母亲则说如果在公寓中就只能在浴室中划船。后来实在没有办法,父母还是向两个孩子妥协,给孩子买了船。后来两个孩子在家里招待同学。孩子的父亲曾经说过:"光就像是水,当拧开水龙头它就出来了。"而这些孩子"释放了太多光,整个屋子都被淹没了",然后所有人在这里溺亡了。

《雪地上你的血迹》讲述的是一个西班牙黑人小伙子比利娶了白人家的女儿妮娜,他们两人都出身于名门望族。他们到了法国巴黎,妮娜被接待他们的大使手中的玫瑰花刺破了手,结果血流不止,于是失血过多,妮娜住进了医院。比利在法国人生地不熟,也不会说法语,甚至无法去探望住院的妮娜。后来他才知道只有周二能够探望,在等待周二到来的时间里,比利过得异常孤独。他甚至去大使馆找人帮忙只为进医院看自己的妻子,结果最后却被告知只能周二去。等他终于可以探望妻子时,亚裔医生却告诉他妮娜已经在上周四去世了。她在去世之前一直派人去寻找比利,却得不到比利的任何消息。即使在妮娜下葬时,他还在为怎么进医院探视而烦恼。当时接待比利的大使因为比利的穿着而没有联想到他的显赫家世,于是在接待时并未用心,等他意识到这就是他们要找的人之时,一切已经晚了。而比利不仅没有见到妻子的最后一面,连葬礼都没能参加。

这本书中,十二篇故事的主人公都是拉丁美洲人,而故事就发生在他们在欧洲的旅途中。在欧洲这个充满理性的地方,他们常常不被人理解,甚至还会被当成"精神病人""骗子",他们身陷独孤与恐惧之中。无论是骇人的坊间传闻还是亲身经历,这些故事的字里行间都透露着马尔克斯的感情投入,悲伤和忧愁中透露着点点温情,语调平缓却又隐藏着痛彻心扉的感悟。

《爱情与其他魔鬼》——一首罪恶人性的丧曲

马尔克斯的《爱情与其他魔鬼》在1994年的4月份出版,这是一本中篇小说。

故事发生在17世纪的卡塔赫纳。女孩谢尔娃·玛利亚是卡萨尔杜尔罗侯爵的女儿。她从出生起就由女佣照顾,因此喜欢与女佣们一起聊天、一起跳舞。她有很高的语言天分,能学习女仆们的土语与歌曲;她聪明伶俐,却因为长期混迹在女佣群里,渐渐变得撒谎成性,而撒谎也让她与父亲之间更为疏远。

谢尔娃出生之后身体羸弱,善良而又慈祥的女佣乞求神灵:假如谢尔娃能够活下来,那么她的头发在新婚之夜前不会再剪。于是美丽的女孩长发摇曳,宛如精灵。照顾她的女佣去世之后,谢尔娃搬到了祖母的房间居住,之后与父亲关系好转,但是很快,这段美妙的日子就出现了变故。

谢尔娃12岁那天随着女佣出去买生日礼物,一只流浪的疯狗咬伤了她。疯狗有狂犬病,虽然她的伤口并不严重,她自己也很乐观,但是人们还是对她议论纷纷,并把她关了起来。谢尔娃的父亲找了很多人来给女孩治疗,有巫师,有药剂师,也有庸医,但是一次次的治疗让女孩的父亲感到不耐烦,于是再次疏离了她。

之后，谢尔娃被人们强行送到了修道院的牢房关了起来。在修道院的牢房中，她努力抗争，却只是螳臂当车。在牢房的日子非常凄凉，她的手脚被皮条绑缚着，食物难以下咽。在穷途末路时，她几乎放弃了对生活的希望。不过，在这里，谢尔娃遇到了卡耶塔诺·德劳拉神父，这是她命中注定的男人，因为爱情，她又重新看到了希望。

德劳拉神父在没有见到女孩之前就梦到过她：他看到女孩被关在一个房间里，长长的头发拖到了地上，她一边吃着放在腿上的葡萄，一边望着窗外的皑皑白雪，她每吃掉一颗葡萄，葡萄串上都会重新生长出一颗葡萄。这些葡萄是吃不完的，如果吃完了，她就会死掉。

所以当德劳拉神父在阴暗的牢房中看到被皮条绑缚着的女孩时，他认为来到这里是上天的指引，他非常同情女孩。于是在此之后的每天夜里，他都偷偷溜进牢房去看望女孩，并念诗给她听。德劳拉神父无可救药地爱上了女孩。每天夜里，他们两人躺在床上紧紧地挨着，倾诉衷肠，渐渐地，连世界都变得安静了，只剩下天花板上白蚁爬动发出的窸窣之声。

这段时间可以说是谢尔娃短暂人生中最快乐的一段时光。因为她遇到了她爱的人，遇到了能救她的德劳拉神父。但是，希望转瞬间就破灭了。到了最后，她只能用单薄的身躯，独自面对残酷的驱魔仪式。

被关押在牢房中的犯人逃了出去，而那个新来的为谢尔娃进行驱魔仪式的神父则意外死亡，这一切致使主教更加疯狂而残酷地迫害谢尔娃。在这样反反复复的折磨中，谢尔娃离开了人世。谢尔娃在临死前做了一个梦，她梦到自己坐在一个房间里，看着窗外，吃着放在腿上的葡萄。她一次吃两颗，葡萄串生出的葡萄没有她吃的速度快。当她吃掉葡萄串上的最后一颗葡萄时，便无法摆脱死亡的厄运。在她最后的梦里，自始至终都没有出现德劳拉神父的身影。

第10章 桑榆晚景——被病魔阻断的创作之路

对于未来,她还有无尽的憧憬;对于这个世界,她还有无限的留恋;对于爱情,她还有未尽的渴望。可是,仓促而又短暂的人生却让她心有不甘,于是所有的渴望和执念统统化作她那不断生长的金色头发,绝望而又沉默地控诉着命运的不公。

或许30多岁的德劳拉神父也从未想过,自己的命运会在这时候发生这样大的转折。他早已把自己的生命奉献给了自己的信仰,他的灵魂中满是教义的精华知识。而唯一的一丝缝隙,就是他曾经做过的那个奇异的梦,以及出现在他梦境之中的女孩。所以当梦中的女孩活生生地出现在他面前时,他灵魂上的缝隙变得越来越大,最后带着爱情面罩的魔鬼长驱直入,然后他的理智和心神被彻底侵占了。而这段爱情来得太过突然,甚至没有任何前兆,但德劳拉神父已经深陷在这场爱情的泥沼之中。

其实,德劳拉神父之前并非没有意识到自己正处在危险的边缘,但是在他亲眼看见了谢尔娃所遭受的一切之后,他对谢尔娃爱的渴望反而变得更加强烈了。为了躲避这一切,他躲进图书馆,甚至发疯一样地抽打自己……但是,无论他做什么,都无法阻止自己的"堕落"。

德劳拉神父一直都表现得非常矛盾:他的求知欲十分强烈,这让他变得知识渊博,成为一个非常合格的主教接班人,但是这同时也让他无法抑制自己对禁书的好奇心。他希望与谢尔娃成为夫妻,希望他们在将来可以获得自由;同时他又显得十分迂腐,因为他相信那些所谓的合法手段,甚至还幻想有一天侯爵会将谢尔娃接回家。他背诵的那些诗歌饱含着炽热而浓烈的感情:"当我停下脚步,回头看你带我走过的那条路,我抵达了属于我的终点,因为我早已如飞蛾扑火般投身于那个能毁灭我的人。最后,我来到你手中,并将在这里死去。"

但是在窘迫的现实面前,德劳拉神父显得非常犹豫,他踌躇着,到最后却发现自己束手无策。或许德劳拉神父想要抗争，但是他却在不断的自我矛盾之中放弃了挣扎，所有的努力只能半途而废。直到最后，错失爱情为他带来的逃生机会，甚至连生命的意义也失去了。

从某种程度上来看，德劳拉神父的爱情是扭曲的，他似乎沉迷于自我牺牲，这让他的爱情变了味道，他不过把自己的信仰变为了自己想象中的爱情。就像书中所写的，当他想要控制自己对谢尔娃的思念之时，就把自己关在房间里，用戒尺抽打自己赤裸的身体直到鲜血淋漓，他甚至为此感到骄傲。他似乎总是用这样的方式来对待他的爱情。

故事结束时，阿布雷农肖医生对德劳拉神父说了几句话，这些话看起来更像是马尔克斯为女孩谢尔娃与神父德劳拉之间的爱情做出的总结。他说："爱情让两个素不相识的人处在一种依赖关系中，而这种依赖是自私又不健康的，这样的感情违背天性，它越强烈，就会越短暂。"

《绑架新闻》——一起连环绑架案引发的思考

在马尔克斯69岁时，他的长篇小说《绑架新闻》出版了。这是他的第二部报告文学。而他的第一部报告文学发表于1986年，书的名字是《米格尔·马廷历险记》。

《绑架新闻》讲的是1990年在哥伦比亚发生的许多起绑架案。女主人公玛鲁哈·帕琼是一名记者。8月份，她带着丈夫阿尔贝托的妹妹开车回家，未承想行至半路，她们的车被两辆车前后截断了道路，于是司机不得不停车。从那两辆车里冲出来几个大汉，他们头戴面具，手拿枪支，抬手就打死了她们的司机。当玛鲁哈和丈夫的妹妹被这群人塞到了他们的车里时,她才意识到她们被绑架了!

阿尔贝托知道妻子和妹妹被人绑架之后心急如焚。他感觉这次绑架没有那么简单,作为一名议员,他知道自己促成反恐怖、反贩毒议案后,有人一定心生不满,所以这场绑架可能是冲着他来的。

果然,不久之后又接连发生了几起绑架案件。被绑架的人里有一个是政府要员的妹妹,她是一家饭店的老板娘;有一个是杂志《时代》的主编;有一个是前总统的女儿,名字叫迪亚娜;还有四个人是前总统女儿的同事。

当时,大毒枭埃斯科巴尔在绑架案发生后承认这一切都是出自他之手。埃斯科巴尔以这些人质做威胁,要求释放那些被捕的毒贩。但是很显然,警方并不会轻易向埃斯科巴尔让步。此时阿尔贝托连同其他想要救出自己亲人的家属们正在想尽一切办法营救被绑架的人质。

被绑架的人质所处的状况非常不好,他们被埃斯科巴尔关在了三个不同的据点,每个据点都有层层守卫。绑架者每天只提供少量的食物和水给人质,不但禁止他们之间交谈,甚至连他们上厕所的时间都限制得非常严格。在这样的形势下,人质们的表现也各不相同:有的人已经要疯掉了,因为他们感到太过恐惧;有的人产生了严重的幻觉,并经常噩梦不断;有的人试图用自杀来使自己脱离这种处境;还有的人则表现得很镇定,他们正试图慢慢拉近自己与看守的关系。

一个月之后,一个重病在身的记者被放回了家。再后来,迪亚娜的女助手因为情绪濒临崩溃也被放回了家。

时间过得飞快,一转眼距离阿尔贝托的妻子和妹妹被绑架已经过去4个月。圣诞节到来时,埃斯科巴尔换掉了所有看守据点的守卫,而这一举动也让人质们变得更加紧张,因为他们看到这些新来的守卫总是带着不怀好意的眼神打量他们。

而此时，埃斯科巴尔的耐心已经到了尽头，于是他扬言，如果不满足他的要求，他就每隔三天杀掉一个人质。三天的时间转眼即逝，看守透露，政府要员的妹妹可以回家了。然而，在不久之后，警方却发现了她冰冷的尸体。

这一举动彻底激怒了警方，他们根据所掌握的线索来到一个据点解救人质。然而在混战之中，不幸的事情再次发生——迪亚娜受伤，不治身亡。

阿尔贝托的妹妹在阿尔贝托紧张的交涉之后，安全地回了家。后来，等阿尔贝托的妻子回到家时，距离她被绑架已经过了6个月的时间。

埃斯科巴尔的父亲劝儿子去自首，最终成功了。但是埃斯科巴尔因害怕而越狱，后来被哥伦比亚的警察发现了踪迹，最终，操纵绑架的幕后黑手被击杀于他的居住地。

阿尔贝托因为这场绑架案失去了对政治的信心，于是心灰意冷的他辞掉了自己所有的职务。

后来，有人送了一个小盒子给阿尔贝托。他惊恐地拿起这盒子，他认为里面放着的一定是炸弹。就在他想要扔出去时，盒子却自己打开了，里面竟安静地躺着一枚戒指——这是他和妻子的结婚戒指，妻子在被绑架的时候是戴在手上的。

读过《绑架新闻》的人纷纷表示，他们感到十分惊喜并且欲罢不能。因为马尔克斯并不仅仅是会讲那些"过去"所发生的故事，他还可以从繁复的哥伦比亚局势之中找出合理的头绪。还有一些人表示，他们总觉得那些人无法活着回家，如果不能一口气读完的话。

第10章　桑榆晚景——被病魔阻断的创作之路

创作缘尽——一代文豪的陨落和遗产

1996年的秋天,马尔克斯和几个朋友踏上了一场回忆过去的旅途,他们一起去了一个叫作比兰的小镇,那是马尔克斯一个朋友的故乡。作家一行人跟着朋友参观了他成长的地方,从他小时候居住的老房子走到曾经上学的那座破旧的学校,最后来到朋友父母的坟墓前,为逝者献上了一束鲜花。

短暂的旅途过后,马尔克斯回到了卡塔赫纳,在那里他接受了采访。

他说:"以前我总觉得自己记性好,是个'记忆专家',而现在我却常常忘记一些事情,尤其是像电话号码这样的数字。"他说自己的母亲也是这样,有时候记性很好,对于他小时候的事情如数家珍;有时候却什么都不记得,甚至连他是她儿子这件事都能忘记。

"突然间我的朋友们都到了70岁的年纪,"马尔克斯说道,"这让我感到非常不可思议。"他表示自己以前都没有问过朋友的年龄。

"死亡就像是在漆黑的夜晚突然关掉了所有的灯,那种黑暗带来的感觉让我觉得非常愤怒。"他接着说,"有一天晚上,我正在读书,突然就想到死亡有一天也会降临到我的身上,这是无论如何也无法逃脱的事情。一想到这些我就感觉掉进了冰窟,浑身发颤,天哪,当时的感觉真的是糟糕透了。"他做了一个夸张的表情,"以前我从未思考过这个问题,这是我第一次感到死亡距离我如此之近。"

很快,马尔克斯也迎来了他的70岁,这一年是《百年孤独》出版30周年,几乎所有拉丁美洲的报纸和杂志都发表文章向他表示祝贺。而此时的马尔克斯正带着妻子和两个儿子在国外,一家人在一个秘密的地方为马尔克斯庆祝了70岁生日。

两年之后，也就是1999年，马尔克斯被诊断为淋巴癌。面对突如其来的打击，马尔克斯表现得像个勇士，虽然他曾经对死亡非常惧怕，可是现在当他真正直面死亡了，却内心一片平静。他想到了已经离世27年的好友阿尔瓦罗·塞佩达，他们得了相同的病症，只是自己比较幸运，病魔来得比阿尔瓦罗晚了27年。而且这么多年，医疗一直都在不断地进步，不断地有新的治疗淋巴癌的方法出现。

2002年，接受了一段时间治疗的马尔克斯再次出现在公众面前。他的母亲也在这一年去世了，只是因为身体的问题，马尔克斯没能参加母亲的葬礼。

10月份，马尔克斯的回忆录《活着为了讲述生活》出版了，这也是他唯一的一本自传。这本书所讲述的内容从50多年前他的母亲在巴兰基亚寻找他开始。《活着为了讲述生活》出版之后创下了惊人的销量纪录，短短不到一个月的时间，仅拉丁美洲就售出100多万册。

在最后的一次采访中，马尔克斯透露了一个他曾经发誓绝对不会泄露的秘密："30年前我还在巴塞罗那那会儿，我的精神科医生告诉我，如果我再继续抽烟，等年纪大了记忆力就会减退。于是从那时候起，我就开始戒烟了。"

2004年，马尔克斯的最后一本书出版了，这是一本中篇小说，名叫《苦妓追忆录》。媒体对这本书的评价可谓极尽溢美之词。美国作家约翰·厄普代克对它做出了如此的评价："想要纪念自己的爱情，即使是在90岁也没有什么稀奇的。时间缓缓地啃噬着一个人漫长的生命，而这样一种回忆却能在某一段时间内抵挡住岁月的流逝，叙事者的呢喃之声也在它面前静默下来。'无论你做什么，现在或者是之后的100年你都将会永远地死亡。'即使到

第10章 桑榆晚景——被病魔阻断的创作之路

了生命的最后时刻,加夫列尔·加西亚·马尔克斯依然带着他无与伦比的幽默,表情严肃地向他的迟暮之年寄出了一封情书。"

病魔缠身的马尔克斯一直在墨西哥养病,他的传记作者杰拉德·马丁去探望他时发现,马尔克斯虽然很瘦,但依然很有精神。只不过这个时候马尔克斯记忆力减退得非常严重,阿尔茨海默病困扰着他的外婆、他的母亲、他的弟弟还有他自己,这是他们家族的遗传病。对此,马尔克斯还向杰拉德抱怨了一通,诉说自己如今的烦恼。

马尔克斯和杰拉德坐在柔软的蓝色沙发上,望着远处,路上车辆来来往往,川流不息。杰拉德问马尔克斯,今后还有没有继续写作的计划。马尔克斯表示自己也不知道,他甚至问杰拉德:"我是不是已经写得够多了?读者应该不会对我感到失望吧?"他在说这话的时候,表情看起来有些可怜。

"你知道吗?我有时会感到闷闷不乐。"马尔克斯对杰拉德说道。

"什么?你?在取得了这样的成就之后?为什么"杰拉德有些惊讶地问。

马尔克斯没有立刻回答,他望向窗外,慢慢抬起手,指着外面的世界,缓缓地说:"因为我明白了,所有的一切都已经走到了尾声。"

马尔克斯80岁寿辰这一天,1200多人聚集在了卡塔赫纳的会议中心,马尔克斯要在这里进行他的生日演讲。到场的除了马尔克斯的家人和朋友外,还有西班牙国王以及8个现任或者卸任的总统等重要人物,致辞的人很多,但是马尔克斯毫无疑问是这场会议的主角。

穿着西装的马尔克斯进入会场时,掌声雷动。晚年的马尔克斯深受阿尔茨海默病困扰,一贯冷静的梅赛德斯担心他在发言时会出现差错,一直紧张地看着他,不过接下来十几分钟的演讲十分顺利。

演讲中,马尔克斯表现得很谦虚,他回忆了当年在墨西哥的拮据生活,并对自己的妻子梅赛德斯进行了特别的感谢,他说当年创作《百年孤独》的时候，妻子当掉自己所有的首饰来支持他。说到这里他有些伤感。马尔克斯还说，在《百年孤独》完成的时候，他们家连邮费都拿不出来，只能将文稿分成两半，将半本书稿给了出版社。寄出之后，他和妻子才发现寄出的是后半部分。不过，幸好当时的编辑为了看到前半部分又寄了邮费给他，这才使得《百年孤独》完整地寄到了出版社。

马尔克斯在演讲中还感谢了当年的房东，当年写《百年孤独》的时候，豪爽的房东也给予了马尔克斯一家人很多帮助。

在谈到写作时，马尔克斯表示："从我17岁开始，我每天所做的就是在醒来之后坐到打字机前，在纸上或屏幕上填满字，我除了写取悦读者的故事外，什么都没有做。"他说，他以前都没有想到自己写出的东西居然能有这么多的读者，"我很意外，这一切居然真的发生在了我的身上，我甚至至今都觉得不可思议。"听众们深为感动，掌声经久不息。

会议在美国前任总统克林顿走来的时候达到了高潮，是的，克林顿也是《百年孤独》的忠实读者。克林顿第一次读《百年孤独》是1972年，那时他还在上学，第一次翻开这本书就深深为之着迷，从此便再也放不下了。而他是在1994年第一次见到了马尔克斯本人。

克林顿说："虽然我知道这些故事是虚构的，只是一些幻想，但是他的故事真的非常真诚，字里行间透露着他的聪明才智。"他还表示自威廉·福克纳以后，马尔克斯是最重要的小说家。

离开卡塔赫纳之前，杰拉德与马尔克斯有一个非常简单的交谈。

"这真是一次很棒的活动！"杰拉德对马尔克斯说。

"没错。"马尔克斯点点头。

"加博，你知道吗？在你演讲的时候，我的身边有很多人都在小声哭泣。"杰拉德有些唏嘘。

"其实我也在哭泣,只不过我是在心里哭泣。"马尔克斯说。

"我想,我永远都不会忘记这一时刻。"杰拉德说。

"幸好你在这里,"马尔克斯说,"那么你就能够告诉其他人,这个故事并不是我们编造的。"

2014年4月17日,87岁的马尔克斯在墨西哥城病逝,一代文豪陨落,这也代表了一个文学时代的终结。

后 记

马尔克斯曾经说过，他从来不会特意思考如何写献词，但是书稿写完的时候还是需要写献词。此时，他就会在脑海里回想，这本书与谁的关系最密切，或者是谁对写作做出了特殊的贡献。

马尔克斯的《枯枝败叶》献给了赫尔曼·巴尔加斯，因为那时候他还没有什么名气，他的作品将会有什么样的命运并没有多少人关心。但是巴尔加斯却是这为数不多的人中的一个，他一直都在关注着《枯枝败叶》。

在《百年孤独》的扉页上写着"献给赫米·加西亚·阿斯科特与玛利亚·路易莎·艾利奥"，这是一对夫妇。献词虽然只是一句简单的话，却饱含对朋友的感激之情。马尔克斯艰难创作的时候，朋友们给予的无条件帮助对他而言十分难能可贵，这种影响甚至超过了当初阅读卡夫卡的《变形记》。马尔克斯的朋友的文学修养和判断力都很好，而且如果他们对马尔克斯的作品有什么不同的看法或者是建议，从来都不会隐瞒，而会直言不讳地告诉他。

马尔克斯创作《百年孤独》时，朋友们常常过来小坐一会儿，听他讲正在写的内容。那时，马尔克斯一家因为没有收入来源，生活很拮据，所以朋友们每次来都会带一些食物和饮料。赫米·加西亚·阿斯科特与玛利亚·路易莎·艾利奥这对夫妻就是他们家的常客。尤其是路易莎，她从很小的时候就住在墨西哥，但实际上她是一个西班牙人。对于马尔克斯所写的内容，她深信不疑，她告诉马尔克斯，他写的程度还不够，实际要比这些程度强很多。她在灵学方面很有研究，常常向马尔克斯讲述她在这方面的体验，马尔克斯对此也表现出了极大的兴趣，因为他那段时间正沉迷于灵学之中。于是在献词部分，马尔克斯就写下了如下的文字：献给路易莎和她的丈夫阿斯科特。

《霍乱时期的爱情》是马尔克斯的得意之作，他把它献给了妻子梅赛德斯。当时他带着《霍乱时期的爱情》的原稿去伦敦找梅赛德斯，梅赛德斯拿到稿子以后立马回到房间阅读。马尔克斯在等待反馈期间坐立不安，他迫切地想知道梅赛德斯的想法。但是等了很久也没有见到梅赛德斯走出来，他只好自己推开了房门。满脸泪水的梅赛德斯坐在一把有靠背的椅子上，面前的桌子上摆着书稿，旁边还有一杯咖啡和一些零食。马尔克斯有些紧张，他问梅赛德斯怎么了。梅赛德斯给他讲了书中的一小段故事，一边说一边又哭了起来。于是，《霍乱时期的爱情》理所当然地献给了梅赛德斯。

在写作时，除了吸烟之外，马尔克斯还喜欢听音乐。他写《百年孤独》时，听的是一些当时的流行音乐，比如甲壳虫乐队的音乐。而他在写《族长的秋天》时则听了各种类型的音乐。马尔克斯在接受采访时说，他那时听得最多的是高雅音乐。这本书花费了马尔克斯7年的时间。马尔克斯后来回忆说："那时我从早上9点开始写，一直写到下午2点，这段时间里我只要能写出12行字就会满足了。"

《族长的秋天》出版之后，有两个音乐家来马尔克斯家做客。知识十分渊博的两人通过图表和曲线分析出这本书的结构与贝拉·巴托克（匈牙利作曲家）的第三钢琴协奏曲的结构是相同的。此言一出，马尔克斯顿时目瞪口呆，虽然他的小说并未与音乐理论有所关联，但是他的确在写作过程中经常听贝拉·巴托克的第三钢琴协奏曲。

以前，有人想将《百年孤独》拍成一部电影，但是马尔克斯拒绝了，他甚至表示，只要他能阻止，这件事情就不会发生。他曾经在采访中透露，很多人想得到《百年孤独》的改编权，他的经纪人为了吓退这些人，开出了高价——100万美元。这些人犹豫了一段时间后决定接受这个价格，但是这时候他的经纪人却把价格提升到了300万美元，这下彻底没有人再谈改编的事了。

《百年孤独》拍成电影究竟是好是坏，谁也不知道。虽然很多著名文学作品被拍成了电影，并获得了巨大的成功，但是人们都知道，并非每一部文学作品都适合搬上银幕。因为银幕的具体形象所带来的影响力会大于文字所带来的影响力。这就在很大程度上破坏了读者们的想象空间，有时候甚至会因为这个具体的形象而使得小说的文化价值被破坏掉。

马尔克斯从事过电影行业，他很清楚自己的这部作品究竟能不能被拍成电影。在他心里，只有黑泽明可以拍出他想要的效果。可惜天不遂人愿，两人于1990年新拉丁美洲电影节见面后不久，黑泽明就永远离开了人世。

伟大的作品绝对不是为了取悦大多数人而写的；而伟大的作家，也必然不会为了大多数人而写作。他们要表达自己想要表达的，孜孜不倦地为人类创造着新的文明。虽然马尔克斯生前并未看到《百年孤独》被拍成电影，但是这也未尝不是一件幸事，因为马孔多还是他的马孔多。

比起欣赏那些由马尔克斯的作品拍成的电影，阅读一本他的小说对大多数人而言似乎更加有趣。也许很多人对拉丁美洲并不了解，对哥伦比亚也称不上熟悉，但是当他们阅读完马尔克斯的书后，内心却总是久久不能平静。

1982年的诺贝尔文学奖颁给了马尔克斯，颁奖词说，马尔克斯"用他非凡的想象力将幻想与现实融为一体"。视写作为享受的马尔克斯以其魔幻现实主义的写作风格傲立于拉美文学的顶峰，他的作品有着无与伦比的魅力，世界从不吝啬对他的溢美之词。他的作品受到了无数人的追捧与模仿，却从未有人能够超越。

　　马尔克斯的笔下有许许多多的梦境，梦境很零碎，却通过他的文字变得具象化。人们在欣赏这些文字时，脑中自然会将这种梦境还原出来。每个人心中的梦境都不同，可是所有人的梦境又都是那么相似：扭曲、游离在外的场景，大声说话的人们，夹杂在其中的高兴、痛苦、等待、荒诞、孤独……

　　《拉丁美洲的孤独》是马尔克斯在接受诺贝尔文学奖时的演说题目。是庸俗还是孤独？很显然，马尔克斯选择了孤独。这个选择对于他而言没有什么可纠结的。就连他自己都在采访中说过"作家永远都是在孤军奋战"的话。

　　他是一个孤独的人，所以他笔下的故事才能游离在真与假之间，游离在现实与梦幻之间。孤独，其实也是一种现实。人的孤独感有时候是物质上的匮乏，有时候是精神上的缺失。梦境中、困境中都是满满的孤独，孤独充斥着整个拉丁美洲，甚至整个人类世界，并且会伴随人的一生。

　　也许马尔克斯从来都没有想过，即使他如此倔强，这个世界上也依然有这么多的人敬他、爱他。